아사달 코드

아사달 코드

초판 1쇄 인쇄일 2025년 7월 3일
초판 1쇄 발행일 2025년 7월 16일

지은이 윤석희
펴낸이 양옥매
디자인 표지혜 송다희
마케팅 송용호
교　정 조준경

펴낸곳 도서출판 책과나무
출판등록 제2012-000376
주소 서울특별시 마포구 방울내로 79 이노빌딩 302호
대표전화 02.372.1537　**팩스** 02.372.1538
이메일 booknamu2007@naver.com
홈페이지 www.booknamu.com
ISBN 979-11-6752-651-9 (03900)

* 저작권법에 의해 보호를 받는 저작물이므로 저자와 출판사의 동의 없이
  내용의 일부를 인용하거나 발췌하는 것을 금합니다.
* 파손된 책은 구입처에서 교환해 드립니다.

아사달 코드

윤석희 지음

: 플레이아데스 타임라인을 찾아서

본서는 플레이아데스 접촉인
빌리 마이어와 관련된 피구(FIGU)의 자료와
웨인 허셜의 연구 성과를 근간으로 해서
인류 기원과 아사달 코드를 해석한 것이다.

"A.D. 815년. 세 남자와 한 여자가 요정으로 불리는 존재들이 타고 다니는 하늘의 배들에서 나오는 모습이 목격되었다. 이들은 목격자들에게 놀라운 이적을 보여 주었다. 목격자들은 그 인간처럼 생긴 존재들이 마고니아(Magonia)에서 왔다고 들었다."

_ 프랑스 리용의 대주교 아고바르 기록에서

"나는 진화론이 가장 큰 사기 중 하나라고 생각한다. 인간에 대해 연구하지 않을 때 어떤 일이 일어나는지를 잘 보여 주는 사례다."

_ 라나 칸트렐(Lana Cantrell)

"진화론은 어른들을 위한 동화다. 이 이론은 과학의 발전에 전혀 도움을 주지 못했다. 아무런 쓸모도 없는 것이다."

_ 루이 보누어(Louis Bonoure)

"고대 초자연 역사, 신학, 영성, 거석 시대, 피라미드, 외계인 방문이라는 장르는 여전히 '엘리트 어젠다'를 통해 왜곡된 진실을 제시하거나, 책 판매수익, 명성과 부를 추구하는 동기로 넘쳐나는 듯하다. 이 주제는 한때 봉건 시대 통치자들의 전유물이었다."

_ 웨인 허셜(Wayne Herschel)

서문

조용한 혁명, '임마누엘의 탈무드'

플레이아데스는 밤하늘에서 눈에 잘 띄지 않는 작은 별들이다. 그것들이 너무 작아서 우리 선조들은 '좀생이별'이라고 불렀다. 이 별들은 태양이 지나가는 하늘의 길(황도) 가까이에 있어서 달과 함께 보이는 경우가 많다. 달빛이 그리 밝지 않은 초승달일 때는 좀생이별을 달 근처에서 육안으로 뚜렷이 볼 수 있는데, 옛사람들은 초승달과 좀생이별이 위치한 모양을 보고 한 해 농사의 풍흉을 점쳤다. 수많은 별들 중에서 특별히 플레이아데스를 찍어서 별점을 치는 이유와 그날을 음력 2월 6일로 정하고 '좀생이날'이라는 세시풍속으로 언제 어떻게 정착시키게 되었는지에 대해서는 알려진 것이 없다. 하지만 그 풍습은 오늘날까지 지속되고 있다.

우리나라에서 그저 재미 삼아 보는 별점의 대상으로서 대수롭지 않게 여겨지던 플레이아데스가 전 세계의 주목을 받게 된 것은 그 별 때문이 아니라, 한 권의 책 때문이었을 것이다. 엉뚱하게도 이 책의 제목은《임마누엘의 탈무드》였다. 탈무드는 배움, 교훈, 교의(敎義), 지혜란 뜻이니 임마누엘의 교훈 또는 임마누엘의 지혜란 뜻이 된다. 임마누엘은 예수의 본래 이름이다.

《임마누엘의 탈무드》가 책으로 세상에 최초로 선보인 것은 1978년이었다. 독일어로 쓰인 것이었다. 그 후 독일어-영어 합본이 1992년에 출간되었다. 우리나라 사람들이 이 책을 접하게 된 것은 1994년 《탈무드 임마누엘》(대원출판사)이라는 제목으로 번역되어 소개된 이후였다.

《임마누엘의 탈무드》는 세상에 나오자마자 커다란 파문을 일으켰다. 책의 제목을 예수가 아니라 임마누엘이라고 한 것도 이상했지만, 책의 저자는 현대인이 아니라, 제자로서 임마누엘의 행적을 기록하는 일을 맡았던 2천 년 전의 유다 이스카리옷이었다. 예수를 팔아넘긴 배신자로 추정되는 유다와는 다른 인물이었다. 책의 줄거리는 기독교 《신약성서》 중의 하나인 마태복음과 비슷하였지만, 마태복음에서 볼 수 없는 내용들, 즉 너무 생략되어서 다양한 해석이 줄을 이었던 구절의 빈칸을 채워 주는 것들이 들어 있었다. 그런데 새로운 내용은 이전 상식으로는 도저히 상상할 수 없는 전혀 다른 이야기였다.

이 책에는 《성서》에서 인류의 조상이라고 하는 아담의 아버지가 신의

[그림 1] 마이어의 접촉자인 셈야제가 그린 임마누엘의 초상화(左)와 미국 원주민 지역의 돌에 새겨진 임마누엘 추정 조각화(右)

수호천사이자 우주의 '먼 여행자'인 천상의 아들들의 지도자인 셈야사였다고 언급되어 있다. 즉, 기독교 《구약성서》의 신은 하늘에 있는 '아버지'가 아니라 외계의 지도자라는 것이다.

임마누엘이 설파한 가장 파격적인 주장은 유대인들이 당시에 '엘'이나 '야훼'라고 부르는 천상의 신은 인간과 다를 바가 없는 존재라는 것이다. 그보다 더 크고 본질적인 것이 있는데 그것을 '창조(Creation)'라고 부른다. '창조'는 다른 말로 우주를 지어내는 영적인 지혜나 우주의 식이라고 표현할 수 있다. 이것은 생명과 모든 존재의 진정한 근원으로서 큰 덕과 지혜를 갖춘 전능한 에너지 덩어리라고 할 수 있다.[1] 우리의 하느님이나 노자 《도덕경》의 도(道)와 유사한 개념이다. 그런 면에서 임마누엘은 동양권에서 오래전에 정립한 비인격적 개념으로서의 우주의 본체를 유대 지방에 설파한 셈이다. 물론 그러한 가르침은 천상에서 내려와 지구 일부를 직접 통치한 신적 존재들에 대한 그릇된 인식을 뒤바꾸고자 한 목적에서 나온 것이다.

임마누엘은 유대의 최고법원인 산헤드린 공회에서 신과 창조가 어떻

---

[1] 훗날 빌리 마이어가 만난 플레이아데스인 셈야제는 창조에 대해서 다음과 같이 설명한다. "우주에는 모든 것을 창조해 내는 존재가 있고, 그것은 힘 중의 힘으로서 힘을 낳고 다음으로 진리, 지식, 영지로서의 확실한 "창조의 법칙", 즉 생태계를 낳는다. 이 힘이 충만한 존재야말로 창조인 것이다. 창조는 전능, 편재(偏在), 전지(全知)이며 그곳으로부터 무한한 행복, 무한한 아름다움, 무한한 사랑, 무한한 공급, 무한한 가치, 무한한 지혜가 생겨난다. 인간을 진화시키는 것은 인간 내부의 영(靈), 즉 창조이다. 그 결과 인간은 영적 지성이 한 단계 높여지며 인격이 강화됨으로써, 그의 인생은 보다 더 행복해진다. 창조가 존재하지 않으면 인간은 호흡할 수도 없을 것이고 생각하며 인식하며, 보고 들을 수도 없을 것이다. 이 무한한 힘을 환기시켜 제대로 활동시키는 것이 인생의 궁극 목표이다." 다시 말하자면 인생의 목표는 영적인 힘을 깨닫고 진화 발전시켜 나가는 데에 있는 것이다. (오다까 요시야, 《그대 반짝이는 별을 보거든(우주여인 셈야제와 농부 마이어의 이야기)》, 시어사, 1990)

게 다른지에 대해 다음과 같이 설명한다.

"당신도 나처럼 인간이듯이 신도 바로 인간이다. 단지 그는 영혼과 의식이 그가 창조한 인종들보다 매우 월등하게 진보된 점에서 다를 뿐이다. 신과 그의 천상의 아들들은 금속으로 만든 기계를 타고 아주 먼 우주에 있는 별들에서 온 다른 인종이다. '창조'는 신이나 신의 수호천사들인 천상의 아들들보다 헤아릴 수 없이 높은 위치에 있다."

이 주장은 유대 민족의 신인 야훼를 창조주라고 불러서는 안 된다는 것이다. 오늘날 기독교인이 부르고 있는 야훼 하느님이라는 호칭도 잘못된 것이다. 야훼는 별세계에 사는 인간형 존재이고, 우리말 하느님은 임마누엘의 '창조'라는 개념과 가깝기 때문이다.

《임마누엘의 탈무드》에서는 반대 측이 내세운 증인이 나서서 임마누엘이 '신은 창조주가 아니며, 단지 우리와 같은 사람일 뿐이라고 말했다.'고 증언한다. 이것은 《신약성서》에 나오지 않는 이야기다. 마태복음에서는 예수가 '유다인의 왕' 또는 '이스라엘의 왕'이라고 자처했기 때문에 죽임을 당한 것이라고 하는데, 이는 왜곡된 것이다. 《임마누엘의 탈무드》에는 '예수 그리스도'라는 말이 없다. 그리스도라는 용어는 《구약성서》에서 '기름 부은 자'라는 뜻으로 메시아, 곧 장차 올 정치적인 왕으로서의 구세주를 의미하는데, 《임마누엘의 탈무드》에서 보이는 임마누엘의 모습은 메시아가 아니라 '지혜의 왕'일 뿐이다. 천상의 신과 동격이자 온 세상의 왕이란 지위로 격상된 '예수 그리스도'란 용어나 이미지는 후대에 만들어진 기독교의 그릇된 신앙적 표현이다. 그것은 본래 임마누엘의 탄생이 가지고 있는 의미나 가르침의 내용과는 전혀 관계가 없다.

유대인들이 임마누엘을 로마 당국에 고발하고 십자가형에 처하도록 한 이유가 바로 이러한 신에 대한 새로운 개념 규정 때문이었다. 유대인들이 보기에 임마누엘은 자신들이 떠받드는 절대적인 야훼 신을 인간과 다름없는 존재라고 모독한 것이다. 실제 임마누엘의 입에서 유대인의 신인 야훼라는 호칭은 한 번도 나온 적이 없다.

임마누엘이 뒤집어쓴 야훼와 같은 인격적인 신에 대한 모독죄는 가까운 인류사에서 드문 경우가 아니다. 인격적인 신이란 역사나 인간의 삶에 직접 개입하는 존재를 말한다. 이를테면 산에 있으면서 백성의 지도자를 오게 하여 십계명을 불러 준다거나, 채소가 아닌 송아지를 제물로 바치라고 명령하고, 자기 마음에 들지 않는다고 소돔과 고모라처럼 인류를 핵폭탄으로 몰살시키는 존재들이다.

이러한 신들의 개념에 대해 반기를 들고 그러한 것들은 신이 아니라고 주장하는 바람에 사형에 처해진 서양의 현자가 소크라테스와 조르다노 브루노였다.[2]

앞의 인용문에서 보듯이 《임마누엘의 탈무드》는 야훼나 천상의 아들들 또는 천사라고 부르는 존재들이 영계에 있는 것이 아니라, 먼 우주

---

[2] 소크라테스는 그리스인들이 믿는 신을 믿지 않고 다른 잡신을 믿는다는 이유로 신성모독죄에 걸려 사형을 받았다. 소크라테스가 보기에 그리스인들이 믿는 제우스를 비롯한 신들은 희로애락이 뚜렷하고 탐욕에 가득 차서 인간과 크게 다를 바 없는 존재들이었다. 조르다노 부르노는 철학자이자 수학자이고, 시인이자 신비주의자였다. 그는 1600년 2월 7일, 8년에 걸친 감옥 생활 끝에 화형에 처해졌는데, 그가 우주는 끝이 없을 만큼 광대하며 우리 지구처럼 인간이 사는 세계가 많이 있다고 주장했기 때문이다.

에 있는 별들에 사는 다른 인종이고, 지구로 올 때는 금속으로 만든 기계를 타고 온다고 말하고 있다. 임마누엘의 아버지도 그들 중 하나인 가브리엘 천사이다.

'창조'라는 개념과 함께 《임마누엘의 탈무드》에서 강조하고 있는 주제는 '환생'에 관한 것이다. 기독교에서는 환생보다는 부활을 중시하고 있는데, 《임마누엘의 탈무드》에는 부활이란 단어는 전혀 사용되지 않았다.[3] 마태복음에서는 환생 대신 부활이란 단어가 사용되는데, 이 부분이 크게 바뀌었음을 알 수 있다. 《임마누엘의 탈무드》에 의하면, 임마누엘이 십자가형을 받고 다시 살아난 것은 그가 일시적인 임사 상태에 빠졌다가 인도에서 온 친구와 천상의 존재들의 도움으로 인한 것이다.

고대 유대인들 사이에서도 환생 사상이 퍼져 있었던 것 같다. 《임마누엘의 탈무드》에서는 유대의 헤롯왕이 임마누엘에 대해서 자신이 죽인 세례 요한이 환생한 것으로 보고 있다는 기록이 있고, 환생이 없다는 견해를 가지고 있는 사두개인들에게 임마누엘이 환생에 대해서 자세히 설명하는 내용이 있다. 그 대목에서 임마누엘은 일반인은 전생을 기억하지 못하지만, '창조의 법칙'을 따르며 지혜 속에서 사는 선지자들은 자신의 전생들을 기억한다며, 머지않아 많은 사람들이 그 선지자들처럼 되어서 자신의 전생에 대한 기억을 가질 것이라고 말한다. 임마누엘이 말하는 선지자는 다른 어떤 존재보다 더 높은 가치를 지닌 존재가 아니라, 가르침·진실·예언을 전달하고 선포하는 사람일 뿐이다.

---

[3] '부활'은 본래부터 존재하던 개념이 아니라 후대에 '환생'의 뜻을 왜곡하거나 변화시킨 개념일 수 있다.

또한 임마누엘은 자신을 따르는 제자들이 받게 될 보답이 무엇이냐고 베드로가 묻자, 자기가 말하는 지혜를 받아들이는 사람들은 앞으로 환생하는 삶 속에서 영적으로 위대해질 것이라고 대답한다.

환생에 대한 임마누엘의 가르침에는 하위 동물로 환생하는 것이 포함되지 않는다. 이런 점에서 힌두교나 불교의 윤회 개념과 다르다. 임마누엘은 인간의 영혼은 불멸하며, 그것이 '창조' 그 자체에서 비롯된다고 하였다. 또한 육체가 죽을 때마다 영혼은 일시적으로 중간계에 머물며, 축적된 지혜의 정도에 따라 영혼 스스로 미래의 환생과 그에 따른 활동을 결정한다고 하였다. 이러한 가르침은 환생에 대한 현대의 연구 성과와 매우 일치한다.[4]

한 가지 특별히 덧붙일 것은 《임마누엘의 탈무드》에서는 이스라엘 백성을 우호적으로 언급하는 것이 아니라 혹평하고 있다는 점이다. 그들은 신이 택한 백성이 아니라 살인·강도·방화로 땅을 점령한 민족이고, 그들의 거짓된 가르침 때문에 인류는 수천 년에 걸쳐 유혈 사태를 초래할 것이라고 예언한다.

"이스라엘 백성은 스스로를 선택된 민족이라고 믿고 있다. 그러나 결코 이런 경우는 없다. 왜냐하면 그들이 창조의 법칙의

---

[4] 최초로 환생을 과학적으로 입증한 이는 미국 버지니아 대학의 정신과 의사 이안 스티븐슨(Ian Stevenson, 1918~2007) 박사이다. 그는 1960년부터 약 50년 동안 전 세계를 돌아다니며 2~10세 사이의 어린이들 중 전생을 기억한다는 5천 명의 아이들을 대상으로 연구하였다. 그중 50%의 사례가 전생을 경험한 적이 있는 환생임을 증명하였다. 미국인의 23%가 윤회를 믿고 있으며(1982년 갤럽 여론조사), 의학계에 보고된 임사체험자의 수는 25,000명이었다(1991년 이전).

비밀을 알지 못하는 사람보다도 더 불충하고 모르기 때문이다."
(8장 17절)

"이스라엘의 그릇된 가르침은 수천 년에 걸친 유혈 사태를 초래할 것이다. 왜냐하면 권력에 눈이 먼 이스라엘의 이기심과 교만함이 그 땅과 온 세상에 죽음과 파멸을 가져올 것이기 때문이다."(8장 15절)

"진심으로 여러분에게 말한다. 이스라엘 백성들은 결코 독특한 하나의 민족이 아니었으며, 항상 살인과 강도와 방화를 일삼아 왔다. 그들은 가장 가까운 친구들이 들짐승들처럼 학살당했던 비난할 만한 약탈적인 전쟁들을 통해서 이 땅의 소유권을 얻었다. 나는 이스라엘 백성들이 세상 종말이 올 때까지 저주를 받아 결코 평화롭지 못하기를 기원한다."(10장 26절)

'임마누엘의 탈무드' 발견

《임마누엘의 탈무드》는 그 내용에도 믿기 어려운 주장들이 들어 있지만, 원고의 발견과 번역 작업의 과정에도 SF 소설이나 첩보물 영화를 보는 듯한 생소하고도 전율적인 사건들이 개입되어 있다.

1963년 스위스인 빌리 마이어와 그의 오랜 친구이자 그리스 정교회 전 사제였던 이사 라시드는 예루살렘 구시가지 근처의 한 무덤에서 《임마누엘의 탈무드》의 본래 원고를 발견했다. 그것은 방부 수지로 싸인 파피루스 두루마리에 고대 중동지방에서 사용된 아람어로 쓰여 있었다. 그 무덤은 키드론과 힌놈 계곡이 합류하는 지점에 있었다. 임마누엘이 십자가에서 내려와 3일 동안 누워 있었던 무덤으로 추정되는 곳이다. 빌리 마이어의 기억을 토대로 재구성된 발견 과정을 보자.

"마이어는 우연히 경사면을 따라가다가 바위와 관목 사이에 작은 구멍이 있는 것을 볼 수 있었다. … 호기심이 생긴 그는 배낭에서 손전등을 꺼내 구멍을 들여다보았는데 구멍이 안쪽으로 이어져 있었다. 그래서 그와 라시드는 그들이 기어들어 갈 수 있을 만큼 구멍이 커질 때까지 바위와 흙을 파냈다. 그것은 흙으로 반쯤 채워진 오래된 무덤터였다. 더 파고 들어가 내부를 탐험한 후, 그들은 평평한 바위 아래에 묻힌 꾸러미를 발견했고, 그것을 라시드의 거처로 가져갔다. 길이는 약 60㎝, 너비는 25㎝였다. 꾸러미에는 몇 개의 작은 유물과 함께 종이 롤 형태의 《임마누엘의 탈무드》가 들어 있었다. 그것들은 동물 가죽으로 함께 싸여 있었고, 그 가죽은 다시 수지로 싸여 있었는데, 그때쯤에는 말라서 부서지기 쉬웠지만, 외부는 검은색이고 내부는 황갈색이었던 것으로 기억된다. 네 개의 두루마리가 있었는데, 각각에 아람어로 쓰인 많은 페이지가 있었다. 그것들은 분명 오래되고 깨지기 쉬웠지만 글씨는 분명하게 읽을 수 있었다. 마이어는 각 파피루스의 크기가 대략 30㎝×40㎝였고, 이는 21㎝×29.4㎝인 유럽 A4 용지 크기보다 다소 더 컸다고 회상한다. 그는 그것들이 매우 얇고 반투명한 양피지로 만들어졌는지 아니면 파피루스로 만들어졌는지 확신하지 못한다."[5]

---

5   "Discovery of the Talmud of Jmmanuel"

[그림 2] 《임마누엘의 탈무드》의 파피루스 원고 발견 지점 추측도(↓ 나 ? 표기된 곳)

빌리 마이어는 고대 아람어를 읽을 수 없었다. 다행히 친구 라시드는 그 원고의 내용이 무엇인지 읽을 수 있었다. 그런데 뜻밖에 이 파피루스 원고에는 현재의 기독교계가 수용할 수 없는 이단적인 내용이 실려 있었다. 라시드는 그 점을 감안하여, 문서의 공개 시까지 번역을 비밀리에 진행하자고 마이어에게 제안했다. 그는 마이어가 읽을 수 있도록 원고를 독일어로 번역했다.

그의 번역 작업은 예루살렘에서 이루어졌는데, 《임마누엘의 탈무드》 36장까지 이어졌고, 그것은 1970년에 스위스의 마이어 친가로 발송되었다. 당시 친가에는 아무도 살고 있지 않았다. 마이어가 두 개의 소포에 담긴 그 원고를 우체국에서 되찾은 해는 1974년이었다. 같은 해 9월, 라시드는 마이어에게 마지막 편지를 보냈는데, 원고 번역 프로젝

[그림 3] 《임마누엘의 탈무드》 파피루스 원고를 발견한 1963년 무렵 요르단에서 찍은 빌리 마이어(오른쪽)와 이사 라시드(뒤)

트가 특정 당국에 알려졌다는 내용이 실려 있었다. 그 바람에 라시드는 두루마리 원고와 추가 번역본을 가지고 가족과 함께 예루살렘에서 레바논의 난민 캠프로 도망가야 했다고 간단히 설명했다. 하지만 그 사실도 이스라엘 당국에 알려졌고, 그 캠프는 공중폭격을 받았다.

라시드 가족은 너무 갑작스럽게 피신하느라고 파피루스 두루마리나 추가 번역본을 찾을 시간이 없었다. 그것들은 폭격으로 발생한 화재로 파괴되었을 것으로 추정된다.

바그다드로 도망간 라시드는 마지막 편지를 부친 직후에 애석하게도 가족과 함께 암살당했다. 그 사실을 마이어가 알게 된 것은 그로부터 2년이 지난 1976년이었다. 라시드가 마이어에게 보낸 편지는 《임마누엘의 탈무드》에 자세히 실려 있다.

훗날 확인한 결과, 《임마누엘의 탈무드》의 파피루스 원고가 파괴된

날은 1974년 8월 9일로 추정된다. 뉴욕타임즈의 1974년 8월 10일자의 작은 기사에는 1974년 8월 9일 금요일에 이스라엘 전투기가 "레바논 남부의 난민 캠프와 두 건물을 공격했다."는 사실이 실려 있었다. 레바논에 대한 이스라엘의 다음 공격은 9월 15일이 되어서야 이루어졌는데, 라시드의 마지막 편지의 날짜나 정황으로 미루어 보면 8월의 공중폭격이 화근이 되었음을 알 수 있다.[6]

파피루스 원고의 소실로 인하여 《임마누엘의 탈무드》에 대한 신뢰나 자료로서의 권위는 추락할 수밖에 없었다. 만일 파피루스 원고가 파괴되지 않고 남아 있었다면 어떠했을까? 자료의 권위는 유지했겠지만, 또 다른 진위 논쟁에 휘말려 들었을 것이다. 증거물이 눈앞에 있다고 해서 사람들이 곧이곧대로 믿는 것은 아니다. 자신이 생각하는 바와 다른 것이라면 의심부터 하고, 진실이라 하더라도 마음속에 받아들이지 않는다. 불신은 현대인의 병이다. 이제 우리는 더욱 믿기지 않는 이야기 속으로 발을 들여놓을 것이다.

빌리 마이어의 외계인 접촉

빌리 마이어와 이사 라시드가 《임마누엘의 탈무드》의 파피루스 원고를 산책 중에 무심코 발견한 것은 아니었다. 마이어는 그 자료가 있는 장소로 자신이 텔레파시로 인도되었다고 밝히고 있다. 이 이야기의 의미를 알려면 마이어와 천상의 존재들 또는 천상의 방문객들과의 접촉 사건에 대한 지식을 먼저 갖출 필요가 있다.

---

6 앞의 글

[그림 4] 달(DAL) 우주에서 온 아스켓(左)과 진실 조작에 쓰인 프랑스 여성 미셀 델라페이브(右). 빌리 마이어의 접촉 이야기가 세계로 퍼져 가자, 이를 두려워한 세력들은 사진 증거물들을 조작하거나 거짓 증언으로 대중을 세뇌하였다. (사진: Martin Show)

혹시 원자료가 없다는 이유로 《임마누엘의 탈무드》가 마이어 자신이 직접 쓴 것이 아닐까 의심할 수도 있는데, 《천상의 가르침: 임마누엘의 참된 성서의 출현》이라는 저서를 통해 《임마누엘의 탈무드》와 마태복음을 비교·분석한 제임스 디어도르프 교수는 그럴 가능성이 거의 없다는 결론에 도달했다.

마이어는 초등학교 6년을 다 마치지 못한 학력을 갖고 있었고, 《임마누엘의 탈무드》 독일어 번역본에서 고대 유대인들이 사용했던 드문 관용 구절이 발견되었기 때문이기도 하다.[7]

1937년생인 빌리 마이어의 본명은 에두아르트 마이어이고, 빌리

---

[7] 제임스 디어도르프(James W. Deardorff)는 기상학자이자 오레곤 주립대 명예교수였다. 그는 저서 《천상의 가르침》에서 《임마누엘의 탈무드》와 마태복음을 비교·분석하면서 《임마누엘의 탈무드》가 신약성서 마태복음의 원출처이며, 그 기원이 외계에서 온 것일 수 있음을 시사하는 고대 두루마리의 진위성에 대해서 설득력 있는 주장을 펼친다.

는 애칭이다. 그가 독일 국경과 가까운 자신의 집에서 하늘에 떠 있는 UFO를 처음 본 것은 다섯 살 때인 1942년 6월 2일이었다.

같은 해 11월에는 UFO가 땅으로 내려오더니 한 노인이 나와서 마이어를 태우고 비행한 뒤 다시 내려놓는 일이 있었다. 그 노인의 이름은 스파스였고, 플레이아데스성단의 일곱 개 큰 별 중에서 타이게타라는 별에 속해 있는 에라 행성 출신이었다.[8]

"외계 인간 존재들과의 접촉은 아주 어렸던 1940년대에 시작되었다. 처음 접촉한 사람은 스파스라는 노인이었다. 그는 우리 마을의 뷜라흐어(스위스 표준 독일어)를 사용했다. 어느 날 나는 내면의 충동을 느꼈고 어떤 종류의 목소리를 들었다. 배처럼 생긴 바행물체가 찾아올 것이니, 회라겐 숲으로 가서 기다리라는 것이었다. 그 말에 따라 내가 걸어가서 숲에 도착하자, 은색 배 모양의 비행물체가 내 바로 앞 땅에 착륙했다. 나이가 매우 많은 한 할아버지가 그곳에서 내리더니 상냥하게 말을 걸었다. 그는 자신의 이름이 스파스라고 말했다. 외계 행성에서 왔으며 나에게 이야기할 것과 가르쳐 줄 것이 많다고 설명했다. 이것이 내가 외계인과 처음 접촉한 것이었고 그 뒤로도 스파스와 많은 접촉이 이어졌다. 그와의 접촉은 1953년에 끝났다. 이후 1964

---

[8] 플레이아데스인의 고향 행성인 에라는 지구에서 약 500광년 떨어진 타이게타 주변 성계에 위치하고 있다. 지구보다 10% 정도 작으며 8개의 다른 행성과 함께 회전하고 있다. 에라의 인구는 4억이다. 그들은 우주가 어떻게 창조되었는지 그리고 그것이 어떻게 창조 영과 함께 진화하고 있는지 이해하게 되었다. 그들은 자신들의 행성도 진화하고 있는 창조의 일부로 여기고 있고, 행성에 살고 있는 동식물과 다른 모든 것도 그들을 존경심으로 대한다고 한다.

년까지는 아스켓이라는 여성과 접촉을 계속했다."⁹

스파스와의 만남과 소통은 그가 죽은 1953년까지 지속되었다.[10] 같은 해 마이어는 스파스 대신에 아스켓이라는 여성과 접촉해서 다시 소통하기 시작했다. 그녀는 플레이아데스성단 출신이 아니라 우리에게 알려지지 않은 달(DAL)이라는 우주의 아콘 태양계 출신이었다. 아스켓과의 접촉은 마이어가 《임마누엘의 탈무드》의 원자료를 발견한 1963년까지 계속되었다. 그 발견에 도움을 준 것도 그녀였다. 마이어는 아스켓과 첫인사를 나눈 후 형언할 수 없는 친밀감을 느끼고 나서 그 이유를 물었다. 그녀는 "당신의 전생을 잘 생각해 보세요."라고 대답하면서, 두 사람이 전생에 만난 일이 있었음을 암시하였다고 한다.

그는 아스켓과 소통을 가진 후에 그녀의 권고에 따라 1956년부터 1969년까지 12년 동안 다양한 인생 경력을 쌓는다. 아프리카 프랑스 외인부대원, 사막 캐러밴, 노예상인, 혁명가, 밀수업자 등의 경험을 하는가 하면, 아라비아해의 해적에게 붙잡히기도 하고, 화물선 선원으로서 인도양을 건너 인도 대륙으로도 간다.

마이어는 종교적으로는 개신교에서 천주교로 개종도 해 보고, 관광 가이드로 생업을 유지하면서 불교, 힌두교, 유대교, 무슬림 세계를 그 내부로 들어가 직접 보고 배우기도 했다. 그가 거친 30여 가지 직업과

---

9 "Billy Meier Interview The Mission.docx"

10 빌리 마이어가 접촉한 외계인과의 이야기를 다룬 국내 서적으로는 랜돌프 윈터즈의 《플레이아데스의 사명(지구를 위한 깨달음의 시대)》(대원출판), 오다까 요시야의 《그대 반짝이는 별을 보거든(우주여인 셈야제와 농부 마이어의 이야기)》(시어사) 등이 있다.

[그림 5] 좌측은 인도 여행 중인 1964년 아쉬람 상공의 아스켓이 타고 있는 UFO이고, 우측은 1976년 스위스 집 인근에서 비행하는 UFO를 마이어가 찍은 사진이다.

다양한 종교 세계의 경험은 천상의 방문객들의 가르침을 이해하고 다시 다른 사람들에게 전파하는 데 값진 거름이 되었다.

외국 여행을 하던 중인 1964년 이후로 12년 동안은 아스켓과의 모든 관계도 끊어졌다. 그리고 나서 1975년에 접촉이 재개되었다. 이번에는 아스켓이 아니라 앞서 만났던 플레이아데스인 스파스의 손녀인 셈야제였다. 셈야제와의 직접적인 접촉이 있었던 직후 프타라는 또 다른 플레이아데스 남자를 만났고, 그 이후로 케찰 등 다른 천상의 존재들도 채널링 대화에 합류했다.[11]

마이어는 2017년 2월 3일까지 1,704건의 직접적인 접촉과 1,294건의 텔레파시 소통을 했다. 이러한 접촉 중 최소 671개의 사례가 접촉 보고서로 제시되었다.

---

[11] 채널링 대화란 인간이 다른 존재(외계 존재, 영, 동물)와 소통하는 것을 말한다. 다른 존재의 의사를 전달하는 매개체(채널러)는 마음을 비우고 주의와 감각을 집중한다.

빌리 마이어의 천상의 방문객(ET) 접촉 이야기는 어디까지가 진실일까. 그와 이사 라시드가 발견하고 번역한 《임마누엘의 탈무드》 내용은 어떻게 보아야 할까. 만일 그러한 매우 도발적이고 상상을 초월하는 내용이 사실이라면, 천상의 방문객들이 이 시대에 다시 나타나서 전하려고 하는 메시지는 과연 무엇인가. 그리고 이러한 주제나 사건이 우리 민족의 역사나 사상과는 어떻게 연결될 수 있을까.

천상의 방문자들의 메시지

빌리 마이어의 접촉 사례와 그 속에 든 방대한 분량의 자료들을 광범위하게 조사한 연구자들은 천상의 방문자들이 전달하고자 하는 기본 메시지가 무엇인지 간단히 정리했는데, 그것은 한마디로 핵전쟁과 환경 파괴로 인한 전멸의 위기 앞에서 지구인이 변화할 때가 되었다는 것이다.

오늘날에도 천상이나 외계의 진실은 여전히 통제되고 있다. 그것은 웨인 허셜의 지적처럼 세계 인구의 1%도 안 되는 극소수 엘리트들의 부질없는 지배욕과 오만함에서 기인한다.

현재 우리가 겪고 있는 자본주의 문화는 권력과 이익에만 최고 가치를 부여하고 있다. 그 결과는 전쟁과 범죄의 만연화 그리고 자연과 생명에 대한 가혹한 수탈과 황폐화로 나타나고 있다. 과학과 기술이 발달함에 반비례하여 정신문화는 점점 더 왜소화되고 기형화되고 있다. 문명이 발전하는 게 아니라 퇴보하는 것이다.

그런 병적인 현상을 계속 방관한다면 궁극적으로 인류 전체의 파괴와 파멸을 불러올 것이다. 인류는 핵무기를 이미 사용한 적이 있으며, 언제든지 상대방을 향해 핵 단추를 눌러 지구 멸망을 자초할 수 있는 단계까지 이르렀다. 인공지능과 유전자조작 기술도 비약적으로 발전하여 통제가 어려울 수 있는 수준에 도달하였다. 이러한 시기에 기존 종교의 낡은 교리와 정치제도는 인간을 건강하고 활기찬 창조적 존재로 해방시키기는커녕 더 큰 노예 상태에 계속 가두는 역기능을 수행하고 있다.

대부분의 인류는 감옥 같은 세상에서 부와 행복을 추구하려고 노력하지만, 그치지 않는 전쟁과 테러와 기근과 지옥 같은 생존 경쟁 속에서 공포와 소외감을 느끼면서 자살을 생각하고 서로를 파괴하고자 하는 망상에 젖는다. 특히 1%의 초부유층과 나머지 99% 간의 극단적인 빈부격차는 전 세계적으로 벌어지고 있으며, 인류공동체의 온갖 사회적 문제와 갈등을 야기하는 핵심 요인으로 떠오르고 있다.[12]

게다가 사후에 심판을 받고, 단 한 번의 부활만 있다는 기독교의 왜곡된 사상이나, 죽으면 아무것도 없고 덧없이 끝난다는 허무주의는 인류를 두려움의 감옥에 가두는 협박이자 노예화로 이끄는 기존 체제를 유지하는 중요 이데올로기로서 기능하고 있다.

마이어가 접촉한 플레이아데스인들에 따르면, 사후 심판이나 지옥

---

[12] 세계 초부유층의 동향을 분석하는 옥스팜(oxfam)의 2024년 자료에 따르면, 세계 10대 기업 중 억만장자(10억 달러 이상 재산가)를 CEO 또는 주요 주주로 두고 있는 7개 기업의 가치는 아프리카와 라틴아메리카의 모든 국가의 GDP를 합친 것보다 더 크며, 세계에서 가장 부유한 1%가 모든 글로벌 금융자산의 43%를 소유하고 있다고 밝혔다. 2020년 이후 세계에서 가장 부유한 5명은 재산을 두 배 이상 늘렸지만, 세계 인구의 60%에 달하는 50억 명의 사람들의 재산은 감소했다. 2017년의 경우 상위 1%가 가진 재산이 전 세계 인구 99%가 가진 재산보다 많고, 상위 8명이 보유하고 있는 재산이 세계에서 가장 가난한 99% 인구가 가진 재산의 절반보다 많다. 미국 연방준비제도이사회의 최신 통계에 따르면, 미국 가구의 상위 0.1%가 전체 부에서 차지하는 비중은 2024년 말에 13.8%를 기록했으며, 이는 2020년 같은 기간의 13%보다 증가한 수치이다.

같은 것은 없다. 대부분의 사람들은 전생의 기억이 모두 삭제되므로 환생해서는 처음부터 새로운 인간으로 살아간다. 부모의 유전자나 주위 환경에 따라 삶의 진로가 일부 정해지기는 하겠지만, 중요한 결정은 개인의 자율적 선택으로 이루어진다.

한 번의 생애에서 터득한 지식이나 지혜는 모두 정보은행(아카식 레코드)에 저장되고, 개인의 깨달음의 정도에 따라 그 영혼의 발달에 필요한 경험을 축적할 수 있도록 환생이 결정된다. 지구에서의 삶이 더 이상 필요치 않은 영혼은 다음 생애에는 그 영혼의 발달 수준에 맞는 한 차원 높은 다른 별에 태어난다.

빌리 마이어는 세 번째 접촉자인 셈야제와의 첫 만남에서 자신이 접촉자로 선택된 이유가 무엇인지 물었다. 그러자 셈야제는 마이어가 수천 년 동안 환생의 삶을 거치면서 자신들과 같은 사명을 담당했으며, 그 일을 잘 해낼 수 있는 인물임을 알고 있기 때문이라고 대답했다. 마이어는 수많은 암살 위기를 겪으면서도 조용하게 자기 사명의 길을 걸어가고 있다.[13]

본서의 구성

본 연구는 처음에 빌리 마이어의 플레이아데스 접촉 이야기가 과연 사실인지에 대한 호기심에서 확인하기 위해 출발한 것이었다. 그런

---

[13] 자료에 따르면, 1964년 9월 23일부터 2015년 9월 3일까지 빌리 마이어에 대한 암살(살해) 시도가 23건 있었다. 1998년 6월 8일과 10일에 있었던 두 차례 사건은 14번째와 15번째에 해당하는 암살 시도였는데, 마이어가 자신의 증거 사진을 조작한다고 비밀조직을 비난한 직후 발생했다. 두 번 모두 여러 목격자 앞에서 실행되었고, 그중 한 건은 대낮에 보이지 않는 곳에서 총격을 가한 것이었다. 그는 꿈이나 직감으로 사전에 경고를 받는다고 한다.

데 주의를 기울여 추적한 결과, 예상치 못한 많은 성과를 얻을 수 있었다. 특히 웨인 허셜의 발견과 연구는 글을 쓰는 데 큰 힘이 되었음을 밝힌다.

플레이아데스는 우리 민족은 물론 세계 전역에 그 흔적을 남겼다. 그것은 황소나 황소 뿔(초승달·V자)과 함께하는 일곱 별 또는 일곱 마리 뱀, 세 개의 태양, 생명나무(우주목)를 주요 특징으로 한다. 지금까지 1만 개가 발견된 크롭서클도 플레이아데스인의 작품이고, 심지어 스위스인 빌리 마이어는 플레이아데스인들과 직접 접촉했다.

프랑스 라스코동굴의 황소 그림은 단순히 생존을 위해 사냥해서 잡은 들소를 기념하기 위해 그린 것이 아니라 당대의 인간들이 어떤 시대에 살았고, 그들이 추구하는 것이 무엇인지를 알리기 위해 하늘의 별자리로 표식을 남긴 것이었다. 그것과 함께 40,000년 이전까지 올라가는 동굴벽화나 조각품도 하늘의 별자리 상징이라는 사실이 밝혀졌다.

튀르키예 괴베클리 테페, 유럽과 시베리아, 수메르(이라크), 이집트, 인도, 인도네시아, 호주, 뉴질랜드, 북미 암각화, 마야, 잉카문명 등 거의 모든 곳에서 플레이아데스의 상징 유물과 축제 문화가 발견되었다. 우리 민족의 건국 영웅들의 신화를 비롯해서 힌두교, 조로아스터교, 불교의 신들이나 성자 모두는 플레이아데스 상징과 함께했다. 기독교의 아세라 여신, 아브라함, 예수 또한 플레이아데스 커넥션의 주요 라인을 형성했다. 이번 인류 문명이 플레이아데스와 함께 출발했다는 증거들이 속속 드러나고 있다.

단군신화의 3·7 성수(聖數), 고구려의 삼족오와 약수리고분벽화의 플레이아데스, 치우천왕의 소뿔놀이인 치우희(蚩尤戱), 경주의 전불칠처가람과 신월성 그리고 천마총의 천마도, 백제의 칠지도(七支刀), 가야의 칠성(七聖)과 말이산 굽다리등잔 그리고 세계 모든 놀이의 원형인 윷놀이와 세계 최고(最古) 경전인 《천부경》에 이르기까지 플레이아데스를 가리키는 열쇠가 들어 있었다.

세계를 지배하는 1%는 인류의 신성한 기원에 대한 기억과 증거들을 숨기고 지우려고 했다. 특히 황소 뿔 왕관을 쓴 신들이나 영웅들 그리고 뱀(우주뱀)이나 용을 악마화하고 이단과 미신으로 몰고 갔지만 모든 것을 다 지울 수는 없었다. 지구 한 가족 시대가 도래하면서 모든 관련 정보들이 시시각각 공유되면서 우리는 숨겨진 진실의 조각들을 모을 수 있었고, 그 전체 그림을 그릴 수 있는 시점에 도달했다. 본서는 그것을 간략하게 독자들에게 소개하고 제시하기 위해 다음과 같이 글을 구성했다.

1장과 2장에서는 유인원에서 현생인류로 진화하고, 석기-청동기-철기 등 도구 중심으로 인류사를 서술하는 주류 학계의 인식과는 전혀 다른, 역사가 매우 오래된 인류의 흔적과 천상 방문객들에 의한 지구 문명 개척사의 줄거리를 제공할 것이다.

3장에서는 최근 내부고발자들이 밝힌 지저문명에 대해서, 그리고 4장에서는 108기에 이르는 티베트 피라미드 단지에 대한 러시아 과학자들의 탐사 내용을 소개할 것이다.

5장에서는 라스코 동굴벽화 등 기원전 40,000년까지 소급되는 천문과 별자리 기록에 대해 살펴볼 것이다. 그것은 인류가 플레이아데스를 중시한 최초의 증거물이다.

6장에서는 기존 인류사에 큰 충격을 가한 12,000년 전 튀르키예 괴베클리 테페의 발굴 성과를 살펴보고, 고대 건국 영웅이나 신들이 쓰고 있는 황소 뿔관의 의미와 그것에 대한 악마화 작업 그리고 동방의 황소 뿔 원조인 치우의 유습을 살펴볼 것이다. 이집트의 주신인 하토르 여신도 가장 오랜 황소 뿔 상징의 주인공이었다. 또한 미트라교의 주요 도상인 '황소 죽이기' 그림 속에 있는 플레이아데스의 흔적에 대해 논의할 것이다. 유대교-기독교-이슬람교의 공통 조상이기도 한 아브라함의 인물화에도 플레이아데스 일곱 별이 그려져 있다.

7장에서는 솟대가 서낭대로서 단군신앙의 유습이며, 그 기원이 라스코 동굴벽화와 괴베클리 테페 유적과 연결될 수 있음을 논의할 것이다.

8장에서는 우리의 불교 사찰 삼성각에 봉안된 나반존자와 주몽설화의 하백녀가 모두 은하수를 건너온 존재라는 사실을 밝힐 것이다. 그들은 칠석의 세시풍속에 남아 있다.

9장에서는 뱀이나 용의 상징과 경주의 사릉(뱀릉)에 대해서도 살펴볼 것이다. 또한 알타이, 메소포타미아, 아즈텍, 중국, 인도 등에서 발견되는 칠두신이나 숫자 7과 관련된 플레이아데스의 상징들에 대해서 살펴보고자 한다.

10장에서는 단군신화 속에 숨어 있는 3·7 성수의 비밀과 삼짇날의 의미를 살펴보고, 가야와 고구려에 남아 있는 플레이아데스의 흔적을 찾아볼 것이다.

11장에서는 세계의 플레이아데스 축제와 함께 좀생이날과 추석이 봄가을로 벌이는 플레이아데스 축제임을 밝힐 것이다.

12장에서는 아사달이 지명이자 여신의 이름일 가능성을 논의한다. 아사달의 본뜻은 '별'이자 '빛'의 상징일 것이다. 또한 조선(朝鮮)의 국명에 담긴 의미에 대해 새로운 시각에서 살펴보고자 한다.

13장에서는 아사달과 발음과 신격이 유사한 서아시아 지역의 아세라 여신이 플레이아데스 출신이라는 주장에 대해 논의할 것이다. 전 세계에 널리 퍼져 있는 생명나무 상징은 불멸의 지식과 연관된 것으로, 플레이아데스인이 전해 준 것이다.

14장에서는 플레이아데스 에라 행성 주변의 세 개의 태양의 상징을 전 세계에서 찾아낸 웨인 허셜의 주장을 소개할 것이다.

마지막으로 15장에서는 윷놀이와 《천부경》에서 발견된 황금비를 다루면서 우리 민족과 플레이아데스와의 연관성을 논의하며 본서를 마무리하고자 한다.

인간과 신의 기원을 찾아가는 본서의 여행길은 인류 의식의 역사적 지평을 확장하려는 데 목적이 있다. 그 길은 처음부터 거친 자갈밭이 될 수도 있다. 종착지에 내릴 때 또 다른 물음표 대신에 영혼의 불멸성에 대한 확신과 모든 생명에 대한 사랑이 담대한 용기와 함께 각자의 마음속에 깃들기를 기대해 본다.

차례

서문 조용한 혁명, '임마누엘의 탈무드'

'임마누엘의 탈무드' 발견 14 | 빌리 마이어의 외계인 접촉 18 | 천상의 방문자들의 메시지 23 | 본서의 구성 25

제1장 금지된 고고학

두 대국의 인간 기원 논쟁 36 | 금지된 고고학 38 | 레드 크래그 인면 조각 조개껍질 41

제2장 플레이아데스인이 말하는 지구 역사

라이라 · 베가 · 플레이아데스 50 | 아틀란티스와 무의 진실 52 | 아틀란티스 멸망과 문명의 퇴보 54

제3장 내부고발자들, 지저문명을 폭로하다

에드가 스노든, UFO는 지저에서 날아온다 58 | 호피족의 전설 58 | 문명이 발달한 지저도시들 61 | 코리 굿과 우주 폭로 63 | 루마니아 50,000년 전 기록의 전당 63

제4장 러시아 과학자들, 티베트 피라미드 단지를 발견하다

중국과 러시아 과학자의 논쟁 70 | 러시아 탐사대는 어떻게 티베트 피라미드를 발견했나 76 | 신들의 도시를 찾아서 78 | 높이 30미터 '독서하는 인물상' 80 | 바위에 새겨진 인면 조각상 83 | 거대한 석조거울과 석조 DNA 84

  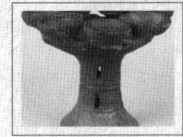

제5장 황소 상징의 비밀이 풀리다

별자리 기원의 수수께끼 90 | 17,000년 전 라스코에 그려진 플레이아데스 92 | 32,500~38,000년 전 독일 아크 계곡 상아판 오리온자리 97 | 영국 교수의 별자리 해독 98

제6장 황소 지상화와 황소 뿔관을 쓴 신과 왕

1. 괴베클리 테페, 12,000년 전 문명인들 104

괴베클리 테페의 발굴 성과 108 | 12,000년 전의 정교한 공학 기술 109 | 그들은 수렵채집인이 아니었다 111

2. T자형 상징과 황소 지상화 114

T자형 기둥은 인체 상징 114 | T자형 기둥, 앙크, 십자가, 고인돌 115 | 플레이아데스를 가리키는 황소 두개골 117 | 괴베클리 테페의 황소 지상화 119

3. 황소 뿔 지우기와 단오의 주인공 124

역사는 왜 조작하는가 124 | 황소 뿔의 악마화 126 | 동방의 황소 뿔 천왕 치우 129 | 각저희와 나무쇠싸움 131

4. 이집트 황소 뿔 여신 하토르 133

켐은 플레이아데스 134 | 일곱 마리 황소 상징 136 | 플레이아데스를 본뜬 이집트 피라미드 138 | 소뿔 상징을 한 하토르 여신 140 | '신의 도시' 덴데라 신전 144

5. 미트라의 '황소 죽이기'와 아브라함의 일곱 별 146

미트라는 모든 종교의 교집합 146 | 미트라의 '황소 죽이기' 해독 150 | 아브라함의 일곱 별 154 | 두라 에우라포스의 일곱 그루 나무 157

제7장 솟대와 서낭당의 기원

라스코 '망자의 통로'의 솟대 그림 163 | 서낭당은 선인왕검의 집 164 | 괴베클리 테페의 일곱 마리 오리 166 | 시베리아 샤먼의 북에 그려진 일곱 마리 새 167

제8장 은하수를 건너온 나반 이야기

용왕은 누구인가 171 | 하백의 비밀 172 | 나반과 하백은 플레이아데스 출신 173 | 나반과 수메르 신 엔키 175 | 두 개의 칠성 177

제9장 뱀·용의 악마화와 칠두신의 흔적들

뱀·용의 악마화와 경주 사릉 182 | 알타이 하카시야 칠두신 187 | 발 카모니카 암각화의 우주인과 세 개의 태양 190 | 아즈텍의 치코메코아틀 192 | 메소포타미아의 무슈마흐 192 | 텔 하조르의 칠두사 194 | 힌두 교와 불교의 일곱 마리 뱀 195 | 수메르-바빌로니아의 일곱 별 196 | 숫 자 7로 플레이아데스 일곱 별을 강조한 셀레우시우스 석판 197 | 에사르하돈 왕의 승전비 198 | 모헨조다로 인장 속의 플레이아데스 199

제10장 3·7 성수(聖數)의 수수께끼

신들의 핸드백 204 | 단군신화의 3·7 수수께끼 206 | 삼칠일은 3과 7이 들어간 날? 207 | 21은 환생과 관련된 숫자 208 | 삼짇날과 마고 209 | 가야의 삼짇날과 플레이아데스 상징 210 | 백제의 칠지도 216 | 고구려의 삼짇날 풍속 217 | 약수리고분의 플레이아데스 218 | 삼족오는 '세 개의 태양' 상징 218

제11장 좀생이날과 추석은 플레이아데스 축제일

강릉사천하평답교놀이 222 | 마야·페루의 좀생이별 뜻 224 | 플레이아데스는 별시계 224 | 할로윈은 플레이아데스 축제일 225 | 멕시코의 새불 축제와 개천절 225 | 좀생이날을 왜 2월 6일로 정했나 226 | 유대의 초막절 '숙곳' 228 | 추석은 플레이아데스 축제 230 | 네브라 스카이 디스크 231

제12장 아사달 코드

아사달의 뜻은 '별'인가 234 | 박달·배달은 광명의 누리 237 | 세 개의 태양이 들어 있는 조(朝)의 옛 글자 239 | 선(鮮)과 엔키의 상징 240 | '딩기르(단군)'는 '신성한 존재'란 뜻 241 | 단군조선과 괴베클리 테페 건설자 242 | 군자불사지국의 뜻 244

제13장 여신과 생명나무

아사달과 발음이 유사한 고대의 여신들 248 | 아스타와 숙곳 249 | 12,000년 전 말리의 여인상 251 | 5,500년 전 홍산문화 여신 253 | 강릉 여서낭당의 여신 254 | 하늘의 여왕 아세라 255 | 아세라의 남편 바알의 거대한 신전 258 | 아세라는 플레이아데스 출신 260 | 아세라와 '신적 자아 아이콘' 262 | 아세라와 생명나무 전통 265 | 생명나무·지식나무·우주목 266 | 깨달음의 상징인 생명나무 268 | 생명나무의 뱀은 쿤달리니 270 | 불멸을 뜻하는 뱀의 사슬 272

제14장 플레이아데스 세 개의 태양 상징

이집트의 세 개의 태양 275 | 메소포타미아의 세 개의 태양 276 | 인도의 세 개의 태양 279 | 멕시코의 세 개의 태양 279 | 잉카의 세 개의 태양 281 | 북미 원주민의 플레이아데스 상징 283 | 경주의 세 개의 태양 284 전불칠처가람과 플레이아데스 287

제15장 황금비와 플레이아데스 메시지

우주상수 황금비와 신성 기하학 292 | 윷놀이 코드 296 | 《천부경》에서 발견되는 52·89와 피보나치 수열 302 | 미국 내부고발자 UFO 회수 폭로 304 | 크롭서클과 플레이아데스 메시지 306

그림 차례 316

제1장

금지된 고고학

인류의 의식을 지구라는 감옥에 가둘 수 있는 가장 효율적인 방법 중 하나는 인류가 지구에서 기원했으며, 지구 밖 우주에는 어떠한 문명도 없다는 이론을 계속해서 교육하고 주입하는 것이다. 이러한 역사관 또는 우주론은 과학계에서 진화론이라는 이름으로 지금도 알게 모르게 우리를 세뇌시키고 있다. 그러나 이러한 인식이 지구상 모든 곳에서 통용되고 있는 것은 아니다.

두 대국의 인간 기원 논쟁

2005년 12월 20일 미 펜실베이니아주의 연방법원은 같은 해 9월부터 시작된 도버교육위원회와 관련된 재판에 종지부를 찍었다. 139쪽이나 되는 이례적인 판결문은 '재판부는 지적설계론이 과학이 아니라는 결론을 내렸다.'고 시작한다. 지적설계론이란 시계처럼 고도로 복잡하고 정교한 시스템은 그 설계자가 존재하듯이 그보다 더한 생명체의 발생에도 지적인 존재의 개입이 있을 수밖에 없다는 이론이다.

이번 선고는 1987년 미연방 대법원에서 창조론은 종교일 뿐 과학이 아니라고 판결한 이후 18년 만의 일이다. 이제 미국에서는 창조론이나 지적설계론을 공립학교 과학 시간에 가르치는 것이 헌법을 위반하는 행위가 되었다. 1달러 지폐에 '우리는 신을 믿는다'는 국시를 새겨 온 국가에서 벌어진 일이라고는 선뜻 이해하기 어렵다.[1]

---

1 재판부가 내린 결정의 근거로 둔 첫 번째는 지적설계론이 초자연적인 인과 관계를 끌어들임으로써 과학의 기본 규칙들을 위반했고, 두 번째는 지적설계론의 핵심인 환원 불가능한 복잡성 논증이 모두 반박되었으며, 세 번째는 진화론을 부정하는 지적설계론의 공격이 과학계에 의해 반박되었다는 것이다.

그런데 미국의 연방법원이 과학적이고 합리적인 판단을 한 것인지는 모르겠지만, 그로부터 다시 18년이 지난 2023년 국제 학술지 《사이언스》에 따르면, 세계에서 가장 인구가 많은 인도 정부는 중등과정 교과서에서 다윈의 진화론을 삭제하기로 결정했다. 그래서 인도 과학계는 약 2억5,600만 명에 달하는 인도 학생들이 제대로 된 과학 교육을 받지 못하고, 과학적 사고능력을 제대로 키우지 못하는 것을 우려하고 있다고 했다.

지구 두 대륙의 강대국에서 진화론을 두고 벌이는 엇갈린 정책과 논쟁은 현재 진화론이 처한 위기를 잘 드러내고 있다. 한쪽에서는 진화론을 부정하는 이론은 과학이 아니므로 학생들에게 가르쳐서는 안 된다고 주장하는 반면에, 한쪽에서는 진화론이 학생들에게 가르쳐서는 안 될 학문이라고 규정하는 것이다.

달에 우주선을 보내고, 인공지능을 개발하여 인간의 사고능력을 대체하려고 하는 이른바 첨단과학 시대에도 인류는 자신의 기원이 어디에 있는지조차 합의되지 않은 지적 수준에 머물러 있다. 이것은 과학이나 학문에 대한 개념도 확고하지 않을 뿐만 아니라 인간에 대한 정의도 서로 다를 수 있음을 보여 주는 것이다.

그 문제의 출발점은 인류의 기원에 있다. 1%의 사람들은 그 기원이 어디에 있는지 이미 알고 있을지도 모른다. 진화론을 학생들의 교육과정에 넣느냐 마느냐 하는 문제는 인류의 기원에 대해 대중에게 본격적으로 공개할 것인지 말 것인지 하는 정책적 판단에 따라 귀결될 사안이지, 진화론이나 지적설계론이 과학이냐 아니냐 하는 문제와는 전혀 상관이 없을지도 모른다.

다윈류의 진화론이 가지고 있는 맹점 중의 하나는 그것이 지나치게

단선적이라는 것이다. 지구상의 생명체는 가장 단순한 원생생물에서 출발하여 가장 복잡한 지능체인 인간까지 계속해서 진화했다는 것이다.

이 이론에 따르면 인류 사회도 유인원에서 갈라져 나와 구석기와 신석기, 청동기, 철기 시대를 거쳐 현대에 이른다. 인류의 지능이나 지혜도 사용하는 도구에 맞춰서 계속 발달한다. 이러한 진화의 단선적인 타임라인에 들어맞지 않는 것은 모두 비과학적인 것이고 뭔가 잘못된 것이기에 과학의 대상으로 삼아서는 안 된다.

이런 유물을 '오파츠'라고 부른다. 주류 학계에서는 이 단어를 거의 사용하지 않으면서, 유물 해석을 잘못했거나 엉터리 결과물이라고 매도하고 있으나, 이 용어를 주창한 이반 T. 샌더슨은 '역사학적·고고학적·고생물학적으로 불가능해 보이거나 비정상적으로 보이는 물체를 의미한다.'고 규정한다.

오파츠는 다윈류 진화론의 단단한 석판을 파고드는 나무쐐기와 같다. 거기에 물을 부으면 강고하게 보이는 진화론의 허상이 한순간에 깨질 수 있다. 오파츠를 부정하는 사람과 지지하는 사람 사이에 붙는 논쟁의 불꽃은 꺼질 줄 모른다.

금지된 고고학

오파츠의 세계로 깊이 파고든 학자 중의 한 사람은 마이클 크레모(Michael A. Cremo)이다. 그는 미 해군 정보장교 출신으로, 힌두교 베다 경전의 창조론을 믿는 신봉자이자 대안 고고학자로 자신을 설명하는 특이한 경력의 연구원이자 작가이다. 그는 1993년 공저자인 톰슨 리차드와 함께 《금지된 고고학: 인류의 숨겨진 역사》를 펴냈다. 그 책은 고고학계, 인류학계, 그리고 역사과학계의 대부분의 주류 저널에 소개되었다. 그는 책의 발간과 동시에 1994년 뉴델리 세계고고학회의, 1996년 러시아과학아카데미 심포지엄, 1997년 벨기에 리에주 국제과학사대회, 1999년 케이프타운 세계고고학회의, 2000년 영국 왕립학회 강연에 초청되는 등 자신의 저서와 관련된 주제로 많은 강연을 했다.

그의 저서 《금지된 고고학》은 실제 발견 현장을 토대로 수행된 작품이라는 평가를 받는다. 이 책에서 그는 인간 진화에 대한 현재의 생각과 모순되고 논란의 여지가 있는 상당한 증거들을 면밀하게 살피면서, 인간이 수천만 년에서 수억 년 동안 지구에 살았으며 그동안 과학계가 이를 입증하는 화석 유물들을 억압했다고 주장한다. 그는 힌두교 경전을 연구하면서 우주와 인간의 삶이 무한히 되풀이된다는 순환론에 영감을 받았는데, 그가 주목한 오파츠 유물들은 그 순환론을 확신시키는 증거물이었다.

마이클 크레모의 장점은 진화론을 반박하되 추상적인 신학적 교리에 의한 것이 아니라 물질적 고고학적 증거물을 가지고 한다는 데 있다. 수많은 조롱과 경계의 눈초리를 이겨 내며 자기의 목소리를 굽히지 않았다는 점에서 그의 용기와 학문적 열정은 박수를 받을 만하다. 그가 미국 NBC 방송에 출연해 대담을 마친 뒤의 상황이 어떠했는지 보자.

"나는 미국에서 가장 큰 텔레비전 네트워크인 NBC가 방송하는, '인류기원의 수수께끼'란 쇼에 출연했다. 그 쇼는 부분적으로 내 책 《금지된 고고학》에 기초한 것이다. 또한 인류의 선사시대에 대한 현재의 의견에 도전하는 다른 연구가들의 저서도 크게 다루었다. 1996년 2월에 그 쇼가 방송되자, 미국의 정통파 과학계로부터 엄청난 반응이 있었다. 미국 메이저 텔레비전

이 인간의 기원에 대한 다윈의 설명에 심각하게 의문을 제기한 쇼를 방송한 것은 그것이 처음이었다. 왜 과학계가 그렇게 화를 냈을까? 한 가지 이유는 그들은 텔레비전이라는 대중 매스컴을 통해 미국의 학생들에게도 전달되는 반다윈적 의견을 좋아하지 않기 때문이다. '과학 교육을 위한 국가센터'의 총장은 방송 이후 그 조직의 본부로 끊임없이 전화가 왔다고 불평했다. 그 방송을 본 학생들이 교사에게 대답하기 어려운 질문을 했다고 전국의 과학 교사들이 전화로 항의했다는 것이다. 그 프로그램에 대한 반대 의견의 대부분은 내가 '근본주의 다윈그룹'이라고 부르는 과학계 내부에서 왔다. 나중에 NBC는 많은 압력을 물리치고 이 방송을 다시 내보냈다."[2]

마이클 크레모는 오파츠에 대해 다음과 같이 말한다.

"지금까지 믿어 왔던 인류의 기원에 대한 정설을 근본부터 뒤집는 수많은 증거가 세계 각지에서 발견되고 있다. 그러나 그것들이 일반인에게 공개되는 일은 드물다. 이것은 잘못된 것이다. 오파츠는 지금까지의 상식이나 정설에 묶이지 않고 검토되어야 하며 잘못은 잘못이라고 인정해야 한다. 그것이야말로 과학의 진보로 직결된다고 믿는다."[3]

2　Michael A. Cremo & Richard L. Thompson, 《Forbidden Archeology》
3　앞의 책

Figure 2.6. Carved shell from the Late Pliocene Red Crag formation, England (M. Stopes 1912, p. 285).

[그림 6] 레드 크래그 인면 조각 조개껍질

이제 《금지된 고고학》에서 논의하고 있는 오파츠의 사례 중에서 가장 흥미로운 것 하나를 뽑아서 살펴보도록 하자.

레드 크래그 인면 조각 조개껍질

영국 북해 연안의 마을 월튼 온 더 네이즈에는 모래 퇴적물인 레드 크래그가 있다. 이 명칭은 철분이 섞인 붉은색과 동부 앵글리아어로 조개를 뜻하는 단어인 '크래그(Crag)'에서 유래했다. 현재 붉은 절벽 일대는 특별과학관심지역으로 지정되어 있다. 그곳이 140여 년에 걸쳐 고고학자나 지질학자들의 관심이 대상이 된 것은 그 모래 퇴적물에서 발견된 특이한 조개껍질 때문이 아닐까.

모래 퇴적물에는 조개류 껍질, 상어 이빨, 고래 뼈가 뒤섞인 많은 화석이 포함되어 있었는데, 여기에서 출토된 한 조개껍질 외부 표면에는 단순하면서도 식별이 가능한 사람의 얼굴이 새겨져 있었다.

1881년 건축가이자 지질학회 회원이기도 한 헨리 스톱스(Henry

Stopes)는 수집가 친구로부터 선물 받은 그 조개껍질을 영국 과학진흥협회 회의에서 처음 선보였다. 볼록한 표면에는 원형으로 파낸 두 개의 눈, 삼각형으로 나타낸 큰 코, 약간 구부러진 곡선으로 웃는 형상을 하고 있는 입 그리고 그 아래 짧은 직선으로 묘사한 아랫입술과 턱. 누가 보아도 사람의 얼굴이 분명했다.

이것은 레드 크래그 절벽에서 발견되었다. 문제는 그 붉은 절벽이 형성된 연대였다. 영국 지질조사국에 따르면, 붉은 바위는 약 330만 년에서 250만 년 전 사이에 위치해 있다. 월튼 온 더 네이즈의 붉은 바위가 가장 오래되었으며 290만 년에서 260만 년 사이에 불과 수십 년 만에 퇴적된 것으로 여겨진다는 것이다.

헨리 스톱스는 그 조개껍질 화석이 나온 지질층이 오래된 것으로 보아 그것이 영국에 살았던 매우 이른 초기 인류의 증거로 제시했다. 하지만 당시의 협회 회원들은 그것을 잘 받아들이지 않았고, 그 조각품을 조롱거리로 여겼던 것 같다. 어떤 학술 저널도 그것을 게재하도록 허용하지 않았다. 그래서 그는 자체적으로 그것에 대한 소책자를 출판했다.

근래에 들어서도 그 조개껍질에 대한 이야기가 기사화되고 있다. 거기에는 헨리 스톱스나 그것을 처음 얻은 수집가가 아니라 미지의 사람들이 그 모양을 위조했을 수 있다는 의구심을 제기하기도 한다. 이러한 문제에 대해서 크레모는 관련 논문을 인용하면서, 헨리 스톱스는 그 조개껍질을 발견한 사람이 '좋은 일을 하고 있는 신사'라고 밝혔으며, 그 껍질은 '적절하게 층화된 암반에서 껍질이 박혀 있는 채로 발견되었다.'고 밝혔다. 또한 영국의 레드 크래그 지층은 후기 플라이오세 시대에 속하는 것으로, 그 시대의 지층은 그 자체가 후기 플라이오세 시대여야 하고, 그렇다면 그 껍질의 연대는 200만~250만 년 정도 된 셈이라고 하면서 제기될 수 있는 의혹에 쐐기를 박았다.

크레모는 이 레드 크래그 인면 조각 조개껍질 사례를 《금지된 고고학》 강연의 주요 화제로 삼고 있음을 다음과 같은 홍보 글을 통해 알려 주고 있다.

"심포지엄 연설에서 나는 먼저 인류 문명사의 표준 개념을 제시했다. 그것에 따르면, 우리와 같은 인간은 수렵채집인으로 존재한 지 20만 년도 채 안 되어 처음으로 존재하게 되었다. 상징적 표시가 사용된 최초의 징후는 10만 년 전에 나타났다. 정교한 예술의 첫 발전은 약 50,000년 전에 이루어졌는데, 그 예로 구석기 시대 유럽의 동굴벽화가 있다. 약 10,000년 전부터 인간은 농업과 가축 기르기에 참여하기 시작했다. 정착촌 생활은 도자기 제작, 직조 등 관련 기술과 함께 이때부터 시작된 것으로 추정된다. 그런 다음 나는 이러한 생각과 모순되는 많은 증거, 즉 인간과 인류 문명이 수백만 년 전에 존재했음을 보여 주는 증거를 제시했다. … 200만~250만 년 정도 되는 레드 크래그 조개껍질은 정말 대단하다. 현재 주류 과학이 이해하고 있는 바에 따르면, 인간이 최초로 상징적 표시를 한 것은 10만 년도 채 안 된 일이다. 주류 과학자들이 인식한 가장 초기의 사례 중 하나는 남아프리카의 블롬보스 동굴에서 발견된 뚜렷한 뼈이다. 이 뼈는 약 77,000년 전의 것이다."

여기서 잠깐, 석탄층과 같은 오래된 지질층에서 나오는 유물에 대한 지식을 갖출 필요가 있다. 마이클 크레모가 예로 드는 유물들은 거의 다 그러한 지질층에서 출토된 것들이기 때문이다.

다음의 글은 오파츠를 주로 다루고 있는 '스카이워치 닷컴'에 실린 기사이다.

"오파츠와 석탄 광산 사이에는 길고 방대한 역사적 관계가 있다. 세계석탄협회에 따르면, 지구에서 자연적으로 발생하는 석탄은 매우 오래되었다. 석탄은 식물에서 형성된 화석 연료로, 수백만 년에 걸쳐 다른 암석층 사이에서 굳어지고 압력과 열에 의해 변형되어 석탄층을 형성했다. 이 시대를 '석탄기 시대'라고 한다. 석탄 광산에서의 유물의 발견은 풍부하고 자연적으로 형성된 재료로 둘러싸여 있어 오파츠 세계에서 독특하며, 인간의 상대적 기술과 발전보다 헤아릴 수 없을 만큼 오랜 시간 앞서 있다. 탐험가들은 문 손잡이, 기어, 보석, 조리 및 식기, 종, 도구 및 건축 자재, 인형, 종교적 유물, 인간 뼈, 무기, 동전, 문자, 먼 곳에서 유래한 돌 또는 금속을 포함하여 석탄과 함께 묻힌 수많은 이상한 품목을 우연히 발견했다. 물론, 과학자들이 말하듯 수백만 년 전 인류가 여전히 원숭이의 한 무리였고, 가려움을 긁는 법을 간신히 배우고 있었다면, 이런 유물은 다른 오파츠와 마찬가지로 '제자리에 맞지 않는' 것이다. 하지만 그것들은 아마도 가장 주목할 만한 것이다. 지금까지 대부분의 석탄 광산 오파츠는 과학계에서 무시당하고 있으며, 과학계는 지구가 오래되었고 사람이 원숭이에서 유래했다는 것을 증명하는 데 모든 자원을 쏟고 있는 듯하다. 이것은 적어도 아이러니한 일이며 호

기심이 많은 사람들에게는 분노를 불러일으킨다."⁴

마이클 크레모의 《금지된 고고학》의 세계로 발걸음을 들여놓으면, 시간이나 시대에 대한 감각이 무뎌지고 사라진다. 그의 저서에는 미 일리노이주에서 우물을 파던 중 발견된 동전같이 생긴 구리 제품(기원전 20만~40만 년 전)에서부터 남아프리카 광산에서 발견된 중간에 세 줄의 홈이 있는 금속구(28억 년 전)에 이르기까지 20여 점에 달하는 주요한 오파츠 유물들이 사진과 발견 장소, 추정 연도 등과 함께 잘 정리되어 있다.

그중에서 뚜렷한 문명의 용기라고 볼 수 있는 것은 미 캘리포니아 툴럼니 카운티 광산에서 발견된 3,500~5,000만 년 전의 절구와 절구공이, 미 오클라마주 윌버튼에서 발견된 3억1,200만 년 전의 철 냄비, 미 매사추세츠주 도체스터의 미팅하우스 힐의 바위에서 나온 6억 년 전의 금속 꽃병이다. 가장 오래된 28억 년이란 연대를 보이는 남아프리카 광산 출토 금속구는 그 용도가 알려져 있지 않다. 러시아 하카시야 공화국 체르노고르스크 광산에서 발견된 톱니바퀴 모양의 금속 물체는 3억1,000만 년 전의 것으로 추정된다.

유물들이 주로 돌 속이나 광산의 석탄층, 갈탄층, 용암 속에서 발견된 것이므로, 그것들이 해당 지질층이 형성된 이후에 누군가가 옮겨 놓은 것이라고 의심할 이유가 없다. 그 지질층이 형성된 시대의 연대가 그 유물이 속한 연대이다. 이러한 유물들이 인공적인 물체인지 아

4 https://skywatchtv.com

닌지에 대해서도 충분한 분석과 검토가 이루어진 것이므로 진위 논쟁은 별 의미가 없다.

훗날 발견된 다른 유물들도 있다. 그중 하나는 루마니아 중부의 무레슈강 인근에서 발견된 25만 년 전의 알루미늄 쐐기이고, 다른 하나는 러시아 우랄산맥에서 발견된 2.5마이크론 크기의 나노튜브였다. 이것은 2만 년에서 31만 8,000년 전의 시기에 해당하는 지질층에서 발견되었다.

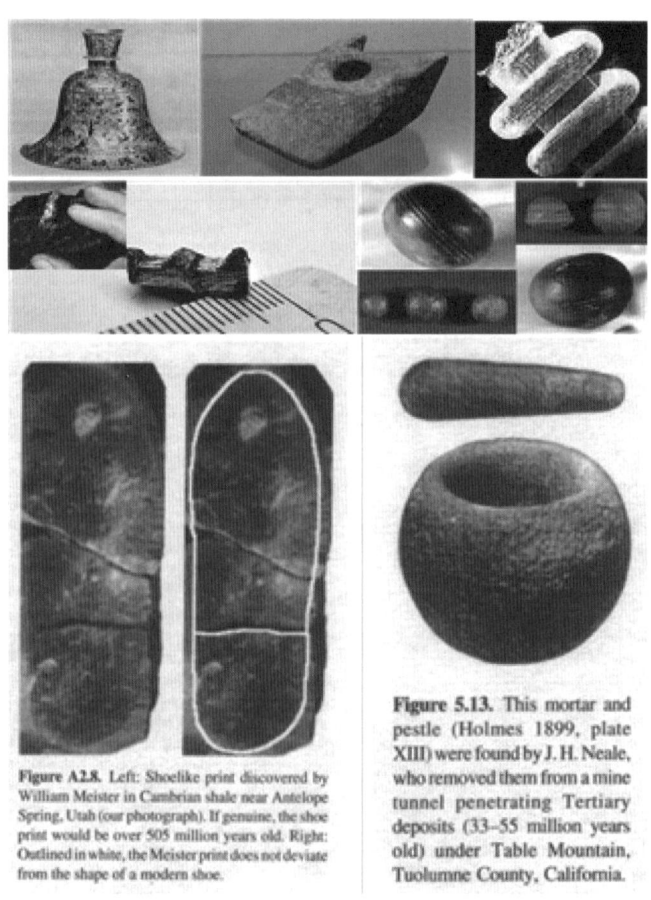

[그림 7] 수십만 년에서 수십억 년까지 이르는 오파츠 유물들

[마이클 크레모의 오파츠 목록]

명 칭	연 대	발견 장소
동전형 구리제품	BC. 20~40만 년	미국 일리노이
조개껍질 인면상	BC. 200~250만 년	영국 레드 크래그 해안
점토 인간 조각상	BC. 200~400만 년	미국 아이다호 남파
인간 턱뼈	BC. 300만 년	영국 폭스홀
인간 두개골	BC. 300~400만 년	이탈리아 카스테네돌로
석기·불 흔적	BC. 300~500만 년	아르헨티나 몬테 에르모스
인간 발자국	BC. 360만 년	탄자니아 라에톨리
인간 상완골	BC. 400만 년	케냐 카나포이
진보된 석기	BC. 900만 년	미국 캘리포니아 툴럼니
창끝·돌 모르타르	BC. 900~5500만 년	미국 캘리포니아
세공된 철 운석	BC. 3000만 년	호주
절구·절구공이	BC. 3500~5000만 년	미국 캘리포니아 툴럼니
분필공	BC. 4500~5500만 년	프랑스 라옹
금속관	BC. 6500~1억5000만 년	프랑스 생장 드 리베
인간 발자국	BC. 1억5000만 년	투르크메니아
신발 화석	BC. 2억1300~2억4800만 년	미국 네바다
금제 사슬	BC. 2억6000~3억2000만 년	미국 일리노이 모리슨빌
은색 인공물체	BC. 2억8000~3억2000만 년	미국 오클라호마 월버튼
인간 두개골	BC. 2억8600~3억2000만 년	미국 일리노이 맥쿠팽
인간 발자국	BC. 2억8600~3억2000만 년	미국 캔터키 록캐슬
조각된 돌	BC. 2억8600~3억600만 년	미국 아이오와 웹스터
금속 톱니바퀴	BC. 3억1000만 년	러시아 체르노고르스크
철냄비	BC. 3억1200만 년	미국 오클라호마 월버튼
금실	BC. 3억2000~3억6000만 년	영국 트위드
철못	BC. 3억6000~4억만 년	영국 스코틀랜드 킹구디
신발 화석	BC. 5억~6억 년	미국 유타 앤텔로프
금속 꽃병	BC. 6억 년	미 매사추세츠 도체스터
3줄 홈 금속구	BC. 28억 년	남아프리카 오토스탈

제 2 장

플레이아데스인이 말하는 지구 역사

라이라 · 베가 · 플레이아데스

1980년대 중반, 빌리 마이어가 천상의 방문객들과 접촉했다는 이야기에 매료된 랜돌프 윈터즈(1954~2018)는 그 주인공을 직접 만나려고 미국에서 스위스로 날아갔다. 그는 마이어의 접촉 기록인 '컨택 노트(Contact Note)'의 내용을 조사하고, 그것을 정리해서 1994년《플레이아데스의 사명: 각성의 시간》이란 제목으로 세상에 내놓았다. 그는 생애의 대부분을 마이어의 기록을 연구하고, 강의와 워크숍을 열어 그의 가르침을 홍보하는 데 바쳤다.

이 책에는 플레이아데스인들이 지구를 방문하는 동기와 목적이 일목요연하게 나타나 있다. 다음의 내용은 이 책에서 밝히고 있는 지구 역사를 근간으로 한 것이다.

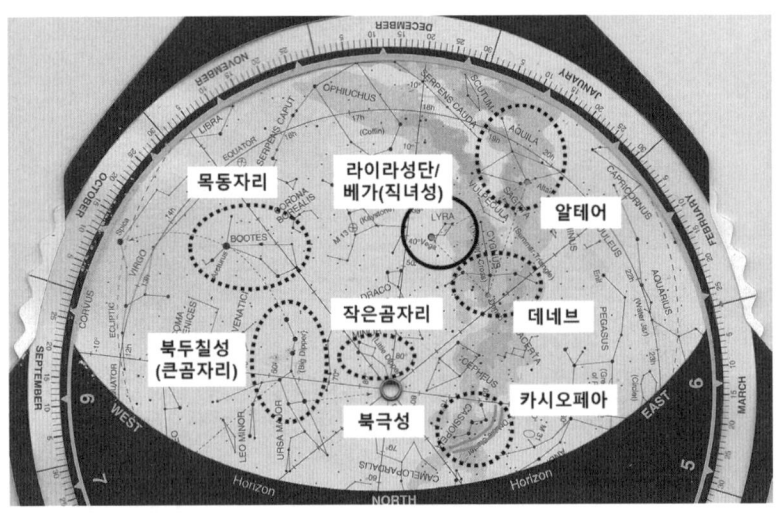

[그림 8] 북극성 가까이 있는 라이라성단(거문고자리)과 베가(직녀성)

플레이아데스인들의 본래 고향은 북쪽 하늘에 있는 라이라(Lyra)성단이다. 라이라(리라)는 거문고를 뜻하는데, 별자리가 거문고 모양이라서 붙은 이름이다. 이 성단에서 가장 밝은 별이 26광년의 거리에 있는 베가(Vega)이다. 동양에서 부르는 이 별의 이름은 '견우와 직녀' 설화에 나오는 직녀성이다(이에 대해서는 8장에서 자세히 다룰 것이다).

지구를 먼저 방문한 이들은 플레이아데스인이 아니라 라이라인이다. 고대 라이라인은 거인으로서 평균 수명이 약 2천 년 정도이고, 매우 호전적인 종족이었다. 그들이 지구에 와서 식민지를 건설한 것은 대략 기원전 2천2백만 년이다. 지구 지질연대로 표현하면 신생대 제3기에 해당하는 시기이다. 마이클 크레모의 오파츠 유물 중에서 이 시기와 가까운 연대를 보이는 것은 3천만 년 전의 오스트레일리아 석탄층에서 발견된 세공을 한 흔적이 있는 철의 운석과 3천5백~5천만 년 된 지질층으로 추정되는 캘리포니아 툴럼니 카운티 광산에서 발견된 절구와 절구공이 등이다. 이 유물들만 보더라도 라이라인이 지구에 도착하기 이전에 다른 지능체들이 존재했음을 추측할 수 있다.

한때 지구를 떠났던 라이라인이 다시 지구에 대규모로 정착한 것은 기원전 38만7천 년이다. 이때 라이라인은 지구인의 유전적 특질을 영원히 바꾸어 놓았다. 즉, 유전적 조작과 교배가 진행되었다. 라이라인들 중에서 일부가 고향별에서 발생한 전쟁을 피해 플레이아데스로 가서 정착한 것은 기원전 22만8천 년이다. 플레이아데스는 기원전 22만6천 년부터 별의 명칭이 '플레야'로 불리게 되는데, 그것은 통치자인 여성의 이름이 '플레야'였기 때문이다(지구의 여신의 기원은 아마도 이 여성일 것으로 추측된다).

플레이아데스인이 지구와 화성 그리고 이제는 파괴되어 소행성대로 바뀐 밀로나에 식민지를 건설한 것은 기원전 22만5천 년이다. 기원전 19만6천 년에는 지구에서 대전쟁이 발발하여 플레이아데스인들이 고향 행성으로 돌아갔다. 밀로나가 파괴되고 화성은 궤도 밖으로 이탈하여 모든 생명체가 사라졌다.

기원전 11만6천 년부터 망명한 범죄자로 대부분 구성된 한 그룹의 라이라인들이 지구에 몇 군데 작은 이주지를 설치하였다. 그리고 기원전 71,344년에는 라이라인들이 거대한 피라미드들을 이집트와 중국, 그리고 남미에 세웠다.

플레이아데스인들이 대규모 이주 계획을 세워 수백 대의 거대한 우주선에 수천 명의 인간을 태우고 지구에 돌아와서 거대한 사회를 건설한 것은 기원전 58,000년이었다. 이 사회는 거의 10,000년 동안 지속되었다. 그 후 기원전 48,000년에 이시위시(Ishwish: 지혜의 왕이란 뜻) 펠레곤이 고향 행성에서의 전란을 피해 200명의 과학자를 포함하여 총 70,000명의 이주민을 이끌고 지구로 와서 토착민과 잘 융화하여 훌륭한 사회를 건설했다.[1] 이 사회 또한 10,000년 정도 지속되었다. 펠레곤은 지구에서 최초로 신으로 숭배받았다.

아틀란티스와 무의 진실

기원전 31,000년에서 30,000년 사이에 아틀란티스와 무 제국이 건

---

[1] 루마니아 부체지산의 터널 속에 구축된 기억의 전당은 5만 년 전의 것으로 추정된다. 펠레곤의 지구 이주 시기와 맞아떨어진다. 펠레곤이라는 이름과 가장 비슷한 것은 '펠라스고이(Pelasgoi)'나 '펠라스기아(Pelasgia)'이다. '펠라스고이'는 고대 그리스인들이 그 땅에 들어오기 전부터 그곳에서 살았던 선주민의 부족명이고, '펠라스기아'는 펠라스고이가 거주하는 땅을 가리킨다.

[그림 9] 보스니아 피라미드(左)와 인도네시아 구눙파당 피라미드(右)

> code + 피라미드의 비밀
>
> 피라미드는 '중앙의 불', '에너지의 집'을 의미한다. 그 주요 기능은 에너지의 생성과 변환 및 전달이다. 지구 역학적 발전소 가설이 그중 하나이다. 다른 특이한 물리적·기계적·생물학적·의학적 효과도 있는 것으로 나타났다. 피라미드를 실험적으로 건설한 러시아 도시는 자연재해와 질병이 감소했다.

설되었다. 아틀란티스가 먼저 세워졌는데, 그것은 지도자 아틀란트의 이름에서 유래한 것이다. 그로부터 500년 후 아틀란트의 장인인 무라스가 위대한 도시 무(Mu)를 고비사막 인근에 건설했다. 그의 제국은 때때로 '레무리아'라고 불린다.

이 시기에 검은 피부의 인류가 시리우스성단에서 왔다. 그들은 라이라인의 후손은 아니었지만, 영적으로 매우 발달해서 아틀란티스인들과도 평화롭게 공존할 수 있었다. 오리온, 베가, 히아데스 별에서도 사람들이 지구로 이주했는데, 그들 모두 라이라인의 후손이었다. 주류 학계에서는 이 시기에 네안데르탈인의 종적이 사라진 것으로 보고 있다. 발칸반도의 보스니아에서 발견된 피라미드의 축조 연대가 이 시기인 것으로 추정된다. 인도네시아 구눙파당에서 발견된 피라미드는 보스니아 피라미드보다 약 5,000년 후인 25,000년경에 축조된 것으로 알려졌다.

아틀란티스 멸망과 문명의 퇴보

아틀란티스와 무 제국이 건설된 이후 15,000년 동안은 지구가 맞이한 가장 오랜 평화의 세월이자, 영적인 성장과 발전의 시기였다. 그러나 이 평화는 권력욕에 눈이 먼 한 그룹의 젊은 과학자들에 의해 위협받게 되었다. 기원전 16,000년, 모든 이의 안전을 위해 이 과학자들을 행성 밖으로 추방하였다. 그들은 4.3광년 떨어진 베타 켄타우리라는 별로 가서 망명 생활을 시작하였다. 그로부터 2,000년 후인 기원전 14,000년, 지도자인 아루스와 그 부하들은 복수심에 불타서 지구 침략 계획을 실행에 옮겼다. 그들은 지구로 돌아와 현재의 플로리다에 해당하는 하이퍼보리아에 주둔하였다.

폭력주의자들이었던 아루스와 그의 무리는 수백 년 동안 작은 전쟁들을 벌였지만, 아틀란티스의 거대한 사회에 거의 아무런 영향도 미치지 못했다. 기원전 11,000년, 아루스가 죽자, 그의 아들 아루스 2세가 지배자로 대를 이었다. 그는 자기편의 지도자들을 아틀란티스와 무로 침투시켜 두 제국 간에 심한 분열과 분쟁을 일으키는 데에 성공했다.

기원전 9498년, 아틀란티스와 무는 서로를 파괴하고 행성을 파멸시켰다. 위대한 문명의 흔적들은 모두 지워졌다. 대기는 50년간 숨을 쉴 수 없을 정도로 황폐화되었다. 모든 생존자들은 지하로 숨어들었다. 이후 인류는 지구의 극심한 환경 변화 속에서 영적으로 쇠락의 길을 걷게 되었다. 문명의 진보가 아니라 퇴화가 일어난 것이다.

우리는 앞으로 플레이아데스인이 전한 이러한 역사가 얼마나 개연성이 있는 것인지 구체적인 고고학적 자료와 함께 살펴보고자 한다. 먼저 아틀란티스-무 전쟁에서 살아남은 생존자들이 피신한 지저도시와 러시아 과학자들이 발견한 티베트 고대 피라미드 단지에 대해 검토하고, 그다음으로 플레이아데스의 상징이 남아 있는 10,000년에서 수만년 이전까지 소급되는 프랑스 라스코 동굴벽화와 튀르키예 괴베클리 테페의 유적과 유물에 대해 간략히 알아보고자 한다.

[라이라/플레이아데스-지구 연표]

연 도	주요 사건
BC. 2,200만 년	라이라인이 최초로 지구에 식민지를 건설함.
BC. 387,000년	라이라인 14만여 명이 지구에 정착. 지구인의 유전자를 변형시킴.
BC. 228,000년	라이라인 36만 명이 플레이아데스로 이주함.
BC. 226,000년	플레이아데스의 명칭이 통치자(여성)의 이름을 따서 '플레야'로 명명됨.
BC. 225,000년	플레이아데스 정찰선이 지구를 발견함. 지구·화성·밀로나에 식민지를 건설함.
BC. 196,000년	지구에서 대전쟁이 발발하고 주민들이 플레이아데스로 대피함. 밀로나가 파괴되고, 화성이 황폐화됨.
BC. 71,344년	라이라인이 이집트, 중국, 남미에 대피라미드를 축조함.
BC. 58,000년	플레이아데스인들이 위대한 계획 속에 지구에 1만 년 동안 지속된 사회를 건설함.
BC. 48,000년	플레이아데스 지혜의 왕 펠레곤이 지구로 와서 멋진 건축물을 축조하고 최초로 신으로 숭배받음.
BC. 31,000년	아틀란티스가 건국됨.
BC. 30,500년	위대한 도시 무(Mu)가 건국됨. 종종 '레무리아(Lemuria)'라고도 불림.
BC. 30,000년	의식 수준이 높은 흑인종이 시리우스에서 지구로 옴.
BC. 16,000년	권력욕에 눈이 먼 아루스 일당이 전쟁을 획책하려고 했다가 지구에서 추방됨.
BC. 14,000년	아루스 일당이 지구로 돌아와 하이퍼보리아에 정착함.
BC. 13,000년	아루스 휘하의 2인자인 과학자 셈야사가 금기를 어기고 두 명의 아담을 창조함(아담과 이브 전설의 시작).
BC. 9,498년	아틀란티스-무 전쟁 발발. 생존자는 지저로 대피함.
BC. 8,104년	《창세기》의 대홍수가 일어남.

(※ 랜돌프 윈터즈가 정리함. 연도는 대략적인 추정임)

제3장

내부고발자들, 지저문명을 폭로하다

에드가 스노든, UFO는 지저에서 날아온다

2013년 미국 국가안보국(NSA)의 계약자로 일하던 에드가 스노든은 업무 중 알게 된 극비 정보를 유출했다. 그것은 미국이 운영하는 전 세계 감시 프로그램의 존재를 폭로하는 기밀문서였다. 이 내부고발 사건으로 그는 일약 세계인의 영웅으로 떠올랐고, 미국을 빠져나와 2022년 러시아로 귀화했다. 그가 폭로한 비밀 중에는 지구의 땅속에 있는 지저인과 관련된 내용도 있었다. 즉, 미국 정부는 현재 지구에 살고 있는 다른 인간형 생명체에 대한 데이터를 보유하고 있으며, 자기가 본 문건에서는 대부분의 UFO가 외계가 아닌 지저에서 오는 것이었다고 밝혔다.

앞에서 아틀란티스-무 전쟁에서 살아남은 생존자들이 지상의 환경이 전부 파괴되어서 지하로 숨어들었다고 언급한 바 있다. 그들은 어느 지하로 들어간 것일까?

지하에 사는 인간형 생명체를 통칭해 '텔로시안'이라고 분류한다. 이들이 언제부터 지저에 거주 공간을 마련해서 살게 되었는지는 알려지지 않았지만, 아틀란티스-무 전쟁 직후에도 많은 이들이 들어간 것으로 보인다. 그보다 먼저 아틀란티스-무 전쟁에 대해서 살펴보자. 아틀란티스 대륙은 플라톤의 저작물에도 등장하지만, 다음 이야기는 호피족이 전설을 통해 알고 있는 그 대륙의 멸망과 관련된 것이다.

호피족의 전설

'카스카라: 호피 조상들의 침몰한 땅 - 4번째 세계로의 이주'라는 글을 소개하는 한 기사에서는, 그 기사를 쓴 숀 해밀턴이 직접 만난 호피족의 후손인 화이트베어의 이야기를 전한다. 그것은 무 제국(후기에는 레무리아 제국)과 아틀란티스 제국 사이에 있었던 전쟁에 대한 것이다. 카스카라는 호피족이 아메리카 대륙으로 건너오기 전에 살았던 태평양상의 대륙이었다. 그 대륙은 영적인 것이 물질적인 것보다 우선하고, 지혜가 존경의 화폐였으며, 사람들이 정복자가 아닌 땅의 관리자로 살았던 사회였다. 그러던 어느 날 모든 것을 파괴할 큰 전쟁이 있었다. 화이트베어는 아틀란티스가 카스카라(무 제국)에 등을 돌린 이유를 설명했다.

> code + 텔로시안(Telosian)
>
> 마이클 살라 박사의 논문 "외계종족의 동기와 활동에 대한 보고서"에서 텔로시안은 주로 지저도시에 거주하는 인간형 생명체를 지칭하는 것으로 분류된다. 그들은 아틀란티스와 무(레무리아)와 같은 지구상의 고대 인류 문명의 후손으로 묘사되고 있고, 그래서 유전적으로 인류와 관련이 있다. 그들의 지저도시는 북미 대륙의 샤스타산과 아시아의 고비사막과 히말라야산맥 아래에 있는 것으로 알려져 있다. 지저에는 이들 외에도 매우 오래전부터 거주해 온 파충류족 지능체들이 살고 있는데, 이들은 종종 텔로시안과 충돌을 일으키고 있는 것으로 보고된다.
>
> 마이클 살라 박사는 군산복합체란 용어는 군산외계복합체(MIEC)라는 용어로 바꿔서 부르는 게 맞다고 주장한다. 왜냐하면 군산복합체가 명실상부하게 발전하게 된 이면에는 처음부터 ET와의 비밀스러운 연계가 있었기 때문이라는 것이다. 그는 위의 논문에서 ET를 지구의 군산복합체와 관계를 맺고 있느냐 아니냐의 여부에 따라 분류한다.
>
> 첫 번째 그룹은 외계인 문제를 담당하고 있는 그림자 정부와 계약을 맺고 심지어 몇 가지 공동 프로젝트에도 협력하고 있는 외계종을 포함하고 있다. 군산외계복합체는 현재 외계인 존재에 대한 대부분의 정보를 통제하고 있다. 쇼트 그레이(제타인), 톨 그레이, 토착 렙틸리안, 드라코니안 렙틸리안, 시리우스인 B가 이 그룹에 속한다.
>
> 두 번째 그룹은 군산외계복합체와 관계 맺기를 거부하는 ET들이다. 이들은 지구에 인류의 씨를 뿌리기 위해 유전적 물질의 일부를 제공했으며, 근본적으로 인간형이고 사람과 구별할 수 없기 때문에, 인간 사회에 쉽게 통합될 수 있다고 한다. 첫 번째 그룹에 비해 인류에게 더 우호적인 것으로 알려져 있다. 텔로시안, 라이라인, 베가인, 플레이아데스인, 노르딕 리겔리안, 프로키온인, 타우세티인, 안드로메다인, 시리우스인 A, 움마이트인, 아크투루스, 알파 센타우리인이 이 그룹에 속한다.
>
> 미국의 아이젠하워 대통령은 퇴임사에서 군산복합체의 위험성에 대해 우려한 바 있다. 그는 1954년 뉴멕시코주 공군기지에서 세 종류의 외계 종족과 3회 회동을 가졌다고 티머시 굿(작가)과 필립 슈나이더(지질학자)가 폭로했다.

"그들은 도덕적으로나 영적으로 우리가 훨씬 더 강하다는 것을 알고 있었고, 그것이 질투와 부러움을 일으켰다. 이는 또한 아틀란티스 통치자가 우리나라를 정복하고 우리 국민을 복종시키고 싶어 했던 이유이기도 했다. 그 통치자는 우리의 왕을 위협했다. 그 통치자는 아틀란티스가 우리 대륙 위로 모든 아틀란티스 우주선을 모아서 우리를 파괴할 것이라고 말했다. 하지만 우리는 포기하지 않았다. 오랫동안 회담이 열렸다. 그 당시의 모든 위대한 사람들이 회의를 열었다. 하지만 과학적 지식을 가진 사람들의 집단이 훨씬 더 강했고, 그들은 자신의 능력과 발명품의 재료로 우리 주민을 공격했다. 아주 높은 공중에서 그들은 우리 도시에 에너지적 힘을 가했다."[1]

'에너지적 힘'이란 빔 무기를 지칭하는 것으로 추측된다. 이로 인해 대부분의 육지가 불안정해지고 태평양 해저로 무 대륙이 먼저 가라앉았다. 이후 아틀란티스 대륙도 같은 운명을 맞이했는데, 이 에너지 무기를 과도하게 사용한 결과인지, 아니면 무 제국이 미리 준비한 소행성 무기에 의한 것인지는 알 수 없다. 대전 이후 얼마 지나지 않아, 화산이 폭발하고 바닷물이 솟아오르고 홍수가 지구 대부분을 덮기 시작했다. 이로 인해 빙하기의 녹는 속도가 훨씬 더 빨라졌다. 호피족은 전쟁 전 영적 지도자들의 인도에 따라 미리 태평양을 건너 아메리카 대륙

---

1 https://medium.com/@brandonellis_25067/a-war-between-ancient-atlantis-and-ancient-lemuria-2f29466f27c8

으로 피신했다.

호피족의 전설 중에는 이러한 이야기가 있다. 두 번에 걸친 대파국의 시대에 호피족의 덕망 있는 구성원들이 낮에는 이상한 모양의 구름에 의해, 밤에는 움직이는 별에 의해 인도되어 하늘의 신에게 갔다. 그 신은 마침내 그들을 개미족에게 데려갔는데, 개미족은 호피족을 지하동굴로 안내하여 피난처와 양식을 제공했다는 것이다. 개미족을 가리키는 호피족의 단어는 '아누나키(Anu-naki)'인데, 호피어로 '아누'는 개미이고 '나키'는 친구이다.[2] '아누나키'는 '개미 친구'란 뜻이다. 그런데 이 단어는 수메르[3]나 바빌로니아에서도 보인다. 그 뜻은 '왕족의 씨앗, 왕족의 혈통'으로 풀이된다. 대개 아누나키 또는 아눈나키는 플레이아데스에서 온 신적 존재로 알려져 있다. 이런 것으로 볼 때 호피족이 만난 하늘의 신은 플레이아데스인이고, 지하동굴의 개미족은 그들의 동족이거나 후손일 가능성이 크다.

문명이 발달한 지저도시들

북아메리카 대륙에 있는 대표적인 지저도시는 샤스타산 아래에 있는 것으로 거론된다. 마이어의 접촉 자료에서 셈야제는 이에 대해 다음과

---

2 우리말에서 '아누/안'은 환인이나 환웅에서 보이듯이 하늘이나 밝음 또는 하늘의 신성한 존재란 뜻과 관련이 있다. 또한 '내기/나기'는 새끼란 뜻이다.

3 수메르는 기원전 2,000년~기원전 5,000여 년(?) 시기에 고대 이라크와 그 일대에 자리한 초기 문명국가이다. 수메르란 말은 아카드어로 '고귀한 왕들의 땅'이라고 알려져 있다. 수메르(sumer)와 발음이 거의 똑같은 수메루(sumeru)는 불교·힌두교 전통에서 우주의 중심에 있는 훌륭한 신들의 거처(산)란 뜻이다. 수메르가 우리말 '소머리'와 같은 것이라는 추측도 있다.

같이 설명하고 있다.

> "샤스타산은 미국, 더 정확히 말하면 북부 캘리포니아에 있다. 그것은 아직 탐사되지 않은 지역이 일부 남아 있는 오래된 화산이다. 산은 바위투성이이고 오르기가 극히 어렵다. 산 자체의 내부에는 외계인의 후손들이 거주하는 작은 도시가 있으며, 외계 여러 곳에서 우주 형제들이 방문하기도 한다. 그들은 매우 위엄 있고 평화롭고 선한 종족이지만, 지구인에게 발견되지 않으려고 애쓰고 있다. 매우 깊은 지하도시 입구는 동쪽 산봉우리 아래에 잘 위장되어 있으며, 지구 인간이 그것을 찾는 것은 불가능하다." (빌리 마이어 1975년 12월 3일, 39번째 접촉 보고서)

아시아대륙에는 오래전부터 샴발라나 샹그릴라는 이상향이 있다고 전해지고 있다. 이것은 지저에 있는 두 도시를 가리킨다. 이들 두 도시는 터널 시스템으로 서로 연결되어 있다. 두 도시 중 규모가 큰 것의 명칭은 '아갈타 알파(Agharta Alpha)'인데 고비사막 아래 수백 마일 깊이에 위치한다.[4] 규모가 작은 도시의 명칭은 '아갈타 베타(Agharta Beta)'이다. 이것은 히말라야산맥 아래에 위치한다.[5] 아틀란티스-무 전쟁의 생존자들 중 아시아 대륙에 남아 있던 다수가 이들 지저도시로

---

[4] 기원전 11,000년. 히말리아 보히스탄 동굴에서 천문도가 발견되었는데, 고비사막 한가운데서 관측되고 작성된 것이었다. 내몽골 지역에서 발견된 흑피옥의 연대는 기원전 12,600년 것으로 측정되었다.

[5] 빌리 마이어 1975년 2월 25일, 7번째 접촉 보고서

피신한 것으로 추정되고 있다.

코리 굿과 우주 폭로

머릿속에서 상상으로만 그리던 지저도시에 대해서 현장감 있는 구체적인 정보를 대중에게 전해 준 인물은 내부고발자인 코리 굿(Corey Goode)이었다. 그는 미국 정부에서 몰래 추진한 '비밀우주프로그램'에서 20년간 복무한 경험을 바탕으로 TV 쇼 '우주 폭로(Cosmic Disclosure)' 등에 출연하면서 자신이 실제 목격한 일들을 폭로했다. 그에 따르면 지구 내부에는 여러 문명이 있고, 지상에서 대격변이 일어나면 종종 그들이 밖으로 나와 지상 문명을 도왔다고 한다. 그는 지저도시에 살고 있는 텔로시안도 직접 접촉했으며, 그중 한 여성과 함께 우주로 날아가 토성의 고리에서 열리는 회의에도 참석했다고 말했다. 그의 체험담은 생생해서 흥미를 돋우었지만, 우리의 상상력만으로 따라가기에는 너무 멀리 나아간 것이었다. 그러나 다음 이야기를 보면 코리 굿의 이야기가 그저 황당한 것만은 아니라는 사실을 알게 되지 않을까.

루마니아 50,000년 전 기록의 전당

고비사막과 히말리아산맥 아래에 있는 지저도시가 세인들의 잊힌 기억 속에서 다시 현실의 문제처럼 불쑥 떠오른 것은 아마도 2003년에서 2009년 사이의 벌어진 사건 때문일 것이다. 루마니아 부체지산은 해발 2,216미터 분지에 자연석 형태로 서 있는 스핑크스로 유명하다. 이것은 이집트 스핑크스의 원조 모델로 추정된다. 이 스핑크스 주변의 고색창연한 풍경은 1966년 출시된 영화 '다키안'에 잘 펼쳐져 있다.

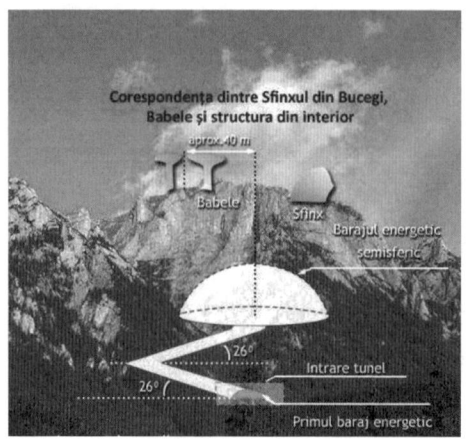 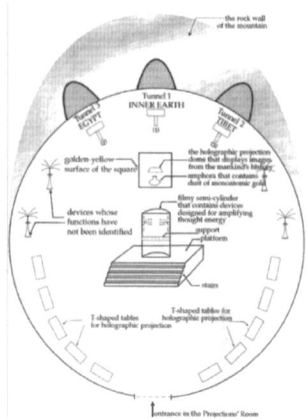

[그림 10] 부체지산 '50,000년 전 기록의 전당'

그런데 2002년, 미국의 측지정탐용 위성이 부체지산 상공을 지나갈 때쯤 그 스핑크스 아래에서 이상 현상을 감지했다. 산 정상 아래 중간쯤에 거대한 터널 같은 텅 빈 공간이 있었던 것이다.

미국은 이것을 정밀하게 탐사하려고 루마니아에 그 사실을 알렸다. 그리고 2003년, 초자연적 활동을 조사하기 위해 설립한 루마니아 극비 정보기관인 '디마트먼트 제로(Department Zero)'의 고위급 요원인 세자르 브래드(가명)가 이끄는 팀과 미국팀이 그곳으로 파견되었다. 터널의 입구를 여느라고 세 명이 목숨을 잃는 등 우여곡절을 겪은 후, 그들은 마침내 터널 안으로 들어갈 수 있었다.

입구 쪽 갤러리를 지나면 암벽을 뚫어서 만든 높이가 30미터, 길이가 100미터 되는 돔형 홀이 있는데, 그것은 산 정상의 부체지 스핑크스와 그 옆에 있는 기묘한 모양의 바벨레 기둥과 정렬되어 있었다. 터널 안으로 들어가자, 키 큰 거인들이나 앉을 수 있는 높이가 2미터쯤 되는 돌 탁자들이 설치되어 있었고, 홀이 끝나는 지점에서 다시 터널이 시작되었다. 이 유적은 50,000년 전에 축조된 것으로 판명되었다.

그 터널은 지구의 세 지점, 즉 이집트 스핑크스의 지하 기지와 히말라야 카일라스산과 고비사막 아래에 있는 지저도시 아갈타로 이어지는 어마어마한 것이었다.[6] 홀의 중앙에는 홀로그램들을 쏘는 거대한 돔이 있었다. 작동 버튼을 만지자 오랜 옛날부터 시작하는 지구 역사의 주요한 장면이 홀로그램으로 나타났다.

그 영상에 따르면 인류의 공식적인 역사의 90%는 거짓이며 가짜였다. 다윈의 진화론은 완전히 잘못된 것이었다. 우리 역사에서 정말로 발생했다고 여기고 있는 일들은 결코 일어나지 않았으며, 반면에 이른바 신화와 전설이라고 하는 것들이 거의 전부 진실이었다. 또한 대개의 고고학적 이론들은 엉터리이고, 고대의 무 대륙과 아틀란티스 대륙은 존재했다. 공룡은 6,500만 년 전에 멸종하지 않았다. 제시된 사건들의 올바른 연대 측정을 위해서, 그 시대와 관련되는 별자리 지도가 홀로그램 배경에 투사되었고, 그 시기는 수십만 년에 이르는 매우 광대한 것이었다.

---

[6] 빌리 마이어의 '접촉 보고서'에는 스핑크스가 있는 이집트 기자 피라미드 지하에 플레이아데스인들 중에서 권력욕에 눈이 먼 지도자급 인물들이 주둔하고 있다고 언급되어 있다. 그곳을 '기자 기지'라고 부른다. 마이어는 천상의 방문객과 함께 그곳으로 가서 지하에 있는 거대한 UFO를 보았다고 술회하고 있다. 또한 최근에 이집트 대피라미드의 내부 구조와 지하를 3D 단층 촬영 장치로 탐사한 결과, 8개의 수직 원통형 구조물이 피라미드 아래 648m까지 뻗어 있고, 그 아래에는 두 개의 거대한 빈 공간이 2㎞까지 뻗어 있다고 제이 앤더슨이 주장했다. 지하 구조물은 기자 고원 전체를 덮고 있으며 대피라미드 아래뿐만 아니라 카프레와 멘카우레의 구조물 아래에도 상호 연결된 구조물이 있다. 제이 앤더슨은 그것을 대홍수 이전 문명의 증거로 보고 있다. (https://www.bitchute.com/video/zZjU_hioDfQ/)

그중에는 더욱 흥미로운 이야기도 있었다. 홀로그램 영상들이 어지럽게 보이는 속에서, 예수와 그의 십자가 처형의 모습도 나타났다. 그런데 영상 속에서는 십자가 처형을 목격한 많은 사람들이 다른 역사적 시기로부터 거기로 온 것이었다. 그들은 같은 종류의 옷을 입고 있었으나, 얼굴 모습은 달라 보였고, 계속해서 자기들의 얼굴들을 숨기고 있었다. 이 이야기는 예수의 십자가 사건 당시에 그와 관련된 인물들이 연속되는 환생이나 화신(化身)을 하고 있음을 말하는 것이다.

이 이야기는 2009년《트란실바니아 일출》(라두 시나마르 저)이란 제목으로 출판되었다. 이 책은 저자 라두 시나마르(가명)가 자신의 멘토인 세자르 브래드에게서 들은 얘기를 토대로 한 것이다. 당시 루마니아 당국은 이 발견 사실을 세상에 공표하려고 했다가 압력을 받고 포기했다.

2012년 개봉한 SF 영화 '프로메테우스'에서 고대의 신이 앉아 있는 동굴에서 홀로그램 영상들이 펼쳐지는 장면은 부체지산 '5만 년 전 기억의 전당'에 대한 정보에서 영감을 받았을 것이다.

산중 터널이 발견된 후, 시민들의 관심이 고조되자 루마니아의 한 지방 텔레비전 방송국인 '안테나1'에서 이 터널과 관련된 내용을 생방송으로 그 인근 야외 현장에서 직접 다루고자 했다. 그런데 방송 도중, 외부로부터 앵커에게 협박 전화가 걸려왔다. 더 이상 알리고 해서는 안 된다는 것이었다. 탐사 방송은 그 즉시 중단되고 말았다. 이러한 내용은 유튜브 방송을 통해 세상에 알려졌다.

2024년 10월 26일에는 '외계정치학' 사이트를 운영하는 마이클 살라 박사가 코리나 파타키, 엘레나 다난과 함께 부체지 산맥 정상으로 올라가 원격 시청/초능력적 투사로 '기록의 전당'을 다시 조사했다. 초능력자인 코리나 파타키는 네 살 때 루마니아 정보국의 눈에 띄어 비밀임무에 동원되었다. 그녀는 그 기록의 전당을 1970년대 후반에 자신이 본 장소로 식별했다. 엘레나 다난은 기록의 전당이 아눈나키가 세운 고대 실험실 중 하나와 동일하다고 인식했다.

이 고대 유적이 50,000년 전의 것이고, 그곳에서 세 군데의 다른 지저도시로 이어지는 터널이 있었다면, 플레이아데스인의 지구 이주와 관련이 크다고 보인다. 앞에서 언급한 바 있듯이, 지저도시는 플레이아데스와 관련이 깊고, 그들 수천 명이 기원전 48,000년경 지구에 도착했고, 그 문명은 1만 년 동안 큰 변화 없이 지속되었기 때문이다.

제4장

러시아 과학자들,
티베트 피라미드 단지를
발견하다

루마니아 부체지산에 있는 '50,000년 전 기록의 전당'에서 땅속 터널로 연결되어 있다는 티베트의 카일라스산은 부체지산에서 동남쪽 방향으로 5,000km 떨어져 있다. 이 산의 정상은 중국과 인도, 네팔의 국경이 만나는 부근에 위치한다.

카일라스산은 예로부터 힌두교, 불교, 자이나교에서 신성한 산으로 여겨져 예배의 대상이 되어 왔다. 힌두교의 신 시바가 이 산에서 명상을 하고 있다거나, 최고의 행복을 상징하는 부처 뎀초크(티베트 토착 불교의 부처)가 산다고 믿는다. 러시아 화가이자 영적 운동가인 니콜라스 로리히는 산 근처에 샴발라 왕국이 존재한다고 믿었다.

카일라스산 근처에 가 본 많은 과학자들은 의심할 여지 없이 그것이 피라미드, 즉 인공 산이라고 생각했다. 그것이 누군가가 특별한 이유와 목적에서 만들어 낸 것이며, 가운데와 바닥에 빈 공간이 있을 것이라고 믿고 있다. 카일라스산과 관련된 흥미로운 이야기 중 하나는, 그것이 두 개의 거대한 산줄기로 나뉘어 있는데, 특히 저녁 시간에는 바위에 걸친 그림자가 갈라지면서 거대한 만(卍)자 모양을 형성한다는 것이다.

중국과 러시아 과학자의 논쟁

그렇게 신화와 전설 속에 묻혀 있던 카일라스산이 갑자기 현실 밖으로 뛰쳐나온 것은 2000년 6~7월경이었다. 새로운 밀레니엄 시대를 맞이한 세계인의 귀를 의심케 하는 뉴스가 언론에 잠시 오르내렸다. 한국의 MBC도 2000년 7월 14일, 시간을 할애하여 중국발 기사를 인용하며 보도했다. 제목은 '티베트에서 세계 최고 피라미드 발굴'이었다.

"러시아의 고고학자들이 지난해 10월 중국의 티베트에서 세계에서 가장 높은 피라미드를 발굴했다고 중국의 지리학 잡지 《지리지식》이 보도했다. 이 화면 왼쪽의 해발 6,714m의 강린보체봉 위로 솟은 부분이 피라미드인데, 높이가 180m에 이르러 이집트 최대 규모의 피라미드보다 34m가 더 높다. 중국 과학원 지리연구소는 다양한 암석층이 풍화작용을 거쳐 합쳐진 것으로 이집트 피라미드처럼 사람이 만든 인공 조형물은 아니라고 주장했다."

위 기사에는 러시아 탐사대가 발견한 피라미드는 카일라스산의 최고 봉우리인 강린보체봉의 상단 부분이라고 밝히고 있다. 그리고 뉴스의 초점을 발견된 피라미드의 높이에 두고 있다. 러시아 탐사대가 발견한 핵심 내용은 피라미드의 높이와는 전혀 관계가 없었다. 그들은 1기의 피라미드가 아니라, 카일라스산을 중심으로 하여 배치된 총 108기(백팔 번뇌의 숫자이다)에 달하는 피라미드 또는 스투파를 발견했다.

[그림 11] 러시아 탐사대의 티베트 피라미드 단지 발견 내용이 실린 도서 《신들의 도시를 찾아서》

이러한 사실을 잘 알지 못하는 일반인들은 마치 자연적으로 형성된 화강암 봉우리를 피라미드로 착각하여 세인의 관심이나 끌려고 하는 일회성 해프닝일 것이라고 생각하기 쉬울 것이다. 아마 그런 내용이었다면 중국 학술지가 애초부터 관심을 가지지 않았을 것이다. 그럼 무엇이 문제였나. 러시아 탐사대의 말처럼 그 높은 고원지대에 피라미드가 108기나 존재한다면 라마교 문화와는 다른 전혀 새로운 문명이 고대부터 존재했다는 이야기가 되며, 그 사실 여부에 따라서 세계 역사를 다시 써야 할지도 모르기 때문이다.

자초지종은 이렇다. 1999년 여름 러시아 우파(Ufa) 과학자들인 물다셰프, 미르하이다조프, 셀리버스토프, 유스포프 등은 전설적인 "신들의 도시"를 찾는 탐사대를 조직했다. 의학, 지질학, 물리학, 역사 분야의 전문가들이었다. 이 탐사 여행은 러시아 주간지 AIF, 러시아 보건부 산하 전 러시아 안과 및 성형외과 센터 그리고 바쉬키르 저축은행이 후원했다.

탐사 동기나 티베트 고대 피라미드의 진실을 정확히 알기 위해서는 단장을 맡은 물다셰프의 경력에 주의할 필요가 있다. 그는 안과 의사로 인간 신체조직을 성장시키는 재생 복제 수술의 창시자이자 러시아 연방 명예박사이다. 그는 티베트 원정 1년 후, 각막과 망막을 사망한 인간의 생체조직과 결합하여 시각 장애인 여성에게 인간의 눈을 성공적으로 이식했다고 주장했다.

물다셰프는 인체에 내장된 그러한 신비 현상의 의문을 풀고자 히말라야, 티베트, 이집트에 대한 다섯 번의 과학 탐사대를 조직했다. 1999년 8월에서 10월 사이, 티베트 "신들의 도시" 탐사대는 카일라스 산 일대를 샅샅이 뒤져서 피라미드나 스투파형 구조물들을 사진과 스케치로 남겨 귀국했다. 그리고 2004년, 그들의 탐사일지를 엮어 다양한 수수께끼를 과학적 관점으로 파헤친 《신들의 도시를 찾아서》 3부작이 출간되었다.

　과학자들로 이루어진 러시아 티베트 탐사대의 발굴 소식이 처음 중국에 퍼진 것은 그로부터 8개월이 지난 2000년 6월 9일이었다. 중국의 주간 뉴스 다이제스트인 《참고소식》지는 러시아 과학자들을 인터뷰한 기사를 실었다. 그리고 같은 해 7월 3일, 중국 텐진일보가 관련 기사를 실었다. 다시 이틀 후 7월 5일, 국내 중앙일보는 텐진일보 기사를 인용하여 중국 측의 반박 내용이 없는 기사를 비교적 길게 실었다. 그것은 그로부터 9일 후에 있을 MBC 뉴스 내용보다 훨씬 상세했다. 제목은 "세계 최대 피라미드 발견: 티베트 서부 100여 개 – 이집트 것보다 대규모"였다. 해설보다는 사실 위주의 보도였다.

　"지금까지 세계에서 가장 큰 피라미드로 알려졌던 이집트 기자의 케옵스(일명 쿠푸)왕 피라미드보다 더 큰 피라미드를 세계 최대의 피라미드군(群)과 함께 티베트 서쪽 지역에서 발견했다고 중국 텐진일보가 3일 보도했다. 텐진일보는 현재 티베트 지역 내 유적지대를 조사 중인 러시아 고고학 발굴단을 인용, '티베트 서쪽 끝에 위치한 강린보체봉(일명 神山·해발 6,714미터) 주변 지역에서 1백 개가 넘는 피라미드군을 발견했다.'고 보도했다.
　이번에 발견한 피라미드군 가운데 가장 높은 피라미드는 180미터 정도로 케옵스왕의 피라미드(높이 146미터)를 능가하는 규모다. 물다셰프 단장은 '우리는 이번에 발견된 티베트 내 피라미드군이 세계 최대 규모임을 확신하고 있다.'면서 '대부분의 피라미드들이 극히 오래돼 심하게 훼손됐지만 정밀 조사한 결과 피라미드 윤곽을 분명하게 찾아낼 수 있었다. 대부분의 피라미드들은 돌로 만들어졌으며, 표면이 움푹 들어간 경우가 많았다. 우리는 거대한 석조 인간상도 발견했다.'고 밝혔다. 러시아 발굴단이 찾아낸 피라미드군은 계단식으로 멕시코 마야문명의 피라미드와 유사한 것으로 알려졌다. 그것들은 주변의 산악 지형과는 판이하게 다른 것으로 나타나 천연 산봉우리를 피라미드로 잘못 알았을 가능성은 전혀 없는 것으로 보인다. 러시아 유적 발굴 조사단은 지난해 8월 중국 티베트 지역에 첫발을 디딘 이래 지금까지 1년 가까이 티베트 전역을 샅샅이 헤매고 다니면서 상고 시대의 유적지만 집중 탐사해 왔다."

발굴 내용의 핵심은 천연 산봉우리를 피라미드로 착각한 것이냐, 아니냐에 있었다. 이 점에 대해 물다셰프는 인터뷰에서 다음과 같이 단호하게 말했다.

"많은 사람들이 '티베트의 산을 피라미드로 착각한 것이 아니냐'고 묻는다. 우리는 컴퓨터를 이용해 피라미드의 구조와 산의 구조를 대조 분석한 결과, 어느 것이 산이고 어느 것이 피라미드인지 구분할 수 있었다. 우리는 모두 100여 기의 피라미드와 각종 고대 유적을 발견했다. 이것들은 해발 6,714미터 높이의 강린보체봉 주위에 분포해 있다. 그 유적들의 높이는 낮게는 100미터에서 높은 것은 1,800미터에 달한다. 전체 피라미드는 매우 오래되어 훼손이 심하다. 하지만 자세히 관찰하면 피라미드의 윤곽을 분명히 알 수 있고, 그것들이 돌로 만들어졌음을 확인할 수 있다. 우리는 또한 거대한 석조 인체 조각상도 발견했다. 그렇기 때문에 티베트에 피라미드로 구성된 고대 건축물이 존재한다고 분명히 말할 수 있다."

러시아 탐사대의 인터뷰 내용에 누구보다 깜짝 놀란 것은 중국 지리학자들이었다. 그들은 자국 영토 내에 있는 유적을 먼저 발견하지 못하고 러시아팀에 허를 찔린 셈이라 자존심이 상하지 않을 리가 없었지만, 러시아 과학자들의 주장이 사실이라 할지라도 그것을 공식적으로 인정할 마음의 준비가 전혀 되어 있지 않았다. 그들의 학문적 풍토나 사회적 분위기는 소비에트 연방 해체 이후 많은 기밀 정보가 대중에게 공개된 러시아와는 사뭇 달랐다.

《참고소식》지에 러시아 과학자들의 인터뷰 기사가 실린 지 1개월 뒤인 7월 초, 중국 당국은 물다셰프의 주장을 재빨리 일축했다. 중국의 《지리지식》지 7월호에는 중국 지리학계 최고 권위자인 중국과학원 양이초우 교수의 반박 인터뷰 기사가 게재되었다. 그는 카일라스산 일대를 여러 번 답사한 인물이다. 그는 이 문제를 대하는 답답한 심정을 먼저 털어놓았다.

"티베트의 피라미드 존재 여부는 지리학의 중대한 문제이다. 우리 중국 학자들이 그곳에서 여러 차례 조사했지만, 어째서 발견이 되지 않은 것일까. 중국 과학자들의 수준이 그렇게 낮단 말인가. 그리고 그곳에서 천 년 이상 살아온 장족 주민들은 어떻게 보지 못했단 말인가. 중국 지리를 연구하는 학자들은 반드

시 이에 과학적인 대답을 내놓아야 했다."¹

양 교수의 인터뷰에 따르면, 피라미드는 뾰족한 형태의 인간 건축물이고, 피라미드 지형은 특수한 환경 속에서 형성된 자연의 산물이므로 이 두 개를 구분해야 한다는 것이다. 러시아 학자들이 그것들은 바위 형성 또는 자연 형성이 아니라 인공 작품이라고 그렇게 강조했음에도 불구하고 여전히 주류식 시각의 이론에서 벗어나지 않았다.

양 교수는 카일라스산 일대의 지질학적 분석으로도 러시아의 주장이 맞지 않지만, 그것을 피라미드로 보는 것 자체가 전혀 가능하지 않다는 점을 지적했다.² 즉, 해발 5,000미터가 넘는 고산지대에 100기가 넘는 피라미드와 고대 건축물을 건설하는 것이 쉽지 않을뿐더러 어떤 목적과 역량을 가지고 그것을 세웠는지 납득할 수 없다는 것이다.

러시아 탐사대는 어떻게 티베트 피라미드를 발견했나

티베트의 카일라스산 지역은 매년 전 세계에서 수백만 명의 순례자와 관광객, 등산객이 찾아오는 곳이다. 왜 그들 중 누구도 러시아 탐사대처럼 피라미드를 알아차리지 못했을까. 거기에는 여러 요인이 있을

---

1   https://blog.naver.com/10sunmusa/222127457267
2   양 교수는 카일라스산 일대의 지질층의 특징을 다음과 같이 요약했다. 첫째, 강린보체봉은 강하거나 약한 자갈형 암층으로 형성되었다. 둘째, 강린보체봉 산지의 지층은 평평한 형태를 띠고 있고, 각기 다른 암석의 지층이 한 층 한 층씩 중첩돼 있다. 셋째, 강린보체봉은 강력한 지반 상승으로 단층이 형성되고, 높은 고도에서 풍화작용을 비롯한 침식에 의해 계단식 형태로 뾰족한 지형이 형성되었으며 그중에는 피라미드형을 비롯해 송곳형, 둥근산형, 책상형 등이 있다. 강린보체봉 자체도 단층으로 형성된 피라미드형 산봉우리이다.

수 있다. 하나는 카일라스산의 높은 지형적 조건으로 인해 정확한 탐사가 어려웠을 것이라는 점이다. 혹독한 고산지대의 조건과 먼지 폭풍 같은 기상 조건은 탐사대나 등반인들을 좌절시켰을 것이다.

또 하나는 이 지역에 대한 정밀 탐사가 쉽지 않다는 점이다. 세 팀의 독일 원정대도 이전에 도전에 실패한 바 있다. 러시아 우파의 과학자 탐험대조차도 큰 어려움을 겪으며 중국 당국으로부터 그 지역에 대한 과학 탐사 허가를 받아야 했다.

다음으로 들 수 있는 요인은 더욱 중요하다. 대부분의 피라미드나 스투파가 오랜 세월 속에서 분간이 어려울 정도로 파괴되어 본래의 외관을 잃었다는 점이다. 그럼 러시아 탐사대는 어떻게 그것을 보았을까. 그들에게는 남다른 체력만이 아니라 현대적인 측정 장비와 컴퓨터가 있었다. 특별히 눈에 잡히는 형상이 있다면, 그것을 놓치지 않고 사진·스케치·비디오 녹화로 일차 자료화하고, 그다음 컴퓨터에 입력하여 처리했다는 것이다. 그 결과 이전까지 모두가 보지 못했던 산의 진짜 모습, 즉 피라미드가 뚜렷한 윤곽선과 함께 드러난 것이다.

러시아 탐사대가 발견한 것은 피라미드나 수투파만이 아니라 그것들을 배경으로 하여 설치된 거대한 석조거울들이었다. 그것은 '코지레프 거울'의 원리를 모르면 전혀 눈에 들어오지 않았을 것이다. 남들이 하지 않았던 이러한 특별한 탐사 방법과 지식이 있었기에 러시아 탐사대는 역사적인 쾌거를 이룰 수 있는 행운을 부여잡을 수 있었을 것이다.

고대의 신화와 전설과 관련 자료들을 섭렵하고, 현대적인 장비로 만반의 준비를 마친 러시아 탐사대가, 그것도 한 사람도 아닌 네 사람이, 2개월 동안 해발 5,000~6,000미터 이상의 고지를 오르내리면서 집단으로 헛것을 보고 헛짚었다고 생각하기 어렵다.

신들의 도시를 찾아서

티베트 피라미드군이 사실이라면, 그것은 인류사에 중대한 문제였다. 그것은 직경이 50㎞쯤이나 되는 어마어마한 피라미드 단지였고, 거기에다 단지의 전체적인 설계도가 DNA 분자의 공간 구조와 비슷했다. 거대한 석조 DNA였던 것이다. 또한 러시아 학자들이 추정하기로는 피라미드 단지의 훼손 상태로 볼 때 그 축조 연대는 까마득한 과거로 올라갈 수도 있었다. 그것들이 라이라인들이 피라미드를 축조했다는 7만 년 전 이전의 것인지 아니면 그 이후의 것인지는 아직 밝혀지지 않았다.

이제 러시아 탐사대와 함께 "신들의 도시"로 들어가 보자.

여행은 고도 5,000~6,000미터에서 진행되었다. 그러한 고도에서는 무거운 짐을 운반하면 속도가 크게 느려질 수 있으므로 가벼운 배낭을 가지고 가는 것이 좋다. 야크는 티베트인들이 주장했듯이 큰 짐을 쉽게 운반할 수 있을 뿐만 아니라 바위가 많은 지역을 잘 통과하고 가파른 바위도 오를 수 있다고 한다. …

나는 낮은 구릉에 앉아 카일라스를 바라보기 시작했다. 지도를 손에 들고 있었는데, 이를 통해 구름으로 뒤덮인 카일라스의 위치를 정확하게 파악할 수 있었다. 시선을 이리저리 옮겨보다가 나는 갑자기 카일라스 서쪽의 특이한 모양의 산에 초점을 멈췄다. 그곳을 자세히 보았다. 내 심장이 뛰기 시작했다.

"여긴 산이 아니군요! 피라미드예요!"

나는 흥분해서 일어서서 큰 소리로 말했다. 나는 재빨리 카메라를 꺼내 렌즈를 최대한 확장하여 피라미드 산을 여러 번 촬영

했다. 그런 다음 탐험 가방에서 공책을 꺼내 낮고 완만한 능선을 배경으로 날카롭게 돋보이는 이 삼각형 산을 스케치하기 시작했다. … 그러고 나서 단지의 모든 스투파를 신중하게 세었다. 108기가 있었다.[3]

러시아 탐사대는 총 146점에 이르는 스케치를 그렸다. 피라미드와 산의 컴퓨터 이미지를 입력한 후, 특별한 방법으로 주요 윤곽을 그려 나갔다. 그것은 사진이나 비디오 촬영으로는 묘사할 수 없는 피라미드 구조물의 부피를 파악하는 데 큰 도움이 되는 것이었다. 러시아 과학자들이 한 일은 주변에 있는 자연적인 산과 그렇지 않은 산을 정확히 식별하는 것이었다.

그들이 피라미드라고 파악해서 걸러낸 구조물들은 완벽한 대칭을 이루고 있었고, 스투파와 같은 종교적인 건물과 유사했다. 그리고 부자연스럽게 가파른 측면을 드러내고 있는 것은 피라미드와 유사한 의도적인 디자인을 시사하는 것처럼 보였다. 탐사대가 발견한 피라미드는 모두 108개였다.

러시아 탐사대는 카일라스산 중턱에서 삼각형 모양의 작은 피라미드(그림 12)가 있는 것을 보았는데, 위의 인용글에서도 보이듯이 이것이 대발견의 발단이 되었을 것이다. 그것이 자연적으로 특별하게 조성되기도 어려울 뿐만 아니라, 다른 기능을 가지고 있었을 것으로 판단했기 때문이다. 즉, 카일라스산이 인공임을 가리키는 핵심 키였다.

3   https://universalinternetliverary.ru

[그림 12] 카일라스산의 작은 피라미드

> code + 스투파의 의미와 상징
>
> 스투파는 일반적으로 불교의 탑으로 고승의 사리나 기타 유물이 들어 있는 봉분과 같은 구조물이나 반구형 구조물로 알려져 있으나, 실제로는 신전으로서의 의미도 지니고 있다. 물다셰프도 신전이라는 의미에서 그 표현을 썼을 것이다.
> 신채호도 스투파를 전통적인 불교식 사리탑이 아니라 신전에 가까운 의미로 해석했다. 그는 삼한 사회의 소도(蘇塗)가 수두이며, 수두는 신단(神壇) 곧 신의 제단이라고 보았다. 인도의 스투파가 첨탑이 있는 반원형 건물이라면, 신채호의 스투파는 신성한 숲 그 자체였다.
> 한 산스크리트 학자에 따르면, 라마야나에서는 신성한 산을 '피라미드'라고 부르고, 고대 문헌에서는 산을 '우주의 축'이라고 언급한다고 한다. 숲을 '수두'라고 하였다는 신채호의 주장과 다르지 않다. 피라미드와 수투파, 신성한 산과 우주의 축 그리고 우주목과 우주의 배꼽은 같은 것을 상징하는 말임을 알 수 있다.

높이 30미터 '독서하는 인물상'

중국 지리학자들은 하늘이나 고대 문명에 관심이 없어서 보지 못했겠지만, 특별한 목적을 가지고 눈이 빠지도록 찾았을 러시아 탐사대의 눈에는 그 지역에서 발견되는 모든 것이 관심의 대상이었을 것이다. 그리고 108기의 수두파 중에서 마침내 사람의 흔적을 찾아냈다. 그것은 곰포 팡(Gompo Pang) 성산 서쪽 비탈에 있는 '독서하는 인물상'(그

[그림 13] 티베트 피라미드 단지의 독서하는 인물상

림 13)이었다. 탐사대가 추정한 그 석상의 크기는 무려 10~12층 건물만큼 컸다. 30미터 이상이 될 수 있는 크기였다.

'독서하는 인물상'은 티베트 피라미드군이 인공적으로 축조된 것임을 간접적으로 밝힐 수 있는 중요한 유적 중 하나였다. 탐사대가 이것을 발견하며 감동의 물결에 젖었을 발견 당시의 정황을 탐사 기록을 통해 살펴보자.

우리를 기다리고 있던 유수포프와 셀리베르스토프에게 돌아왔을 때 나는 신이 나서 이렇게 말했다.
"'독서하는 인물상'을 본 것 같다."
최대 배율로 동영상을 촬영해야 하며 이를 위해서는 삼각대가 필요했다. 경사면을 올라갈 때, 도중에 만났던 노인이 한 말이 머릿속에 떠올랐다. '독서하는 인물상'은 그 자체로 구름을 끌어당겨서 그것을 보는 사람이 거의 없다는 것이었다. 나는 순례자로서 신성한 카일라스 지역을 방문한 그 노인이 '독서하는 인물상'을 볼 만큼 운이 좋지는 않았다고 생각했던 사실이 기억났다. …

적당한 장소에 도달한 후 삼각대를 설치하고 최대 배율로 사진을 찍은 후 비디오카메라의 접안렌즈를 들여다보며 그림을 그리기 시작했다. 이것이 실제로 가부좌를 틀고 앉아 있는 사람의 거대한 동상이라는 것이 아주 분명하게 눈에 띄었다. 불행히도 가시성이 좋지 않은 고지대의 조건으로 인해 조각상의 세부 사항을 볼 수 없었다. 하지만 이 거대한 남자가 고개를 숙이고 책을 읽고 있는 것처럼 조각상의 머리가 앞으로 기울어져 있는 것은 분명했다.

조각상은 고도가 6,000m 이상인 계단식 피라미드 꼭대기에 있었다. 동상은 동남쪽을 향하고 있었다. 독서하는 인물상까지의 대략적인 거리는 25~30㎞였다. 우리는 동상의 크기가 최소한 10~12층 건물 크기일 것이라고 추정했다(훗날 다른 자료나 유튜브 동영상에서 독서하는 인물상의 크기는 14~15층으로 수정되고 있다)."[4]

4 앞의 글

바위에 새겨진 인면 조각상

탐사대는 다시 다른 인공의 흔적을 찾으러 이동했다. 그리고 드디어 바위에 새겨진 인면상을 발견했다. 눈이 길게 찢어졌고, 코가 매우 크고 긴 모습을 하고 있었다. 그것을 보고 탐사대는 감격에 겨워서 눈물을 흘릴 정도였다.

천천히 걸으며 주변 바위들을 살펴보았다. 그러나 아직 얼굴의 이미지는 보이지 않았다. 어제는 그 장소를 발견했었는데 정확히 기억이 나지 않았다.
"저쪽에 있을 것 같은데… 아니, 저기일까….''
나는 중얼거렸다. 아니면 내가 상상한 걸까? 꽤 어두웠다.
마침내 나는 승리의 함성을 질렀다.
"저기다. 그 얼굴이다!"
지금은 무너진 능선, 잔해, 오래전에 만들어진 형상이 보인다. 낮은 돌기둥 꼭대기에 쇠약해진 남자의 얼굴이 보인다. 얼굴의 절반은 망가졌지만, 나머지 절반은 꽤 잘 보존되어 있다. 입, 코, 턱, 한쪽 눈이 보인다. 한쪽 귀도 보인다. 아아아! 셀리베르스토프가 눈물을 흘렸다. …
놀라운 피라미드, 기념물 및 석조거울의 조합으로 구성된 전설적인 신들의 도시에 인공적인 인간 얼굴의 이미지가 존재한다는 사실을 부정하는 것은 불가능한 일이었다.[5]

5 앞의 글

[그림 14] 바위 인면상과 석조거울(사각 테두리 안에 에펠탑 크기가 보인다)

분명한 것은 누군가 거기에다 조각해서 어떤 의미를 전달하려고 했다는 사실이다. 바위 인면상은 사람의 형상이 뚜렷해서 반박의 여지가 거의 없어 보였다. 탐사대에게 그것은 희망봉보다 더 값진 증거물의 발견이었을 것이다.

지금까지 우리는 신들의 도시를 이루고 있는 두 가지 구조물을 살펴보았다. 피라미드가 그 하나이고, 독서하는 인물상과 바위 인면상이 그 하나이다.

거대한 석조거울과 석조 DNA

이제 중요한 한 가지가 더 남아 있다. 그것은 윗글에서 언급하고 있는 이른바 석조거울이라는 것이다. 석조거울이 무엇일까. 석조거울은 러시아 탐사대의 탐험 결과 덕분에 세계적으로 유명해졌다.

그것은 각 피라미드 근처에 항상 1~2개나 3개가 있었다. 피라미드와 석조거울은 서로 어떤 역할을 하는 걸까. 석조거울은 표면이 오목하거나 평평했는데, 세계 어디에도 유사한 것이 없는 독특한 구조물이었다. 탐사대는 그것이 '코지레프 거울'과 비슷하다고 생각했다. '코지레프 거울'이란 러시아 과학자 니콜라이 코지레프가 발명한 반원형이나 다른 형태의 금속 거울이다. 그의 연구 결과에 따르면, 그 거울은 시간을 압축하는 효과가 있어 시간의 흐름을 바꾼다. 탐사대는 티베트의 석조거울도 '코지레프 거울'처럼 시간을 압축할 수 있는 기능을 갖고 있지 않을까 추측하고 있다.

 그들은 이전에 카일라스를 올라갔던 네 명의 등반가가 집으로 돌아간 후 얼마 지나지 않아 모두 원인 모를 이유로 앓다가 사망한 사실을 알고 있었다. 아마도 그 등반가들이 석조거울 아래에 있었을 것으로 추측하는 것이다. 그리고 라마승이 탐사대에게 신성한 길에서 벗어나지 말라고 당부했는데, 그 까닭이 이런 위험한 현상과 관계가 있지 않을까 여기고 있다. 많은 과학자에 따르면 피라미드가 미묘한 형태의 에너지를 집중시킬 수 있으며, '코지레프 거울'과 같은 "시간의 거울"과 결합하면 시공간 연속체에 강력한 영향을 미칠 수 있다는 것이다.

 '코지레프 거울'의 크기는 2~3미터에 불과하지만 티베트 피라미드 근처의 석조거울의 크기는 작은 것의 직경이 350미터이고, 큰 것은 직경이 무려 800미터에서 1,800미터에 이른다. 그래서 탐사대는 석조거울을 갖춘 티베트의 피라미드 단지가 에너지 흐름을 조절하는 에너지 방패나 "시간 집약식" 피라미드일 수 있으며, 그것을 건설한 사람들이 에너지와 시간의 법칙을 알고 그것을 관리하는 방법을 배웠을 것이라고 확신하고 있다.

 러시아 탐사대는 피라미드와 석조거울로 구성된 '신들의 도시'의 개략적 지도를 만들었다. 그것은 직경이 약 50km이고 원형이거나 정사각형일 가능성이 컸다. 그리고 그것을 재삼 분석했을 때, 그들은 자신들의 눈을 믿을 수 없었다. 그것은 DNA 분자의 공간 구조와 비슷했다.

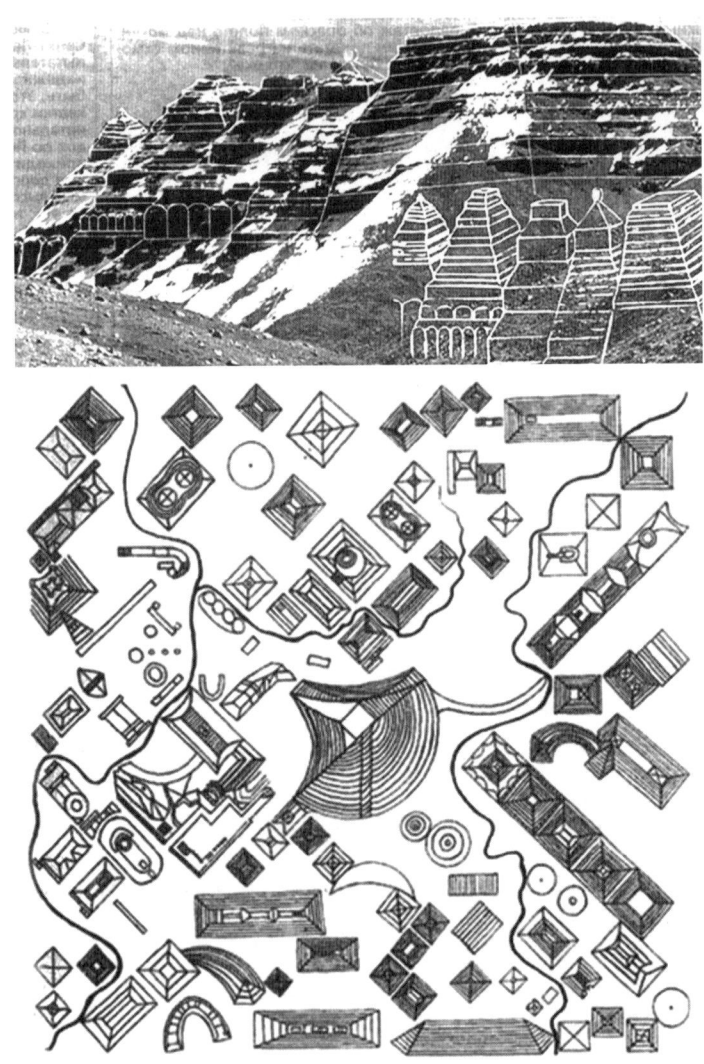

[그림 15] 티베트 피라미드 일부(上)와 석조 DNA 단지 배치도(下)

거대한 석조 DNA였던 것이다. 한 인터뷰에서 물다셰프는 카일라스 북서쪽에 있다는 영적인 나라인 샴발라에 대해서는 과학적인 관점에서 논의하기 어렵지만, 카일라스 피라미드 단지가 지구의 생명과 직접적으로 관련이 있다고 확신할 수 있다고 말했다.

제5장

황소 상징의
비밀이 풀리다

밤하늘의 별자리는 시간에 따라 변화하지만, 그 변화에도 일정한 규칙성이 있다. 그래서 그것에 대한 기록에는 많은 정보가 담겨 있다. 우리나라는 세계에서 두 번째로 오래되고 경이로울 정도의 정밀도를 자랑하는 각석천문도인 '천상열차분야지도'를 갖고 있으며, 세계에서 가장 많은 고인돌에는 별자리가 새겨져 있다. 천문에 관한 한 다른 민족에게 뒤지지 않는 기록과 학술적 성과를 보유하고 있는 것이다.

별자리가 새겨진 고인돌은 주로 대동강 인근에서 발견되는데, 그 수는 2백여 기나 되고, 확인된 별자리 수는 40여 개나 된다(현재 국제적으로 88개의 별자리가 정해져 있다). 구멍이 134개가 되는 은천군의 한 고인돌의 연대는 기원전 3,200년으로 추정된다. 플레이아데스는 이 유역의 고인돌 별자리에서도 함께 발견되고 있다. 한반도 고대 거주민들이 플레이아데스를 알고 중시했음을 알 수 있다.[1]

별자리 기원의 수수께끼

그럼 인류는 언제부터 별자리를 기록했을까. 별자리를 기록하려면 먼저 별자리부터 정해야 하는 것이 순서다. 별자리란 여러 개의 별이 모여 특정한 모양을 이루고 있는 것으로, 밤하늘의 빛나는 별(항성)을 여러 개씩 묶어, 동물이나 물건 또는 신화에 나오는 인물의 이름을 붙인 것이다.

그런데 별자리는 밤하늘의 한자리에 고정되어 있지 않고 매일 하늘을 회전하면서 그 모습이 변화한다. 이러한 이유로 하늘에 있는 별자

---

[1] 이종호, "5천 년을 거슬러 올라가는 고인돌별자리", Science Times, 2007.

리 지도를 실제 도면에 그리려고 한다면 오랜 세월에 걸친 누적된 자료가 필요하다. 1년 동안 매일 밤 별자리를 그린다 해도, 다음 해에는 조금 틀어진다. 그리고 2,160년이 지나면 하늘의 특정 지점에 있던 하나의 별자리가 옆으로 밀려나 있고, 그 자리에는 다른 별자리가 들어선다.[2] 이러한 자리바꿈이 대략 26,000년 동안 지속하다가 다시 반복한다. 이것은 회전하는 팽이의 축이나 자이로스코프가 좌우로 흔들리듯이 지구가 26,000년을 주기로 벌이는 세차운동 때문에 발생하는 것이다. 이런 현상을 간략히 파악하고자 만든 것이 '황도12궁'이다. 하늘을 12구역으로 나누고 각 구역에 있는 별들을 모아 부르기 쉽게 이름을 붙인 것이다.

보통 태양은 1년간 하늘의 적도를 중심으로 하늘의 남북 구역을 오르락내리락하는데, 하늘의 남쪽에 있다가 북쪽으로 올라가면서 태양의 중심이 하늘의 적도와 일치하는 날이 춘분이다. 추분은 반대로 태양이 하늘의 북쪽에 있다가 남쪽으로 내려가면서 태양의 중심이 하늘의 적도와 일치하는 날이다. 이때를 기준으로 삼아 하늘의 특정 구역에 어떤 별자리가 있는지를 관찰하면, 별자리의 이동 현상을 파악할 수 있다.

지구가 1년간 공전하면서 태양을 한 바퀴 돌므로 1년간의 별자리를 자세히 기록하면 하늘의 별자리를 다 기록할 것으로 생각되지만, 태양도 하늘의 다른 중심을 회전하면서 자리가 변화하기 때문에 태양의 1

---

[2] 2,160년으로 이루어지는 기간을 '시대(age)'라고 부른다. 쌍어궁 시대나 보명궁 시대 등은 이러한 시대 구분에 의한 것이다.

회 공전이 끝나야만 전체적인 별자리의 위치를 확정할 수 있다. 그 소요 기간이 대략 26,000년이라는 것이다.

그런데 만일 어느 동굴에 동물 상징으로 30,000년도 더 되는 별자리가 그려져 있다면, 그것이 어떤 별자리인지 어떻게 알 수 있을까. 오늘날에는 천문소프트웨어의 발달로 특정 시기나 특정 장소에 어떤 별자리가 있었고, 그 별빛이 어디로 비추는지 즉시 계산할 수 있다.

이제 이러한 상식을 가지고 동굴벽화의 세계로 들어가 보자.

17,000년 전 라스코에 그려진 플레이아데스

황소(또는 들소) 그림은 현재까지 발견된 인류의 예술품 중 가장 오랜 것들에 속한다. 그것은 프랑스 라스코 등 동굴벽화에 많이 남아 있다. 그 연대는 대동강 유역의 5,000년 전 고인돌보다 훨씬 웃돈다. 기원전 15,000년경의 것으로 추정하기도 하고, 기원전 30,000년 이상 되는 것으로 추정하기도 한다.

문제는 황소와 함께 있는 그 그림들이 별자리를 나타낸다는 주장이 제기되었다는 것이다. 또한 이러한 주장에서도 플레이아데스가 주요한 자리를 차지하고 있는데, 우리가 주목해야 할 점은 그 별이 황소 그림과 함께 있기 때문에 플레이아데스로 보아야 한다는 주장이다. 플레이아데스는 황소자리에 속하는 별자리이기 때문이다. 별자리가 확립된 현대의 시각에서 보면 이러한 내용이 아무렇지도 않을 수 있지만, 만일 라스코 동굴벽화의 황소 그림이 황소자리를 나타내는 것이라고 한다면 그것은 엄청난 파문을 일으키게 된다. 기원전 15,000년경의 사람들이 동물로 상징되는 별자리 지식을 갖고 있었다는 주장이 되기 때문

이다.³

지금도 별자리는 양치기 목동들이 발견해서 이름을 붙인 것이라는 유치한 속설이 상식처럼 떠돌고, '위키피디아'에서는 천문학의 역사가 기원전 3,500~3,200년경에 설형문자로 알려진 최초의 문자 체계를 개발한 수메르인에서 시작된다는 낡은 설명문을 유지하고 있다.

세상의 변화는 늘 기존 관념이나 장벽을 깨부수고 나아가는 용기 있는 도전자나 소수의 문화적인 게릴라에 의해 먼저 문이 열리듯이, 천문학계에서도 그런 인물이 나타났다. 뮌헨 대학교의 전임 연구원 미하엘 라펜글룩 박사였다. 그는 1996년, 라스코의 동굴벽화에 실제로 별자리 지도가 들어 있다고 주장했다. 이 이론은 논란의 여지가 있지만, 국제천문학연맹은 이를 가능성 있는 주장으로 받아들이고 다음과 같이 회보에 실었다.

> "고고학 연구에서 프랑스 남부 라스코 동굴의 벽에 그려진 천문 표시가 확인되었다. 우리 조상은 약 17,300년 전 동굴 벽에 밤하늘을 본 모습을 기록했을 수 있다. 플레이아데스성단은 인근의 히아데스성단과 함께 표현된 것으로 생각된다. 17,000년

---

3 한 식자는 라스코 별자리 주장에 대해 반박했다. 즉, 그 그림이 별자리라는 것을 어떻게 확언할 수 있는가, 17,000년 전의 문화 발전 단계에 있는 사람들이 별을 보고 하늘에 큰 동물의 그림을 그린다는 개념을 가지고 있었는가, 빙하기 시대 구석기인들이 별자리를 알고 있다고 하더라도 그들의 것이 현대인의 별자리와 같을 것이라고 어떻게 가정할 수 있는가, 라스코의 황소는 황소의 그림일 뿐이고, 설령 별자리 설이 맞다 하더라도 아직 그런 주장을 할 만한 증거가 충분치 못하지 않느냐는 것이다.

전에 최초로 별 패턴을 묘사한 것일까?"⁴

그로부터 4년 후인 2000년 8월 9일, 영국 BBC 온라인 뉴스에는 라펜글룩 박사가 주장한 라스코 별자리 발견 소식이 다시 소개되었다. 제목은 "빙하기 별자리 지도 발견 – 프랑스 중부의 라스코에 있는 유명한 동굴벽화에서 선사 시대의 밤하늘 지도가 발견되었다"이다.

다음 내용은 이 기사에 실린 것이다.

1940년에 발견된 이 동굴벽화는 우리의 먼 조상들의 예술적 재능을 보여 준다. 하지만 그림은 그들의 과학적 지식도 보여 줄 수 있다. 이 동굴은 인류가 최초로 별을 관측했던 선사 시대 천문관일 수도 있다. … 라펜 글룩 박사는 'BBC 뉴스 온라인'에 이렇게 말했다.

"그것은 선사 시대 우주의 지도이다. 동물과 영적 가이드로 가득 찬 그들의 하늘이었다. 라스코 동굴 입구 근처에는 웅장한 황소의 그림이 있다. 어깨너머로 보이는 것은 플레이아데스, 때때로 일곱 자매라고 불리는 별 무리의 지도다. 황소 그림 내부에는 하늘의 그 지역에서 발견되는 다른 별들을 나타내는 반점도 있다. 오늘날 이 지역은 황소자리의 일부를 형성하고 있으며, 17,000년 이상 동안 정보가 직접 전달되었다는 놀라운 암시가 있다. 이 지도는 많은 사람들이 생각하는 것보다 우리 조상

---

4 http://judy-volker.com/StarLore/Myths/Prehistoric.html

들이 훨씬 더 정교했음을 보여 준다."5

　　라스코 동굴 벽에는 당시 들판을 뛰어다녔을 많은 들소들이 그려져 있다. 그것만 보더라도 10,000~20,000년 전 인류의 조상들이 현대인에 뒤지지 않을 매우 뛰어난 예술적 감각과 재주를 가지고 있음을 확인할 수 있다. 그뿐만이 아니다. 위 기사에서 보듯이 그들은 일부 벽에 천문 정보를 심어 놓기까지 했다.

　　[그림 16-1]은 라스코 동굴의 한 벽화이다. SF 영화 '프로메테우스'의 시작 장면에서 과학자들이 동굴 안에서 쳐다보고 있는 벽화가 바로 이 그림이다. 여기에는 긴 뿔을 가진 황소의 등 위에 일곱 개의 점(타원으로 강조된 곳)이 있다.

　　여섯 개로 보이는 것은 두 개의 점이 합쳐진 것으로 보고 있다. 이것은 플레이아데스의 상징이다. 그것은 정확하고 의도적으로 보인다. 천문학에 관심이 있는 사람이라면 누구나 이 상징이 무엇을 뜻하는지 즉시 알아볼 수 있을 것이다. [그림 16-3]에서 보듯이 이 상징은 황도 12궁의 황소자리를 나타내는 것으로, 별자리 상징을 묘사하는 방식이 2,000년 전 이집트의 덴데라 신전 천장에서도 발견되고, 그 전통이 19세기까지 이어져 오고 있다. 이러한 묘사는 단순한 우연일 수 없다.

　　[그림 16-1]에 플레이아데스의 상징만 있는 것은 아니다. 황소 얼굴 앞쪽에는 네 개의 점(타원으로 강조된 곳)이 또 있다. 이것은 오리온자리를 상징하는 것으로 볼 수 있다. 현대에도 플레이아데스를 찾으려면

5　http://news.bbc.co.uk/2/hi/science/nature/871930.stm

오리온자리에서 벨트를 이루는 세 개의 별을 방향키로 사용한다.[6]

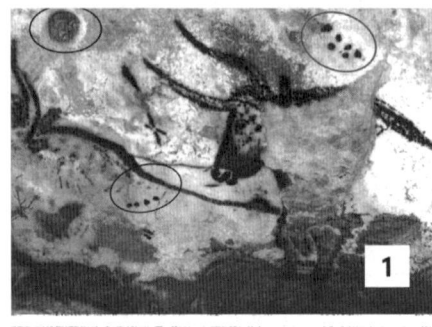

1. 라스코 황소 그림
원 안의 점이나 물체는 별자리나 태양으로 추정된다.

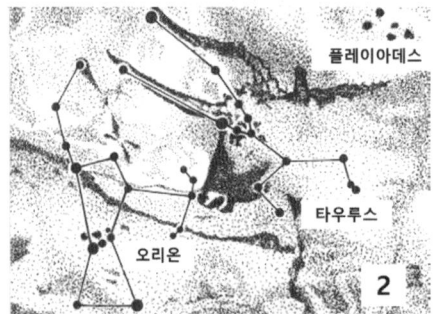

2. 별자리 배치도

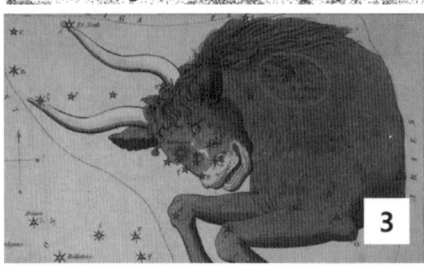

3. 19C 황소자리 그림
황소 어깨 원 안의 점들이 플레이아데스이다.

[그림 16] 라스코동굴의 플레이아데스 별자리와 19세기 황소자리 그림

[6] 이 그림에서 플레이아데스를 상징하는 여섯 개의 점과 오리온벨트를 상징하는 네 개의 점은 그 경사진 방향이 다름을 알 수 있다. 특히 네 개의 점은 플레이아데스 방향을 향해 기울어져 있다.

[그림 17] 라스코 플레이아데스 황소그림과 비슷한 생마르셀 동굴벽화.(B.C 18,000)

이러한 분석에서 그린 것이 [그림 16-2]의 별자리 그림이다. 1번 그림의 왼쪽 상단에 있는 둥근 물체(타원으로 강조된 곳)가 태양이며, 그것은 춘분에 황소자리에 진입하는 태양을 나타낸 것으로 분석되기도 한다. 이러한 분석은 라스코 벽화의 주인공들이 세차운동을 알고 있었다고 가정하는 것이다. 그렇게 보면 라스코 벽화의 연대는 기원전 3만년경으로 추정되는데, 그것은 라스코 인근에 있는 쇼베동굴의 벽화 연대와 같아진다.

32,500~38,000년 전 독일 아크 계곡 상아판 오리온자리

라펜글룩 박사는 스페인 카스티요 동굴에서도 별자리 지도를 발견했

[그림 18] 독일 아크 계곡 동굴에서 발견된 상아판에 새겨진 인물 조각상

다. 동굴의 '손의 프리즈'라는 구간의 끝부분에는 부채꼴 형으로 펼쳐진 점들의 곡선 패턴이 있는데, 그는 그것이 '왕관자리'라고 부르는 별자리 그림이라고 주장했다. 그것의 연대는 14,000년 전이다.

그는 또한 독일 아크 계곡 동굴에서 발견된 작은 상아판에 새겨진 인물(그림 18)이 오리온자리와 같은 자세로 팔과 다리를 뻗고 있다고 주장했다. 이 상아판의 연대는 32,500년에서 38,000년 전으로 추정된다.

영국 교수의 별자리 해독

2018년. 고대의 동굴벽화에 별자리가 기록되었다는 라펜글룩 박사의 주장이 있은 지 22년이 지난 후, 영국의 두 대학 교수인 마틴 스웨트먼과 알리스테어 쿰스는 "유럽 구석기 시대 예술의 해독: 춘분 세차운동에 대한 매우 오래된 지식"이란 논문을 발표했다. 이것은 최근 발굴된 튀르키예 지역의 유적·유물과 유럽 구석기 시대 동굴 예술에 대해서 일관된 해석을 제공하는 것이 특징이다. 그들은 40,000년 전까지 올라가는 동물 형상들이 구석기인들이 사냥하는 먹잇감이나 야생에서 볼 수 있는 동물을 나타낸 것이 아니라 하늘의 중요한 별자리를 나타내는 것이라고 결론 내렸다.

> "그것은 모두가 춘분의 세차운동에 기반한 날짜를 기록하는 동일한 방법을 보여 주는 것으로 여겨지고, 동물 상징은 고대의 황도12궁을 나타낸다. 동일한 별자리가 오늘날 서양에서 사용되지만 일부 황도12궁 상징은 다르다. … 기원전 38,000년경의 (독일) 홀렌슈타인 슈타델의 사자인간상도 이 해석과 일치하며 이 지식이 매우 오래되었고 널리 퍼져 있었음을 나타낸다."[7]

이 논문에 따르면, 터키 남부의 차탈회이크(기원전 7,000년)와 괴베클리 테페(기원전 10,000년), 프랑스 남부의 라스코 동굴(기원전 15,000년), 스페인 북부의 알타미라 동굴(기원전 15,000년)과 쇼베 동굴(기원전 33,000년), 독일 남부의 홀렌슈타인 슈타델 동굴(기원전 38,000년)의 동물 그림들이 별자리를 상징하는 것이었다.[8] 같은 논문

---

[7] Martin B. Sweatman & Alistair Coombs, "Decoding European Palaeolithic Art:Extremely Ancient knowledge of Precession of the Equinoxes"
[8] 지질학자 로버트 쇼흐도 괴베클리 테페의 D, C, B, A 구역의 남서쪽 궤적을 바탕으로 그 건

에서는 많은 동굴 유적지가 춘분/추분 때의 태양의 방향과 관련하여 선택되었다는 이전 연구를 인용하고 있다.

> "예수스-볼키비에즈는 천문학적 상관관계를 기록하여 라코스를 포함한 많은 빙하기 동굴 유적지가 천문학적으로 중요한 시기에 태양이 입구를 통해 비추었기 때문에 의도적으로 선택되었음을 보여 주었다. 사실, 그녀는 자신이 방문한 130개의 구석기 시대 동굴 중 122개가 춘분이나 추분과 일치한다는 것을 발견했는데, 이는 통계적으로 매우 강력한 결과이다."[9]

춘분점이나 추분점은 별자리를 관측하는 기준점이다. 그들은 고고학적 자료가 황도12궁 별자리와 연관되었을 확률을 컴퓨터로 계산했다. 컴퓨터는 유물 자료와 해당 별자리가 우연스럽게 들어맞을 확률은 1억 5천만분의 1이라고 응답했다.

특히 독일 홀렌슈타인 슈타델 동굴에서 발견된 상아로 제작된 사자인간상(그림 19)은 사자와 인간의 교배나 사자와 같이 용맹한 인간을 나타내기 위한 것이 아니었다. 이것은 자기들이 살고 있는 시대가 기원전 38,000년대, 즉 사자자리 시대에 해당한다는 정보를 담은 것이었다. 사자인간상은 별자리 정보를 담은 가장 오랜 조각품이다. 위 논문

설자들이 춘분의 세차운동을 알고 있었거나 기원전 10,000~8,500년경에 그 효과를 발견했을 것이라고 주장했는데, 이는 춘분날 새벽 전에 중앙 T자형 기둥 방향에서 오리온-황소자리-플레이아데스 별자리가 보였던 시기에 해당한다.

9 Martin B. Sweatman & Alistair Coombs, 앞의 글

[그림 19] 상아로 제작된 독일 홀렌슈타인 슈타델 사자인간상(B.C 38,000년)

의 저자들은 40,000년 전에 호모사피엔스가 서유럽에 들어왔을 때 별자리 지식이 알려져 있었을 것이라고 추측했다.

플레이아데스인이 밝힌 '라이라/플레이아데스-지구 연표'에 따르면, 이 시기는 지혜의 왕이자 최초로 신으로 숭배받은 플레이아데스의 펠레곤과 그 후임자들이 지구에서 10,000년간 평화를 유지하던 때에 속한다.

지금까지 살펴본 것처럼 라펜글룩 박사나 마틴 스웨트먼의 주장이 맞다면, 기원전 38,000년대에도 지구상에 있던 존재나 인류는 별자리에 관한 지식을 알고 있었으며, 천문학적 전통은 그보다 훨씬 이른 시대에 출발했다고 추측할 수 있다.

code + 황소자리와 사자자리의 별자리 코드

마틴 스웨트먼과 알리스테어 쿰스의 논문 "유럽 구석기 시대 예술의 해독: 춘분세차운동에 대한 매우 오래된 지식"에 의하면 기원전 2,000~4,000년대의 수메르 황도12궁에서 황소자리의 명칭은 구안나(Guanna)인데, 이것은 '천상의 황소'란 뜻이다. 또한 사자자리의 명칭은 우르굴라(Urgula)로서 '사자'란 뜻이다. 논문 저자들은 자신들이 해독한 별자리 코드가 약 40,000년 전부터 비교적 최근까지 수만 년 동안 사용되었을 가능성이 크다고 주장했다. 황도12궁의 지식은 유럽에서 아나톨리아(튀르키예)까지 뻗어 있는 것으로 보이고, 많은 지역적 변형이 있을 것이다. 황소 상징은 염소자리에서 황소자리로, 고양이 상징은 게자리에서 사자자리로 이동한 것으로 보인다고 하였다.

제6장

황소 지상화와
황소 뿔관을 쓴 신과 왕

1. 괴베클리 테페, 12,000년 전 문명인들

튀르키예의 괴베클리 테페 유적지의 발굴은 주류 학계가 지금까지 대중에게 주입한 인류사가 사실이 아닐 수 있음을 보여 준 일대 사변이었다. 그것은 10,000년에서 13,000년 전까지 이르는 고대 인류가 어떻게 살았는가를 생생하게 보여 주었다. 우리가 상상하던 것과는 너무나 달랐다.

라스코 동굴벽화에 플레이아데스 별자리가 그려져 있다는 것은 상상력이 뛰어난 일부 학자의 판타지에 가까운 주장일 뿐이라고 무시할 수 있는 일이었다. 하지만 괴베클리 테페의 유적은 그림이 아니라 실제 석회암을 쪼아 낸 기둥들을 세워 축조한 건물이었다. 더군다나 그 기둥에는 양각 기법으로 수많은 동물 형상과 상징 무늬와 부호가 조각되어 있었다.

주류 학계의 시각에서는 그렇게 뛰어난 예술 작품이나 건축물이 구석기와 신석기가 뒤섞인 선사 시대에 존재하면 안 되는 것이다. 기원전 10,000년을 전후한 시기는 구석기에서 신석기로 넘어가는 도구의 혁명 시대라고 한다. 그런데 괴베클리 테페가 보여 주는 역사적인 장면은 도구를 중심으로 시대를 구분하는 방식이 뭔가 적절치 않다는 것을 시사하고 있다. 어쩌면 그것은 석기 시대라는 구분을 인류사에서 삭제시키라는 혁명의 서곡일지도 모른다.

괴베클리 테페 독일 발굴팀 단장을 맡은 클라우스 슈미트 교수는 발견 당시의 정황을 다음과 같이 적었다.

[그림 20] 1번과 2번 그림은 한국 초등 교과서에 실린 구석기 시대(1)와 신석기 시대(2) 상상도이고, 3번 그림은 AI가 생성한 1만 년 이전 괴베클리 테페 상상도이다. 한국사 교과서에는 선사 시대 사람들이 사용하는 도구에 따라 구석기 시대, 신석기 시대, 청동기 시대로 구분한다고 쓰여 있다. 이러한 시대 구분에 맞지 않는 유적이나 유물은 모두 가짜가 된다.

"1994년 10월, 저녁 햇살에 물든 땅. 우리는 경사가 심하고 다소 어렵고 혼란스러운 지형을 걸었다. 큰 현무암 덩어리가 흩어져 있었다. 선사 시대 사람들의 흔적은 보이지 않았고, 벽도, 도자기 파편도, 석기도 없었다. 선사 시대, 특히 석기 시대 유적지를 조사하려는 이전 많은 여행과 마찬가지로, 이 여행의 의미에 대한 의심은 천천히 그러나 멈출 수 없이 커져 갔다.

마을로 돌아와서, 한 노인에게 근처에 부싯돌이 있는 언덕이 있는지 묻자, 그는 놀라울 정도로 분명하게 '그렇다!'고 대답했다. 그리고 그는 우리를 그곳으로 안내할 소년을 보냈다. … 우리는 일부 도로를 운전해서 갈 수 있었고, 현무암 들판의 가장자리부터는 걷기 시작해야 했다. … 우리의 소규모 그룹은 나를 비롯해서 마을에서 온 택시 운전사, 젊은 가이드인 마이클 모쉬, 하이델베르크에서 온 동료로 구성되었다.

마침내 우리는 현무암 지대 경계에 있는 작은 언덕에 도착했다. 그곳에서는 넓은 지평선이 탁 트인 전망이 펼쳐졌다. 여전히 고고학적 발굴 흔적은 없었고, 방목을 위해 이곳으로 데려온 양과 염소 떼의 흔적만 있었다. 하지만 마침내 현무암 지대 끝에 도착했다. 이제 척박한 석회암 고원이 우리 앞에 펼쳐졌다. … 반대 언덕에는 평평한 고원 위로 큰 마운드가 우뚝 솟아 있었고, 움푹 들어간 여러 개의 언덕 꼭대기로 나뉘었다. … 우리가 찾던 마운드였을까? … 마운드 측면에 다다르자, 지금까지 회색이던 석회암 고원이 갑자기 반짝이기 시작했다. 기반암을 덮은 화강석 카펫이 오후 햇살에 반짝였다. …

우리는 여러 번 스스로 확신시켰다. 이것들은 자연의 힘으로 파편화된 화강석 덩어리가 아니라 조각난 것, 칼날 등 간단히 말해 유물이었다. … 다른 발견물, 특히 도자기는 없었다. 마운드의 측면에서 화강석의 밀도가 낮아졌다. 우리는 수십 년 동안 농부들이 밭을 개간하면서 쌓아 올린 것으로 보이는 첫 번째 길게 뻗은 돌무더기에 도착했다. … 그 더미 중 하나에는 유난히 큰 바위가 있었다. 분명히 가공된 것이었고 쉽게 알아볼 수 있는 형태였다. 그것은 나발리 코리 유형의 T자형 기둥의 머리였다."[1]

[그림 21] T자형 기둥을 특징으로 하는 괴베클리 테페(B.C 8,000~11,000년)(上)와 남쪽에서 본 유적지 전경(下)

독일 발굴팀은 1996년부터 18년 동안 유적지 발굴을 진행했다. 2010년 발표된 결과로는 탄소연대 측정 결과 유적은 빙하 시대의 말기인 기

---

1 https://www.penn.museum/sites/expedition/cult-as-a-driving-force-of-human-history/

원전 9,745년부터 기원전 8,200년에 속하는 것이었다.[2]

괴베클리 테페의 발굴 성과

그동안 그곳에서 발굴해서 복원한 것은 높이가 대략 5.5미터, 무게가 10톤인 돌기둥으로 둘러싸인 타원형 건물터이다. 돌기둥들은 모두 땅속 기반암을 파서 만든 각각의 받침대에 박혀 있었다. 대략 12개에서 20여 개의 돌기둥으로 이루어지고 지름이 10~30미터인 둥그런 건물터는 현재까지 6곳이 발굴되었다. 지구물리학적 조사에 따르면 14~16개의 원형구조물이 더 있는 것으로 드러났다. 발굴된 것과 아직 땅속에 있는 돌기둥의 수는 모두 300여 기에 이를 것으로 추정된다. 클라우스 슈미트 단장은 발굴이 50년 더 계속될 수 있으며, "표면을 간신히 긁은 것뿐"이라고 믿었다. 지금까지 발굴한 면적은 전체의 5~10퍼센트밖에 안 되는 것으로 알려졌다.

괴베클리는 '배꼽' 또는 '배불뚝이'란 뜻이고, 테페는 '언덕'이란 뜻이므로 괴베클리 테페는 '배꼽 언덕'이란 뜻이다. 배꼽은 불쑥 튀어 오른 산 능선의 외형을 뜻할 수도 있지만, 페루 쿠스코처럼 세상의 중심지란 의미에서의 배꼽으로 쓰였을 수 있다. 고대에 괴베클리 테페는 투란인(이란인)들이 중앙아시아에서 아나톨리아(터키), 이란 서부 지역,

---

2   작업이 종료된 2014년의 한 자료를 보면, 2번 지층은 기원전 8,000년경으로 거슬러 올라가지만, 가장 오래된 3번 지층의 끝은 기원전 9,000년경으로 확정될 수 있고, 그 시작은 기원전 11,000년 또는 그 이전으로 추정된다. 1번 지층은 지표로서 쟁기질로 인하여 원상이 훼손되어 있다.

그리고 중동과 북아프리카로 가는 이동 경로의 가운데 자리했다.

> **code + 고대 잉카와 플레이아데스**
>
> 고대 잉카인들은 플레이아데스가 대지의 모신과 그 주민들을 돕고 보호하기 때문에 강력한 존재로 숭배하고 존경했다. 페루의 마추픽추 유적은 플레이아데스와 의도적으로 일치시킨 것으로, 사원과 플레이아데스 빛을 연결하는 에너지 경로를 만든 것이라고 한다. 플레이아데스와 연결되면 그들로부터 직접적인 에너지를 받아 직관력이 깨어나고 평화로운 기분을 느끼게 된다고 하는데, 지금도 샤먼의 주재하에 "코토"라는 플레이아데스 입문의식이 치러지고 있다.

12,000년 전의 정교한 공학 기술

괴베클리 테페 유적의 발굴 작업은 인류사에서 왜 혁명적인 사건인가. 역사책에서 배우기로는 구석기 시대 말기에서 신석기 시대 초기는 철기는 물론 청동기도 없는 시절이다. 그러한 시대에 채석장 암반에서 한 개당 5.5미터(채석장에 방치된 돌기둥은 7미터다)나 되고 10톤이나 나가는 T자형 기둥을, 그것도 미발굴된 것을 포함해 300여 기의 돌기둥을 무슨 재주로 모나게 떼어 내고, 기둥 표면을 긁어내어 양각으로 수많은 동물과 인물, 문양, 그림 그리고 문자나 부호를 조각했겠는가. 채석장은 가까운 곳이 600~700m 떨어져 있었다.

기존 상식으로는 도저히 이해할 수 없는 그 유적을 직접 탐사한 휴 뉴먼은 괴베클리 테페가 '오늘날 과학과 역사의 기초를 흔들며 인간의 기원에 대한 각성을 일깨우는 독창적이고도 놀라운 고대의 유적지'라고 평가하면서 다음과 같은 소감을 털어놨다.

"괴베클리 테페는 놀랍게도 12,000년~14,000년 전에 번창했으며, 오늘날 보존된 유적은 고도의 정교함과 거석 공학 기술을 여전히 보여 주고 있다. 1990년대 로버트 쇼흐는 스핑크스가 이전에 생각했던 것보다 수천 년이나 더 오래되었을 수도 있다고 주장하는 바람에 조롱을 받았다. 12,000년 된 빙하 시대 문명에 대한 그레이엄 핸콕의 인기 있는 이론은 맹비난을 받았다. … 2013년 9월에 나는 괴베클리 테페를 볼 기회가 생겼다. 동석한 그레이엄 핸콕도 나처럼 놀랐다. 그러한 오래된 구조, 석조물의 품질과 추상적인 예술적 기술은 존재하지 말아야 하는 것처럼 보인다."[3]

[그림 22] 괴베클리 테페 T자형 기둥에 새긴 동물과 부호

3 https://faustuscrow.wordpress.com/2017/07/14/gobekli-tepe-shaman/

이제 괴베클리 테페는 인류 모두가 '인간의 기원'에 대해 다시 한번 생각해 보도록 하는 공론장으로 변해 버렸다. 이 유적지가 발견되기 전에는 12,000년 전의 사람들이 수렵채집인이었고 원시적인 삶을 살았다고 믿었기 때문이다.

그들은 수렵채집인이 아니었다

하지만 이 사원이 기원전 10,000년경에 건립되었다는 사실은 과거 문명에 대한 우리의 인식을 바꿔 놓았다. 가장 중요한 것은, 원시적인 사냥만 할 줄로 알았던 고대인들이 건축공학과 미학을 알고 있었을 뿐만 아니라, 웅장한 구조물을 지을 정도로 그들만의 신념이나 신앙을 가지고 있었다는 사실이다.

괴베클리 테페를 소개하는 유네스코 웹사이트에는 다음과 같이 설명하고 있다.

> "괴베클리 테페는 인간이 만든 기념비적 건축물의 첫 번째 표현 중 하나다. 이 유적지는 장식된 T자형 석회암 기둥을 통합하는 것을 포함하여 혁신적인 건축 기술을 증명하며, 이는 건축적 기능도 충족한다."

인간이 언제부터 종교인이었는지에 대해서도 논쟁이 뜨거워졌다. 지금까지는 농경 생활을 하고, 계급이 분화되면서 조직적인 종교가 발달했을 것이라고 추측했다. 괴베클리 테페에서 신념이나 신앙의 증거가 확연하다는 것은 농경 생활, 곧 정착 생활이 그 시대에 존재했음을 가

정해야 한다. 문제는 도구가 그러한 가정을 받쳐 주느냐는 것이다. 신석기는 빨라야 기원전 8,000년경이 되어서 나타난다는 것이 기존 이론이었다. 주류 학계가 안정적으로 짜깁기한 인류사 연대가 크게 출렁이지 않을 수 없었다.

급기야 《인류는 농사꾼 이전에 종교인이었다》는 제목의 책도 출간되었다. 수렵채집인이란 개념이 제대로 된 것인지, 수렵채집인 시대가 존재는 한 것인지, 수렵채집인 시대가 아니라 농경정착인 시대일 것이라는 등 여러 가지 의구심이 몰려들지 않을 수 없었다.[4]

한 네티즌은 이러한 혼란상에 대해 일갈했다.

"우리는 오랜 세월 동안 문명의 발흥과 수렵채집인부터 농업, 마을, 도시, 종교, 사원 및 거석 건물로의 발전에 대해 들어왔다. 하지만 어떨까? 우리는 최근에 그런 일이 전혀 일어나지 않았다는 것을 발견했다. 한 고고학자가 말했듯이 괴베클리 테페는 문명의 발흥에 대한 기존 이해의 틀을 뒤흔들었다."

그리고 한 연구가는 괴베클리 테페를 건설한 사람들이 수렵채집인이 아니라 선진문명인이라고 단정하면서, 다음과 같이 그 이유를 설명했다.

---

[4] 수렵채집인이란 농경 정착사회를 이루기 이전에 동물을 사냥하거나 식물의 뿌리나 열매를 채집해 식량을 얻으며 살았을 것으로 추정하는 선사 시대 사회의 인간을 지칭하는 것이다.

"괴베클리 테페는 고대 인류가 복잡한 개념을 생각하고 자연의 요소를 자신들의 목적에 사용하는 기술을 창조하는 데 얼마나 발전해 있었는지를 보여 주는 또 다른 사례이다. 어떤 사람들은 이 고대인들에 대해 '수렵채집인'이라는 꼬리표를 사용하고 있지만, 이것은 우리의 조상들을 얕잡아보는 잘못된 명칭이자 모욕적인 용어라고 생각한다. 괴베클리 테페는 문명이 약 12,000년 전, 심지어 그보다 더 오래전에 얼마나 발달되어 있었는지 다시 한번 보여 준다.

내가 이들의 문명을 '선진 문명'이라고 말하는 이유는, 만약 이들이 소위 '원시적인 수렵채집인'이었다면, 단단한 암반에서 수십 수백 톤의 돌을 잘라 T자 형태로 만들고, 거기에 매우 잘 정의된 형상들을 조각한 뒤에, 멀리 떨어져 있는 오르막길로 운반한 다음, 종교적 목적이나 다른 목적에 맞게 질서정연하게 재배치할 필요성도 기술도 없기 때문이다. 이 고도로 숙련된 활동을 보면 그들이 매우 선진적인 문명을 갖고 있었음을 알 수 있다. 이들에게 큰 경의를 표한다."[5]

---

[5] Polat Kaya, "Göbekli Tepe Findings"

2. T자형 상징과 황소 지상화

T자형 기둥은 인체 상징

괴베클리 테페의 건설자들은 사원과 같은 용도로 사용했을 타원형 건물의 기둥을 대부분 T자형으로 깎았다. 그 돌기둥에 새겨진 다양한 종의 동물 그림과 부호나 무늬는 매우 정확하고 정교하다. 그것은 당시의 시대상을 엿볼 수 있는 타임캡슐과도 같다. 그런데 그들은 왜 돌기둥을 굳이 잘라 내기 어려운 T자형으로 제작했을까. 그때보다 7,000~8,000년이 지난 후대인들도 석기 제작 기술이나 역량이 없었는지 자연석을 거의 그대로 사용해서 스톤헨지나 고인돌을 축조했다.

그런 점을 고려한다면 12,000년 전의 고대인들은 선진문명인이 틀림없다. 그런데 그들이 기둥을 굳이 T자형으로 선택한 것이 그 구조물을 짓게 된 동기와도 관련이 있지 않을까. 괴베클리 테페에 달려든 연구가들이 그것에 대해 모두 주목하고 수수께끼를 풀고자 하였다. 그리고 비슷한 결론들에 이르렀다. T자 모양은 고대부터 인간 그 자체를 표현하는 상징이자, '천상의 사람' 즉 '신(神)'을 상징한다는 것이다. 실제 괴베클리 테페의 타원형 건물 유적지의 일부 기둥에는 팔과 손, 허리띠와 요추보가 조각되어 있어 기둥 자체가 인간의

[그림 23] 인간 형상을 보이는 괴베클리 테페의 기둥. 허리 벨트와 요추보가 보인다.

추상적 이미지임을 보여 준다(그림 23).

T자형 기둥, 앙크, 십자가, 고인돌

괴베클리 테페의 T자형 상징은 이집트로 가서 앙크(그림 24-3)로 발전하였고, 다시 기독교 시대가 되어서 십자가(그림 24-4)로 변형되었다. 우리나라를 비롯하여 전 세계적으로 발견되는 고인돌(그림 24-2)의 외양은 받침돌이 두 개인 점에서 다르다. 그러나 고인돌은 크게 보면 괴베클리 테페의 T자형 기둥 두 개를 결합한 것으로 볼 수 있다. 인력이나 물자가 부족하여 구릉지에 보조대 없이 다리 하나로 고인돌을 세우기는 어려웠을지도 모른다. 그런데 놀랍게도 제임스 처치워드의 《잃어버린 대륙 무》에서는 무 제국에서 사용했던 많은 상징 중에서 T자 모양은 그 뜻이 '부활(환생)'이라고 명기하고 있다.

이집트에서는 앙크가 불멸 또는 '영원한 생명'이란 뜻을 표현하는 상징부호였다. 기독교 십자가는 부활(환생)의 상징이었다.[6] 북유럽의 생명나무인 위드그라실(그림 24-5)은 앙크나 십자가에 가깝다. 고대 이집트 신화에서 생명나무는 창조(하느님)와 만물의 상호 연결성뿐만 아니라 삶과 죽음 그리고 환생의 순환을 상징한다.

---

[6] 제임스 처치워드의 《잃어버린 대륙 무》는 1926년에 출간되었다. 처치워드는 괴베클리 테페의 T자형 돌기둥을 본 적이 없을 것이다. 그럼에도 그는 T자가 부활의 상징이라고 기록했다. 부활은 후대에 만들어진 기독교의 신앙적 개념이고, 본래는 환생이나 재생과 같은 의미였을 것이다.

[그림 24] 여러 가지 T자형 상징들. 1. 괴베클리 테페 2. 고인돌 3. 앙크 4. 십자가 5. 생명나무(북유럽)

만일 T자형 돌기둥이 생명나무의 상징을 간략화한 것이라면, 그것은 사람, 천상의 사람(神), 영원한 생명, 불멸, 환생(부활)을 뜻하기 위한 것일 수 있다. 그리고 그러한 불멸이나 환생의 가르침을 편 신성한 존재들을 드러내거나 기념하고자 한 것일 수 있다.

《단기고사》에는 고인돌이 탁자돌 한 개와 받침돌 두 개로 이루어진 것은 천일(天一), 지이(地二), 인삼(人三)이라는 고대의 천지인 일체 사상을 반영한 것이라고 밝히고 있다. 천지인이 하나라는 사상은 만물이 모두 연결되어 있으며, 궁극적인 깨달음에 이를 때 온몸으로 체득하는 경지이다. 그러한 상태에서는 삶과 죽음을 초월하므로 불멸의 영원성과 함께할 것이다. 그것은 이집트의 생명나무 상징과 다르지 않다.

플레이아데스를 가리키는 황소 두개골

웨인 허셜은 《히든 레코드》(2003년), 《알파 오메가 타우루스 스타 게이트》(2019년) 등 일찍부터 인간 기원을 하늘의 별에서 찾는 연구성과를 내놓았다. 그 별은 플레이아데스였다. 그는 괴베클리 테페의 T자형 상징이 타우루스(황소자리)를 가리키는 것이라고 주장했다. 그는 어떤 이유에서 이러한 주장을 폈을까.

[그림 25] 괴베클리 테페 D구역의 18번, 31번 기둥 부조들

제6장 황소 지상화와 황소 뿔관을 쓴 신과 왕 117

[그림 25]에서 보듯이 괴베클리 테페의 D구역의 중앙에는 두 개의 기둥이 서 있는데, 그 모양이 비슷해서 '쌍둥이 기둥'이라고도 한다. 동쪽 기둥이 18번이고 서쪽 기둥이 31번이다. 두 기둥 모두에 깊이가 얕은 양각 기법으로 조각된 양식화된 손과 팔이 보이고, 허리띠 장식이 있다. 이것으로 보아 이 기둥들이 인간이나 천상의 존재를 묘사한 것임을 알 수 있다. 그리고 다른 해석을 하지 말라는 뜻이었는지는 모르겠으나, 기둥에는 인체의 목 부위에 해당하는 곳에 목걸이처럼 들소 두개골(부크라늄) 형상이 특징적으로 새겨져 있다. 이 상징은 괴베클리 테페의 B구역에서도 발견되었다.

들소 두개골 형상만 따로 떼어 낸 상징은 그 의미가 특별하다고 보지 않을 수 없다. 괴베클리 테페의 다른 기둥에서는 동물의 전신을 조각해서 표현하는 게 일반적이다. 괴베클리 테페 인근에 있는 차탈회위크의 한 성소의 벽에서도 같은 상징이 걸려 있었다. 그것은 들소 두개골이 신성한 의식의 중심이 되었음을 암시하는 것이다.

[그림 26] 괴베클리 테페 D구역 31번 기둥(左)과 B구역(中), 차탈회위크(右)의 들소 두개골 상징

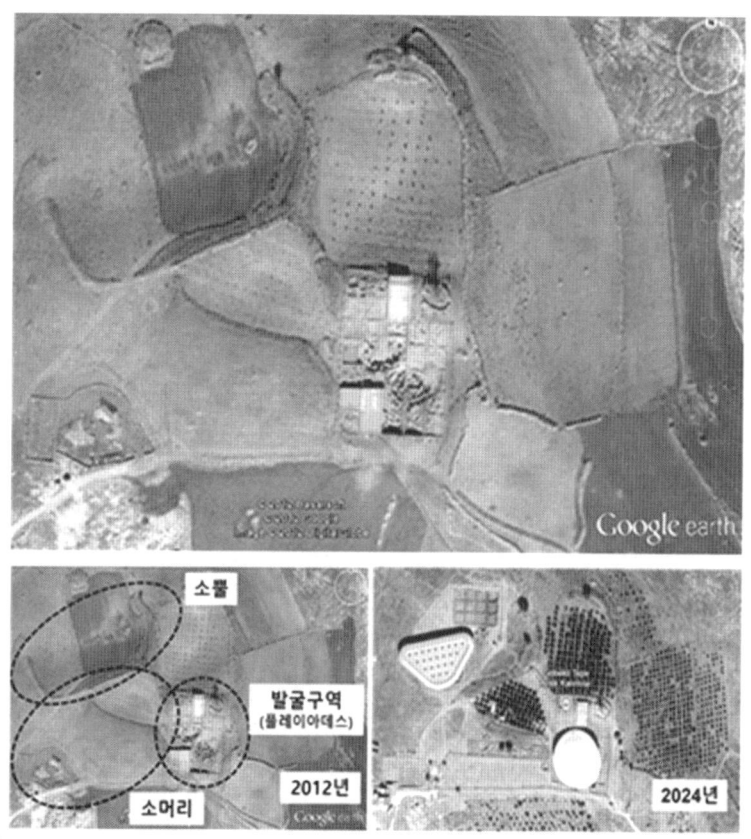

[그림 27] 괴베클리 테페의 황소 지상화. 위의 큰 그림은 2012년 구글어스로 본 괴베클리 테페 사진이다. 그림 좌측 상단에 황소 뿔이 있고 그 아래 머리가 보인다. 현재까지 발굴된 사원 구역은 황소의 어깨 부위에 속한다. 웨인 허셜이 처음 발견했다. 2024년 사진(右下)에는 많은 구역이 조림되어 있고, 황소 모습이 훼손되어 잘 보이지 않는다.

괴베클리 테페의 황소 지상화

웨인 허셜이 괴베클리 테페에서 발견한 가장 중요한 것은 황소 지상화이다. 그의 웹사이트를 방문하면 그가 2012년 구글어스를 통해 최초로 발견한 괴베클리 테페의 황소 지상화를 볼 수 있다(그림 27). 현재는 주변 빈터에 조림 공사가 되어 있고 다른 부속 건물도 들어서 있어 구글어스로 보아도 황소 모습을 찾기가 쉽지 않다. 이 유적지의 크기는 대략 축구장 15개 규모이다. 황소의 뿔은 폭 4~5미터의 선으로 이루어져 있고, 두 뿔의 거리는 125미터쯤 된다. 또한 황소 입에서 발굴된 사원 구역까지의 거리도 그 길이와 비슷하다.

황소 머리 부분의 윤곽선도 확인할 수 있다. 2012년 그림을 자세히 보면 황소의 눈으로 보이는 것도 찾을 수 있다.

웨인 허셜은 이 유적지가 황소의 형상을 하고 있음을 발견하고, 현재까지 발굴된 6곳의 돌기둥 유적지를 포함하여 본래의 구역들이 플레이아데스 일곱 별을 따라 구획했을 것으로 보고 있다. 그렇게 보면 그것은 [그림 28]에서 보듯이 황소 어깨 부위에 그린 7개의 점이 되고, 플레이아데스를 나타내는 별자리 전통에서 가장 이른 시기의 유적이 된다. 그는 이 황소 지상화 발견에 대해 다음과 같이 쓰고 있다.

> "튀르키예의 타우루스산맥을 따라 이어지는 한 언덕에 거대한 황소를 묘사한 12,000년 된 지상화가 발견되었다. … 위에서 볼 때, 현재 발굴된 6개의 돌기둥 메모리얼 홀은 플레이아데스 별자리 지도를 설득력 있게 형성하며, 약 12,000년 전의 천문학과 그 상징을 사용하고 있다. … 그것은 분명히 고대 천체의 메시지를 전하고 있다. 이 발견은 모든 가장 위대한 거석문화를 동일한 기원 테마로 하여 하나로 묶는다. 이것은 모든 미스터리 중의 미스터리를 마무리하는 퍼즐의 마지막 조각이다.
>
> 사실상 모든 유명한 석조 유적지에는 거대한 통일된 건축 계획이 있다. 괴베클리 테페는 내가 인류의 별 조상 코드로 제시

한 것의 독특한 패턴에 대한 또 다른 설명을 제공한다. 이 이론은 아직 학자들에게 인정받지 못했지만, 그에 대한 증거는 이집트, 수메르, 잉카, 마야, 스톤헨지, 앙코르 등 지구의 모든 위대한 문명에서 넘쳐난다.

나는 2003년에 《히든 레코드》를 출간하였는데, 그 후 2006년에 괴베클리 테페가 발견되었다는 기사를 읽었다. 그것은 최초의 인간 문명으로 여겨졌다! 구글어스에서 검색하였는데, 그 장소가 드러났다. 내가 바로 눈여겨본 것은 황소를 묘사한 지상화였다! 특히 내가 찾고 있는 것이 정확히 무엇인지 알고 있었기 때문에 이것을 쉽게 알아볼 수 있었다.

당시 나는 이것이 내 책에 있는 가장 오래된 별자리 지도, 즉 프랑스의 라스코 동굴보다 앞선 것일 수 있다고 확신했다. 라스코 동굴의 상형문자는 17,000년 전으로 거슬러 올라간다고 한다. 라스코 동굴의 별자리 지도는 우연히도 괴베클리 테페의 패턴을 반복한다. 두 가지 패턴은 말 그대로 서로의 거울상이다. 나는 이 유적지가 발견된 이후로 괴베클리 테페에서 이러한 독특한 황소 숭배 패턴을 찾고 있었다."[7]

---

[7] https://cathyfox.wordpress.com/2017/07/20/wayne-hershel-2-alpha-omega-taurus-stargate-revelation-part-2/

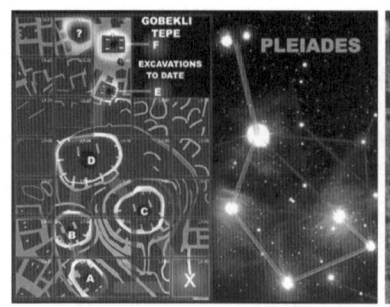

[그림 28] 웨인 허셜은 괴베클리 테페 발굴구역(A-E)이 플레이아데스 별자리를 나타낸 것이라고 주장했다(左). 유적지의 A구역 2번 기둥(右)에는 황소가 조각되어 있다.

웨인 허셜은 괴베클리 테페의 황소 지상화가 라스코 동굴의 황소자리 벽화보다 오래된 것으로 보고 있다. 그는 괴베클리 테페의 각 구역의 규모가 동일하지 않고 차이가 난다는 점에 주목했다. 현재까지 발굴된 유적지에서 가장 큰 것은 C구역인데, 이것이 플레이아데스성단에서 가장 큰 별인 알키오네와 상관관계가 있다는 것이다. 그는 지구의 최초 문명이 진보된 지식으로 시작했는데, 그들은 하나의 특별한 별에서 온 인간이었다고 보고 있다.

"나의 '별지도 이론'은 이 행성의 모든 최초 문명이 진보된 지식으로 시작했으며, 모두 자신이 누구이고 어디에서 왔는지에 대한 동일하고도 공유된 청사진 코드를 묘사하는 데 집착했다고 주장한다. 즉, 자신들이 인간이고 별에서 왔다는 것이다. 또한 더 구체적으로는 하나의 특별한 별에서 왔다는 것이다. 인류가 통일되고 독특한 기원을 공유한다면, 즉 매우 진보적이고 신성한 별 조상 혈통의 후손으로서 자신의 유산을 자랑스러워한다면

이런 종류의 열정을 기대할 수 있을 것이다."⁸

그가 황소 지상화를 황소자리의 별로 해석하는 주요 근거는 다음과 같다. 첫째, 황소 지상화는 목에 플레이아데스가 있는데, 이는 황소자리 황소와 관련하여 밤하늘에서 플레이아데스의 올바른 위치이다. 둘째, 플레이아데스의 방향은 지상화와 일치한다. 셋째, 황소 지상화는 12,000년 전 춘분 때 서쪽 지평선에 있는 황소자리의 거울상이다.

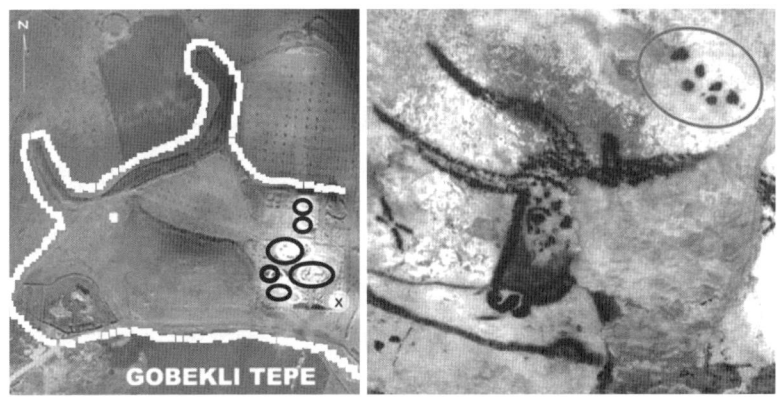

[그림 29] 괴베클리 테페 황소 지상화(左)와 라스코 황소 벽화(右)

---

8 앞의 글

3. 황소 뿔 지우기와 단오의 주인공

괴베클리 테페를 축조한 시기는 아틀란티스와 무 제국이 공멸로 가는 세계대전을 치른 연대와 맞물려 있다. 플레이아데스인이 밝힌 연대가 틀리지 않는다면, 기원전 10,000년을 전후한 시기에 지상의 문명은 멸망하고 대격변 속에서 거의 폐허로 변했을 것이다. 그리고 지저세계인들이 지상으로 나와서 새로운 문명을 건설하는 데 커다란 도움을 주었을 것이다. 농업이 갑자기 발달하기 시작한 것은 그 반증일지 모른다.

대홍수나 대격변 이후로 건설된 도시들은 수메르에서 그 모습을 드러냈다. 에리두의 엔키 신전은 기원전 5,400년까지 거슬러 올라간다. 수메르에서 발굴된 유물 중에는 천상의 신들을 묘사한 것이 있었다. 그들의 외관상 특징은 머리에 쓴 소뿔 왕관이었다. 모든 신들의 아버지인 아누, 폭풍의 신인 엔릴, 땅의 신인 엔키 그리고 이난나(이슈타르) 여신 모두 같은 형상으로 묘사되었다. 특히 엔릴은 7쌍으로 이루어진 소뿔 왕관을 썼다. 비슷한 시기의 이집트 여신인 하토르, 가나안의 바알과 아세라, 인도의 시바도 같은 모습을 하고 나타났다. 동방에서 소뿔 왕관을 쓴 모습으로 나타난 영웅은 치우천왕이었다. 소뿔 왕관은 힘과 신성을 상징하는 것으로 알려져 있는데, 그것은 플레이아데스의 신적인 혈통을 나타내는 강력한 표시였을 것이다.

역사는 왜 조작하는가

웨인 허셜은 고대 봉건 시대 영주들이 인류 조상이 내려온 플레이아데스 근처의 별자리 지도의 비밀을 알고 있었는데, 언제부터인가 그 기억을 일반인들로부터 지우기 위해 그것과 관련된 상징들을 악마화하거나 없애 버린 것으로 보고 있다. 또한 백성의 정신세계를 그릇되게 유도하는 종교의 상징으로 사용하기 위해 비밀리에 별자리 지도 조각을 나누기로 합의하고, 각자 그 일부만을 자신들만이 알 수 있는 방식으로 표현했을 것이라고 제안한다.

그것은 각 지역의 군주나 영주 가문이 자신들의 통치권을 강화하고, 백성을 전쟁에 동원해 적국의 전리품을 얻기 위한 것이었다. 만약 일반 백성이 자신들의 혈통이 하늘의 신성한 혈통과 닿아 있고 그만큼 영적이고 존엄한 존재라는 사실을 안다면, 봉건 시대 통치자들이 그들을 조종하여 수익성 있는 전쟁을 벌이는 것은 불가능했으리라는 것이다.

유대교나 기독교 문화권에서는 성서를 조작하거나 우상숭배라는 악마화 작업으로 마녀사냥 등 수많은 이단의 처형과 배척을 통해 플레이아데스의 기억을 말살시켰다. 프랑스 리용의 대주교 아고바르는 A.D 815년에 하늘의 배에서 세 남자와 한 여자가 나와서 목격자들에게 놀라운 이적을 보여 주었다고 기록하였다. 목격자들은 그 인간처럼 생긴 존재들이 마고니아(Magonia)에서 왔다고 들었다고 한다. 이 기이한 이야기의 결말은 관련자 모두를 위해 결국 그러한 사건이 없었다고 거짓 진술케 하는 것이었다. 그렇지 않으면 이단으로 몰리기 때문이다.

동양에서는 무도한 전횡을 일삼는 패왕이나 폭군을 성왕으로 미화하기 위해 역사를 조작하는 일이 빈번했을 것이다. 또한 괴력난신의 문제나 죽음 이후의 일에 대해서 논하기를 꺼리는 유학의 학풍으로 하늘의 비밀이 숨겨지거나 왜곡되었을 가능성이 없지 않다.

조선 시대에는 명나라의 간섭인지 아니면 자체적인 판단에 의한 것인지는 알 수 없지만, 선사(仙史)가 실린 사서를 금서로 지정하고 국가에서 환수토록 했다. 선사에는 《환단고기》에 편찬된 사서에 보이듯이 나라의 기원에 대한 이야기와 핵심 정신이 수록되어 있었을 것이다. 그 사서들은 《조선왕조실록》에 '단군고기'라는 이름으로 등장한다.

조선 태종 때에는 영성(靈星)과 관련하여 궁궐에서 한바탕 소동이 벌어진 일이 있었다. 영성은 고구려와 신라, 고려에서도 영성제를 지내며 중시했던 별이다. 그런데 천문을 담당한 서운관 관리 중 영성에 대해 제대로 아는 자가 없었다. 영성은 그 명칭에서 보듯이 인간의 영혼과 관련된 별일 가능성이 크다. 영성제는 입추후 진일(辰日)에 지낸다고 기록되어 있는데, 이 시기는 칠석을 전후한 때이다. 칠석과 관련된 영성이라면 플레이아데스일 것이다. 만일 그 별이 아르크투루스라면, 농사를 관장하는 별이 아니라 죽은 자의 영혼이 통과하는 별일 것이다.

황소 뿔의 악마화

플레이아데스의 기억을 지울 수 있는 가장 확실한 작업은 황소 뿔 모양의 왕관을 쓴 신들을 모두 "악마"라고 매도하는 것이었을지도 모른다.

황소 뿔 머리를 한 바알 신과 그의 동반자 아세라는 우상으로 몰려 단죄되었다(그림 30-下). 웨인 허셜은 황소 뿔 왕관에 대해 이렇게 적었다.

"우리 모두는 이집트와 수메르의 가장 초기의 제국에서 황소 뿔 왕관을 쓴 왕과 여왕이 최초의 천상 존재로 묘사된다는 것을 알고 있지만, 이 고대 황소 왕관 상징주의가 한때 전 세계적이었다는 것을 아는 사람은 거의 없다."[9]

이스라엘 민족의 지도자인 모세의 이야기에는 황소를 악마화하는 작업이 있었음을 보여 준다.[10] 본래 고대 예루살렘은 황소 장식으로 꽉 차 있었을 것으로 추측되고 있다. 솔로몬 시대에 예루살렘 성전 안에 있던 거대한 대야는 열두 마리 황소 위에 얹혀 있었다. 선지자 에스겔이 본 하늘을 나는 그룹이나 신의 보좌의 한쪽 형상도 황소 얼굴이었다. 심지어 미켈란젤로가 제작한 모세 조각상도 황소 뿔이 달린 모습이다(그림 30-下). 웨인 허셜은 이 모세 조각상이 신성한 황소자리 왕관을 쓴 옛날 방식으로 묘사되었음을 뜻하고, 황소 악마화 작업의 빈틈을 보여 주는 것이라고 보고 있다.

초승달 모양의 소뿔은 황소자리의 전형적인 상징이다. [그림 30]에서 보듯이 고대 수메르의 이난나(이슈타르)와 엔키, 난나르, 이집트의 하토르, 인도의 시바, 가나안의 바알과 아세라 모두 황소 뿔 왕관을 쓰고 있거나 뿔 장식을 하고 있다. 이들은 천상의 신들로 묘사되는데, 그것은 플레이아데스 출신이거나 그로부터 신권이나 왕권을 위임받았음을 뜻한다.

우리에게는 황소와 관련된 신화나 전통의 유습이 여전히 강하게 남

---

9 앞의 글
10 이스라엘 사람들은 모세가 시나이산에 있는 동안 아론이 만든 금송아지를 숭배했다. 그것은 송아지가 모세가 한 것처럼 신의 중재자로서의 역할을 할 것이라고 믿었기 때문이다. 그러나 《구약성서》에는 모세가 산에서 내려와 금송아지를 파괴하고, 송아지를 숭배한 자들은 신에 대한 믿음을 거부했기 때문에 전염병으로 죽는 것으로 서술되었다.

아 있다. 우리 민족의 어법에 남아 있는 '우두(牛頭)머리'라는 단어는 '소(牛)+머리(頭)+머리'로 머리가 중첩되어 있다. 소머리를 한 것이 으뜸이라는 말이다. 지금도 괴수를 칭할 때 우두머리라고 한다. 이것은 우두머리라는 단어가 존칭어가 아니라 낮춤말(비칭어)로 바뀌고 있음을 보여 주는 것이다. 단군조선의 수도와 관련된 지명으로는 우수하(牛首河), 즉 소머리강이 있다.

[그림 30] 뿔 장식을 한 신과 왕들

동방의 황소 뿔 천왕 치우

중국과 우리 민족에서 황소 뿔 왕관을 쓴 신적인 인물은 치우천왕이다. 《후한서》 등 중국 측 사서에는 그가 동이족의 수장이고 옛 천자라고 기록하고 있다. 지금도 중국 소수민족인 묘족은 치우의 후예임을 천명하고 그의 뜻을 기리는 행사를 벌인다.

우리 쪽 기록에서는 고조선 이전까지 세 명의 신적인 인물이 환인, 환웅, 치우였다. 단군왕검이 등장한 후 치우, 곧 자오지 환웅은 삼성(三聖)에서 제외되었다. 그러나 [그림 31]에서 보듯이 치우는 우리 풍속에 살아남아 궁궐 기와에 벽사의 신으로 새겨져 있다. 또한 음력 5월 5일 단오는 그를 기리는 날이다.[11]

단오날 궁궐에서는 치우 형상이 그려진 부적을 나누어 주고 궁궐 벽에도 붙였다. 그 부적에는 치우의 이름이 명기되어 있다.[12]

치우는 우리나라만이 아니라 동방의 군신이었다. 치우천왕은 군신으로 '둑신(纛神)'이라고도 한다. 둑신에게 제사 지내는 것을 '둑제'라 하는데, 그 사당이 있던 곳이 뚝섬이다(뚝섬은 둑신 사당이 있던 곳에서 유래한 것이다).[13]

---

11 5월 5일은 고구려 주몽의 탄신일이다. 또한 그 이전에는 치우천왕의 탄신일로 추정한다. 단오에는 주몽보다는 치우천왕의 유습이 더 강하게 남아 있기 때문이다.

12 부적에 새겨진 글은 다음과 같다. "위로는 천록(天祿)을, 아래로는 지복(地福)을 얻어 / 치우신(蚩尤神)의 구리 머리, 쇠 이마, 붉은 입, 붉은 혀에 / 404가지 병(病) 일시에 없어져라."

13 둑제는 1년에 두 차례 정기적으로 지내고 군인들이 임지로 떠가기 전에 지냈다. 《난중일기》에는 출전하기 전에 1년에 한 차례씩 세 차례 둑제를 지냈다고 기록되어 있다.

[그림 31] 소뿔과 함께 묘사하는 치우천왕. 위 좌측은 안압지 출토 치우귀면와, 우측은 중국이 조성한 치우천왕, 아래는 치우의 후예인 묘족의 행사 장면.[14]

귀면와나 단오의 부적에 나타나 있듯이 뿔이 달린 우리의 도깨비 신앙도 치우에서 유래한 것이다. 도깨비의 어원을 '독+아비'로 보기도 하

14 http://m.thegolftimes.co.kr/news/articleView.html?idxno=23951

는데, 이것이 둑신(纛神)에서 유래한 것일까.

> code + '묘족'의 이름에 담긴 뜻
>
> 묘족은 본래 명칭이 삼묘(三苗)족이다. 삼[麻]으로 머리카락을 묶는 풍습이 있다. 《산해경》에 옛날에 삼묘국이 있었다는 기록이 있다. '묘(苗)'는 싹이란 뜻이다. 플레이아데스의 한자어 묘성(昴星)의 '묘', 시신이 묻혀서 돌아가는 곳인 무덤의 '묘(墓)'와 우리말 소리가 같다. 말할 수 없이 빼어나고 훌륭한 것, 모양이나 동작이 색다른 것, 기이하여 표현하거나 규정하기 어려운 것을 묘사할 때에도 '묘(妙)하다'고 한다. 매우 멀리 떨어져 가물가물한 것을 표현하는 '아득할 묘(杳)'도 있다. 어느 정도 자란 벼를 가리키는 '모'나 어미 '모(母)'도 발음이 유사하다. 모두 근원이란 뜻과 통한다. 소 울음소리도 '모(牟)'이다.

각저희와 나무쇠싸움

양수 5가 겹친 단오날은 1년 중 양기가 가장 드센 날로서 그날 벌이는 주된 풍속 중 하나는 남정네들의 씨름대회다. 씨름도 치우에서 유래하였다. 씨름을 '각저희'라고 하는데, 각저는 뿔로 밀친다는 뜻이다. 각저희를 '치우희', 즉 치우의 놀이라고 부르는데, 소뿔 왕관을 쓴 치우천왕의 무예를 기리는 행사에서 비롯되었을 것이다.[15]

소머리 싸움이 마을 단위의 집단놀이로 발전한 것이 창녕군에서 벌이는 '나무쇠싸움'이다(그림 65). 이 놀이는 1969년 중요무형문화재로 지정할 때 '영산쇠머리대기'로 명명하였다.

---

15 6세기에 간행된 중국 기서(奇書) 《술이기(述異記)》에 의하면 "기주(冀州)에는 '치우희(蚩尤戲)'라는 놀이가 있는데 사람들이 둘둘 셋셋 소뿔을 머리에 이고 서로 찌르는 놀이이다."라고 하였다.

[그림 32] 영산쇠머리대기(연합뉴스 사진)

출진 행렬은 서낭대와 농악대 그리고 나무 쇠의 순서로 이어진다. 수많은 참가자들이 자기 마을의 서낭대를 앞세우고 각기 영기(令旗)를 흔들며 나무 쇠를 옹위한 채 이어 나가는 모습이 장관을 이룬다. 단군의 상징인 서낭대와 치우천왕의 상징인 소머리가 보존되어 있다는 점에서 치우 소뿔 놀이의 화룡점정이라고 할 수 있다.

단오날 벌이는 또 다른 중요 행사 중 하나는 윷놀이대회다. 기록에 따르면, 이 윷놀이를 제정하여 유포한 것도 치우천왕 때의 일이라고 한다. 윷놀이는 '소놀이'라는 뜻이다(15장에서 논의할 것이다).

4. 이집트 황소 뿔 여신 하토르

이집트를 가리키는 고대의 명칭은 '켐의 땅'이었다. '켐'은 플레이아데스를 뜻하는 말이다. 고대 이집트 우주론에서 일곱 암소는 플레이아데스를 뜻했다. 이집트에서 가장 중요한 여신인 하토르와 그녀의 일곱 딸은 모두 플레이아데스의 상징인 황소 뿔관을 쓰고 있다. 이것은 고대 이집트 문화가 플레이아데스를 중심으로 전개되었음을 의미하는 것이다.

하늘의 별자리에 대해서 고대인들은 전 세계적으로 그 지식을 공유하고 있었던 것으로 드러났다. 플레이아데스의 주요 별이 일곱 개에서 여섯 개만 목격된다는 사실도 두루 알려졌으며, 그 명칭도 지중해와 호주, 북미에서는 '일곱 여성', '일곱 딸', '젊은 여성', '젊은 소녀' 등이었다. 큰곰자리도 마찬가지였다. 콜럼버스 이전의 유럽인, 아시아인, 북미 원주민은 그 별자리를 큰곰으로 인식했다. 그리고 다른 별자리에서도 공통적인 요소들이 발견된다.

> "고대 이집트인과 중국인은 모두 전갈을 나타내는 상형문자 또는 상징적 부호를 가지고 있다. 예를 들어 그리스인과 로마인 사이에서 사용되는 점성학적 의미의 고대 전통에 따르면, 전갈자리의 천체 부호는 '거대한 양이나 숫자'를 상징하거나 지칭할 수 있다. 그리고 전갈 그림이 이집트 문자에서 상형문자로 사용되거나, 지금도 사용되는 한자에서 문자 부호로 사용될 때, 모두 같은 의미, 즉 '거대한 숫자'를 의미한다. 모든 곳에서 동일한 상징 개념으로 본질적으로 독성이 있는 전갈은 또한 죽음과 관

련된 무언가를 의미했으며, 마야인들은 이 특정 별자리를 '죽음의 신의 표시'라고 불렀다. 또한 우리가 쌍둥이자리로 알고 있는 별은 그리스와 바빌로니아에서의 이름이나 의미가 같으며, 이는 남태평양의 고대 주민들 사이에서도 마찬가지이다."[16]

켐은 플레이아데스

세계 주요국가의 상징동물도 별자리와 관련이 있다는 흥미로운 주장도 있다. 미국의 상징동물은 독수리인데, 그 연원에 대해 언급하는 한 자료에서는 그것이 모리아 팀스(Moira Timms)의 《예언과 예측을 넘어(Beyond Prophecies & Predictions)》에 근거한 것이 아닌지 지적한다. 이 책에서는 고대 이집트를 '켐의 땅(Land of Khem)'으로 부르고, 플레이아데스를 '케마(Khema)'라고 부른다.

"별자리 지도를 지구 위에 겹쳐 놓고 북극성을 지구 북극 위에 놓으면 천체 시계가 매일 한 바퀴 회전한다. 그 지도의 정오점(그리니치처럼)은 기자의 대피라미드이다. 수천 년 전 이집트는 '켐의 땅'으로 알려졌다. '케마'는 일곱 개의 주요 별(황소자리 별자리)로 오늘날 플레이아데스로 알려져 있다. 지도를 '케마'가 '켐의 땅(이집트)' 위에 오도록 놓으면, 구체적으로 대피라미드의 정점 바로 위에 놓으면 황소자리는 튀르키예 남부의 황소자리 산맥 위로 떨어지고, 큰곰자리는 러시아 위로 지나가고, 용

---

16 Ove von Spaeth, "On History: The Egyptian Star Map – and Moses' era"

자리의 머리는 중국 위로 휘감기고, 오리온(전사)은 이란·이라크 위로, 양자리(숫양)는 로마 위로, 염소자리는 파나마·파누코·마야판(옛 이름 유카탄) 위로 떨어지고, 독수리자리는 미국을 가로지른다. 비유는 명백하고 매우 인상적이다. 이것은 '하늘에서와 같이, 땅에서도(As Above, So Below)'의 법칙에 대한 가장 명확한 예 중 하나이다."[17]

많은 저작물에서 유명한 세 개의 피라미드가 서 있는 이집트를 '지구의 배꼽'이라고 말한 것은 윗글에서 보이는 신비로운 점을 염두에 둔 것이 아닐까 한다. 그런데 윗글을 곰곰이 생각하면 이집트가 지구의 중심점이라는 것은 차치하고, 플레이아데스가 하늘의 중심점임을 말하고 있는 것이다. 천문학계에서는 인정하고 있지 않지만, 빌리 마이어의 '접촉 보고서'를 토대로 해서 지은 한 저작물에서는 태양계가 플레이아데스성단을 중심으로 회전하고 있다고 말하고 있다.

한 자료에 따르면, 아프리카인의 조상의 이름은 일반적으로 '켐'으로 알려졌다. 그리고 홍수로 인해 정착지가 파괴되어 많은 사람이 죽고 난 후 동북부 아프리카로 이동했는데, 그곳 이름도 '켐'이었다. 고대 에티오피아와 이집트의 창시자들은 그 '켐'에서 온 이민자들이었다.

---

[17] Moira Timms, 《Beyond Prophecies & Predictions》

[그림 33] 이집트 흑소와 플레이아데스를 표현한 일곱 마리 황소

따라서 고대 이집트는 '케메(Kheme)'로 알려졌고, 그 거주민들은 '케미트(Khemites)' 또는 '하미트(Hamites)'라고 불렸다.[18]

일곱 마리 황소 상징

또한 하늘의 황소와 일곱 암소가 우주의 원리를 나타내는데(그림 33), 그것은 일곱 개의 플레이아데스나 극지방의 별로 표현된다고 언

---

18   Mathole Motshekga, "African Identity and Culture"

급한다.[19]

"하늘의 황소와 그 네 자녀는 하늘의 일곱 암소로 둘러싸인 우주 또는 은하계의 중심에 위치한다. 이 소들은 일곱 개의 플레이아데스 또는 극지방의 별로 표현된다. 하늘의 황소와 일곱 암소는 삶의 바퀴와 우주의 중심을 구성하는 우주의 원리를 나타낸다. 생명의 바퀴는 하늘의 열두 구역과 그들을 다스리는 열두 신을 창조했다. 극지방의 일곱 별 플레이아데스는 하늘의 황소(즉, 빛의 신)를 황도대의 열두 집과 그것을 다스리는 신들과 연결한다."[20]

이집트 별자리 유물에서 플레이아데스가 그려진 것은 기원전 1,500년경이다.

"모든 고대 지중해 문명에서 플레이아데스로 알려진 별자리는 가장 중요한 역할을 했다. 그것은 그해의 큰 사건 중 하나, 즉 봄에 오는 비나 홍수를 나타내는 천체 표지 또는 신호 역할을 했다. 사실, 이 별들은 형이상학적 의미에서 '축복'이라는 개념과 연결되어 있다고 여겨졌다. 따라서 플레이아데스는 '우기'를 알리고 시작했으며, 그다음 별 그룹인 히아데스(그리스어로 '비'를

---

19 플레이아데스는 '극지방의 별'이 아니다. 여기서 표현된 '극지방의 별'은 플레이아데스인의 본래 고향별인 라이라성단이나 베가성을 말하는 것일까.

20 앞의 글

의미)의 다른 신호로 더욱 강화되었다. …

플레이아데스성단은 고대 이집트의 대신 센무트(Senmut)의 3,500년 된 별자리 지도에 묘사되어 있다. 즉, 이 별들은 플레이아데스가 하늘에 자리한 위치와 정확히 같은 위치에 지도에 배치되어 있다. 더욱이, 지도에는 특정 그림이 오른쪽에서 왼쪽으로 읽을 수 있는 상형문자가 첨부되어 있으며, '물의 몸', '습한 몸' 또는 '… 습기'라는 이름이 표시되어 있다. … 지금은 매우 유명한 센무트 지도가 그의 무덤(룩소르 근처)의 천장을 장식하고 있으며, 마치 터널처럼 하늘의 여신인 하토르를 모시는 하트셉수트 여왕의 사원 아래로 이어져 있다."[21]

플레이아데스를 본뜬 이집트 피라미드

윗글을 쓴 오베 폰 슈페트는 같은 글에서 중요한 사실을 전하고 있다. 플레이아데스가 이집트 땅에 표현되어 있다는 것이다(그림 34).

"수년간의 고고-천문학 연구를 통해 연구자 로버트 보발과 웨인 허셜은 2005~2006년에 각자 독립적으로 고대 이집트인들이 기자의 연장선에 정확히 위치한 아부시르의 작은 피라미드 그룹을 매우 정확하게 사용하여 이 '지상의 천체도'에 플레이아데스를 표현했다는 사실을 알아냈다."[22]

21 Ove von Spaeth, 앞의 글
22 같은 글

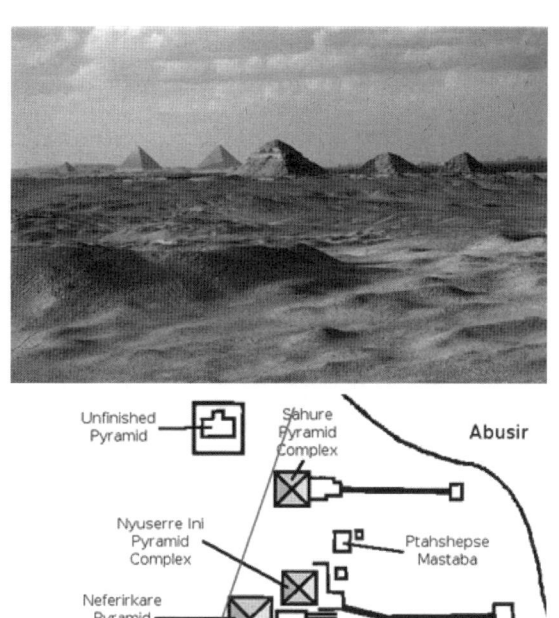

[그림 34] 플레이아데스를 본뜬 아부시르의 피라미드 그룹

고대 이집트에서는 피라미드가 별을 뜻하기도 했다. 그들은 하늘의 별자리가 지상에 미치는 운명적인 영향력에 대해서 알고 있었을 것이다. 그리고 각 왕들의 기념 피라미드를 지상에 세웠을 것이다.

특이한 것은 현존하는 신전 가운데 최대 규모인 카르나크 신전이 그곳에서 수 킬로미터 떨어진 하토르 여신의 신전과 일렬로 이어진다는 것이다. 이것은 고대 이집트 신화의 중심적인 인물이 우리에게 익히

제6장 황소 지상화와 황소 뿔관을 쓴 신과 왕　　139

알려진 이시스, 오시리스, 호루스가 아니라 하토르 여신이었음을 말하는 것이다.

"고대 사원은 지상 세계에 배치된 '하늘의 일부'를 구성하거나 표현한다. 하트셉수트 여왕의 하토르 신전은 3,500년 전 룩소르 서쪽의 데이르 엘-바하리에 지어졌으며, 또한 뛰어나고 혁신적인 건축가였던 대재상 센무트는 사원의 기초를 위한 일종의 운세를 기초석에 새겼다. 또한 센무트가 건물을 배치한 방식이 수 킬로미터에 달하는 긴 시선이 카르나크 신전(현재 도시 룩소르의 북쪽에 위치)의 중심축에서 시작하여 나일강을 건너 하트셉수트가 지은 이집트의 하늘의 여신 하토르 신전 중심축과 합쳐지는 방식으로 이루어졌다는 사실도 확인되었다. 이 시선의 편차는 2도 미만으로 정확하다."[23]

하토르 신전을 지은 하트셉수트는 '가장 고귀한 숙녀'라는 뜻이고, 그녀는 기원전 1,500년경에 이집트를 가장 잘 다스렸던 여왕이다. 그녀의 재위 기간은 이집트의 역대 파라오 중 가장 길다. 이제 그녀가 받들어 모신 하토르에 대해 살펴보자.

소뿔 상징을 한 하토르 여신
하토르는 이집트 선왕조(기원전 3,100~2,686년경) 시대부터 숭배

[23] 앞의 글

된 것으로 보인다. 그녀는 가장 유명한 여신 중 하나로서 이집트 역사 전반에 걸쳐 인기를 유지했다. 그녀에게 바쳐진 축제는 이시스보다 더 많았고, 그녀의 이름을 딴 아이들의 이름이 가장 많이 지어졌다. 그녀의 숭배는 이집트를 넘어서 서아시아 레바논, 에티오피아, 소말리아, 리비아 전역까지 퍼졌다.

그녀가 어떤 여신인지는 한마디로 규정할 수 없다. 그녀의 직함과 속성이 너무나 많기 때문이다. 그녀는 고대 이집트인의 삶과 죽음의 모든 영역에서 중요한 존재였다. 그녀를 부르는 호칭은 너무 많다. 하늘의 여신, 별의 여인, 별의 군주, 호루스의 집, 천국의 여주인, 천상의 간호사, 어머니들의 어머니, 삶의 여주인, 청록색의 여주인, 신의 손, 춤의 여인, 서쪽의 여인, 남쪽 플라타너스의 여인….

[그림 35] 황소 뿔관을 쓰고 있는 하토르의 일곱 딸

다양한 호칭에서 보듯이 하토르는 팔방미인의 여신이었다. 그녀는 인간의 삶에 가장 중요했던 기쁨·사랑·로맨스·향수·춤·음악·술의 화신이었으며, 게다가 죽은 자를 보호하고 그들의 마지막 여정을 돕는 역할까지 떠맡았다. 그래서 살아 있는 자와 죽은 자 모두에게서 환영받았다.

그렇게나 많은 그녀의 직함과 속성 가운데에서 가장 중요한 묘사는 그녀가 숫자 일곱과 함께 표현된다는 것이다(그림 35). 하토르는 춤과 위로의 여신으로서는 탬버린을 든 일곱 여인의 형태를 취했다. 운명과 점술의 여신으로서는 "일곱 하토르"로 표현되었는데, 그들은 죽은 영혼이 죽은 자의 땅으로 여행할 때 안내를 받아야 하는 존재였다.

일곱 하토르는 테베와 헬리오폴리스 등 일곱 도시에서 숭배되어, 플레이아데스 별자리와 연결되었음을 짐작케 한다. 그녀는 기원전 3,100년 이전 이집트 초기 왕조 시대부터 휘어진 뿔을 가진 황소로 묘사되었다. 소뿔 모양을 연상시키는 위로 휘어진 팔을 가진 여성의 이미지도 자주 등장했는데, 모두 하토르의 상징일 것이다.

> "그녀는 여성, 거위, 고양이, 사자, 공작석, 플라타너스 등의 형상을 취했다. 그러나 하토르의 가장 유명한 현현은 소이며, 심지어 그녀가 여성으로 나타날 때조차도 그녀는 소의 귀나 우아한 뿔 한 쌍을 가지고 있다. 그녀가 완전히 소로 묘사될 때, 그녀는 항상 아름답게 화장한 눈을 가지고 있고 뿔 사이에 붉은 태양 원반을 달고 있다."[24]

24 https://ancientegyptonline.co.uk/hathor/

[그림 36] 황소 뿔을 쓰고 있는 하토르

이집트의 창조신화에 따르면, 하늘은 시간이 시작될 때 나타난 물의 몸체이고 그곳을 태양신이 항해한다. 이 태양신을 낳은 존재가 하토르이고 그래서 그녀는 "하늘의 여신"이다. 또한 이 우주의 모신은 종종 소로 표현되어, "하늘의 소"라고 불렸다. 여신이 종종 뿔 사이에 원반(태양)을 품고 있는 모습으로, 때로는 소의 귀가 있는 여성으로 묘사된 것은 이 때문이다(그림 36). 뿔 사이에 있는 원반(태양)의 상징은 [그림 37]에서 보듯이 대개 일곱 개의 별과 함께 묘사되는데, 이는 황소자리의 플레이아데스를 가리키는 것이다. 셀레시우스 석판(그림 58)에는 원 안에 있는 초승달 형상의 옆에 있는 일곱 개의 점 가운데에 '플레이아데스'라고 명기하고 있다.

하토르는 "하늘의 여주인"과 "별의 여주인"이라는 별명도 얻었는데, 우리의 마고 여신과 동일한 신격이다. 빛을 상징하는 "황금의 신"이라는 칭호도 있었는데, 덴데라의 하토르 신전에는 "그녀의 광선이 온 지구를 비춘다."고 적혀 있다.

'신의 도시' 덴데라 신전

하토르를 모신 덴데라 신전은 상이집트에 속하는 것으로 고대 이집트 초기부터 건설되었다. 케옵스 피라미드의 주인공인 케옵스(쿠푸) 통치 기간에 지어진 신전은 가죽으로 디자인되었다고 한다. 그 이후 몇 차례 계속 증축되었고, 마지막 버전은 프톨레마이오스와 로마 시대에 지어져 오늘날까지 보존되었다.

덴데라는 원래 이집트 상형문자에서 '신의 도시'라는 뜻이다. 단군신화의 신시(아사달)와 같다. 신전이 자리한 곳은 나일강에서 2km 떨어져 있고, 본래 강과 운하로 연결되어 있었다. 신전은 남쪽에서 발원한 나일강이 반달 모양으로 휘어져 돌아가는 지점 안쪽에 위치한다. 신전이 별자리라고 생각하면 그것은 초승달을 마주 보는 플레이아데스 모습과 같다. 덴데라는 한때 고대 이집트 왕조의 수도이기도 했다.[25]

---

25 물의 힘을 강하게 받는 이러한 지형과 켐의 땅이라는 천문학적 요인까지 가미되어 덴데라 신전을 방문하면 강렬한 에너지 지점에서 발산하는 치유 에너지를 느낄 수 있다고 한다. "겨울 지점에 (덴데라의) '스타게이트'는 신성한 에너지가 지구로 쏟아지는 관문이 되고, 그때 문을 통과하면 에너지와 활력 있는 몸을 정화하고 건강을 개선하며 강력한 긍정적인 생명력을 받을 수 있다."는 전설까지 회자된다.

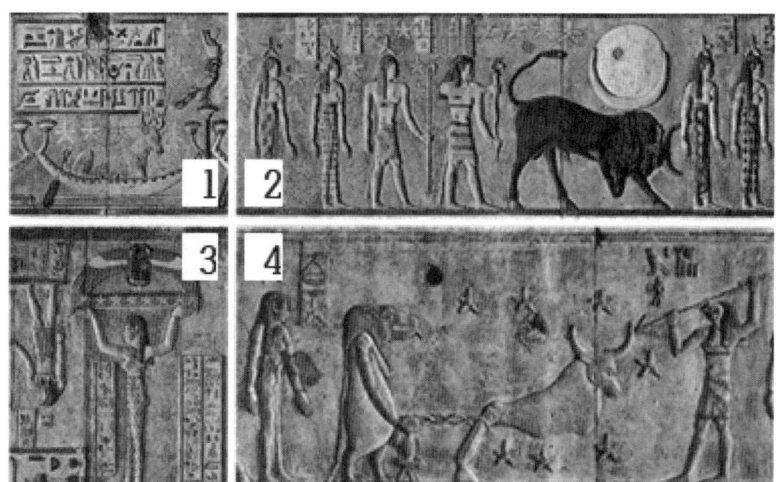

[그림 37] 덴데라 신전의 플레이아데스 상징들(사진: Mick Palarczyk)

1. 덴데라 신전의 일곱 개의 별. 별이 들어 있는 뿔 달린 황소가 천상의 배를 타고 있고, 배 위로 모두 일곱 개의 별이 그려져 있다. 황소는 황소자리이고, 일곱 개의 별은 플레이아데스이다. 모두 하토르의 상징이다.
2. 덴데라 신전의 흑소. 흑소는 오른쪽 앞발을 들고 있고, 그 위로 초승달과 그것이 받치고 있는 둥그런 물체가 있다. 이 형상은 매우 오래된 플레이아데스 상징이다.
3. 일곱 별과 풍뎅이를 든 하토르. 여신이 일곱 개의 별과 날개 달린 풍뎅이를 두 손으로 떠받치고 있다. 하토르의 상징이다.
4. 앞다리가 없는 황소와 일곱 별. 하마 여신이 앞다리가 없는 황소의 뒷다리를 쇠사슬로 묶어 끌고 가고 있다. 황소 앞에는 매의 머리를 한 신이 창을 들고 황소 뿔을 겨냥하고 있다. 황소 위아래에는 일곱 개의 별이 둘러싸고 있다. 매 머리를 한 신은 오리온자리이고, 황소는 황소자리, 일곱 개의 별은 플레이아데스이다. 사라진 황소의 앞다리도 플레이아데스 상징이다. 오리온은 황소자리 바로 옆에 있는 사냥꾼이다.

1798년부터 1801년까지 있었던 나폴레옹의 이집트 원정에 참여해서 덴데라 일대의 광경을 그림으로 남긴 프랑스 작가 비방 드농(Vivant Denon)은 덴데라의 하토르 여신전을 보고 다음과 같은 말을 남겼다.

"나는 예술과 과학의 성역에 있는 것 같은 느낌이 들었다. … 인

> 간의 노동이 인류를 그렇게 훌륭한 관점에서 보여 준 적은 없었다.
> 폐허가 된 덴데라에서 이집트인들은 나에게 거인처럼 보였다."

이 인용문은 덴데라 신전을 가장 잘 표현한 찬사이다. 덴데라 신전의 본관 건물은 정면 너비가 35m이고 높이는 약 12.5m이다. 아파트 네 개 층이 통째로 뚫려 있는 웅장한 홀과 같다. 천장을 받치는 여섯 개의 기둥 위에는 귀가 달린 하토르 조각상이 있다.

5. 미트라의 '황소 죽이기'와 아브라함의 일곱 별

기독교가 공인되기 이전에 로마제국에서 성행했던 신앙은 미트라교였다. 미트라교의 지하회당(미트라에움) 벽에는 기독교 회당에 십자가가 걸리듯이 미트라의 '황소 죽이기' 그림이 그려져 있었다. 또한 미트라의 망토에는 일곱 개의 별이 숨겨져 있었다. 이것은 황소자리 플레이아데스를 상징하는 것임이 분명했다. 미트라교는 플레이아데스를 신봉하는 종교였다. 그리고 미트라는 거의 모든 종교의 교집합에 해당하는 것이었다.

미트라는 모든 종교의 교집합

미트라교는 일반적으로 페르시아(이란)의 신인 미트라를 주된 신앙의 대상으로 삼는 종교라고 알려져 있다. '페르시아 밀교' 또는 '로마 미트라교'라고도 부른다.

미트라가 처음 등장하는 문헌은 아나톨리아(튀르키예) 지역을 차지한 미탄니 왕국의 기원전 1,400년경 비문이다. 그 비문은 아나톨리아의 보가즈 코이에서 점토판으로 출토된 것으로, 미탄니와 히타이트 사이에 체결된 협정의 내용이 기록되어 있다. 비문에서 미탄니의 왕인 마티와자가 바루나, 인드라 등의 힌두교 신들과 함께 미트라를 언급하며 자신이 맹세한 약속의 보증인으로 요청한다고 표현하고 있다. 즉, 미트라가 계약의 신이나 중계자로서 역할을 한 것이다.[26]

[그림 38] 미트라 신앙이 크게 성행했음을 보여 주는 튀르키예 넴룻산의 미트라 머리와 신체 조각상(기원전 1세기). 웅장한 조각상의 전체 높이는 10미터이고, 조각상들 뒤로는 49미터 높이의 거대한 봉분이 조성되어 있다.[27]

26　바넷(RD Barnett)은 기원전 1,450년경 미탄니의 왕실 인장이 미트라의 황소 의식을 묘사하고 있다고 주장했다.

27　이 유적지는 기원전 1세기 콤마게네 왕국 때 에피파네스가 세운 것으로 알려져 있다. 거기에서 유프라테스강의 골짜기가 멀리 보인다고 한다. 괴베클리 테페에서 북쪽으로 80여㎞ 거리에 있다. 수염이 없고 프리기아 모자를 썼으며, 모자의 끝이 없고, 모자 자락 주위에는 벼락으로 장식된 왕관이 있으며, 두 개의 매달린 리본이 귀를 가리고 있다. 미트라의 전형적인 특징이다.

힌두교 신들을 언급하는 리그베다 문헌의 연대는 기원전 2,000년대로 추정되고 있으나 확실하지 않다. 인도-이란어 일반명사 미트라(mitra)는 "묶는 것"을 뜻하고, 산스크리트어 미트람(mitram)은 "성약, 언약, 계약, 맹세"를 뜻한다. 나중에 미트라는 계약에 의하여 맺어진 친밀한 관계, 즉 "친구"로 이해하게 되었고, 미트라신은 우정과 진실의 수호자가 되었다.

불교의 미륵불은 산스크리트어로 '마이트레야(Maitreya)'이고, 팔리어로는 '메떼야(Metteyya)'인데, 이것도 미트라(Mitra)와 어원이 같다. 마이트레야나 메떼야에서는 자애나 자비의 뜻이 강조되었다(그래서 미륵교도를 지칭할 때 '자씨(慈氏)'가 들어간다).

미트라 신앙은 기원전 600년경 페르시아의 왕 다리우스 1세 때 고대 이란 전역에 조로아스터교가 퍼지면서 개량되었다. 미트라는 우주 최고의 선신(善神)인 아후라마즈다의 신성한 지상 대표자가 되었다. 그는 '천 개의 귀, 천 개의 눈을 가진 넓은 목초지의 군주'로서 칭송받았다. 페르시아인들은 미트라를 빛의 신과 어둠의 신 사이에 서 있는 중재자라고 불렀다. 그는 '영혼의 심판자'라는 칭호를 얻었으며, 정의와 진실의 수호자이고, 맹세와 약속의 신이다. 하늘의 공간을 전차로 몰고 다니는 호전적인 용감한 청년이기도 한 그는 전투에 나가 자신의 추종자들을 지원하고 배신자들을 섬멸한다.

미트라 신앙은 기원전 5세기에 헤로도토스가 언급하고 있는데, 이 시기에 이미 그리스 지방까지 전해진 것으로 보인다. 그리고 기원전에 로마 국경까지 퍼지기 시작하였다.[28] 로마제국에 도착한 미트라 신앙은 로마화되면서 새로이 변신했다. 미트라의 '황소 죽이기(tauroctony)' 그림이 미트라교의 지하 회당인 미트라에움에 본격적으로 나타나기 시작했기 때문이다.[29]

미트라는 힌두교, 조로아스터교, 유대교, 불교, 기독교 그리고 우리의 고대 선도(仙道)에도 그 잔영을 드리우고 있다. 만일 그가 황소로 상징되는 별자리의 메시아로서 자리를 굳혔다면, 황소 상징이나 예술품이 나타나는 이집트, 수메르 그리고 더 올라가 괴베클리 테페나 그 이전의 동굴 예술가까지 그와 연결될 수 있을지도 모른다.[30]

미트라의 '황소 죽이기' 해독

로마에서 미트라 신앙이 전성기를 이루던 시대의 미트라에움에 남아 있는 '황소 죽이기'를 살펴보자. [그림 39]는 거의 모든 미트라에움 제단에서 중심을 이루고 있는 상징이다. 물론 고대 로마에 살고 있던 한 천재의 영감에 가득한 창안일 수도 있고, 미트라 전통에 대한 재해석

---

[28] 그 증거로는, 기원전 67년에 소아시아 남동쪽 해안에 있는 키리시아 해적단이 미트라의 비밀 의식을 행했다는 플루타르코스의 기록이 있다.

[29] 황소를 죽이는 양식만이 있는 것은 아니다. 루마니아 시비우박물관 기둥 유물에는 황소를 타고 있는 미트라 조각 그림이 그려져 있다.

[30] "(미트라 신앙은) 로마제국의 국경으로 퍼지기 전에 아브라함 종교와 조로아스터교를 지배할 수 있었던 가장 효과적인 의례 중 하나라는 사실을 잊지 말아야 한다. 조로아스터교, 유대인, 로마인, 기독교인 등의 순차적인 사원을 고려하면 그 특별한 의미와 사원의 형태가 이해될 수 있다. 사마리아인의 아피스 황소, 조로아스터교의 돌불사원, 로마 지하사원, 십자가 모양의 교회, 신성한 숫자 7과 같은 상징, 고대 행성, 신성한 촛대, 키루스 왕 사원의 계단은 다른 종교에 영향을 미친 미트라 신앙의 일부 표시이다." (McCarty & Egri, "The Archaeology Of Roman Mithraism")

[그림 39] 이탈리아 바르베리니 미트라에움의 '황소 죽이기'. 망토에 일곱 별이 선명하다.

일 수도 있다. 다음 글은 '황소 죽이기' 상징 그림에 대한 전반적인 이해를 도울 것이다.

"적어도 로마 세계에서는 미트라 의식의 중심에 상당히 표준적인 종류의 아이콘이 있었다. 보통 돌에 조각되는 것이 전형적인 사례이지만, 가끔 그림으로 그려지기도 하는 그 장면은 남자가 왼쪽 무릎을 황소의 등에 얹고 무릎을 꿇고, 목이나 어깨에 칼을 찔러넣는 모습을 보여 준다. 미트라와 동일시되는 그 인물은 거의 항상 프리기아 모자(pileus)와 '페르시아' 드레스(바지와 느슨한 블라우스)를 입고 있다. 그는 황소의 머리에서 어깨너머로 시선을 돌린다. 어떤 경우에는 그 위에 앉아 있는 까마귀를 바라보거나, 심지어 그 뒤로 휘날리는 망토를 바라보는 것처럼 보인다.

황소가 숨을 거두자, 개가 상처 쪽으로 다가가 황소의 피를 핥으려고 한다. 뱀이 바라보고, 종종 머리를 들어 올려 마치 같은 생각을 한 것처럼 보인다. 전갈이 황소의 생식기에 붙어 있거나, 그것을 상징한다. 황소의 꼬리는 보통 옥수수나 보리 이삭 하나 이상에서 끝난다. 전체 장면은 종종 황도대의 12궁을 모두 표시하는 아치로 장식되거나 완전한 황도대 원으로 둘러싸여 있다.

다른 일반적인 상징으로는 컵이나 꽃병, 사자가 있는데, 둘 다 황소 아래와 뱀 옆에 있다. 별은 종종 인물 위나 망토 위에 나타나며, 묘사된 별이 많을 수 있지만 일반적으로 정확히 일곱 개가 두드러지게 나타난다. 태양과 달의 상은 종종 머리 위로 표시되고, 두 명의 인물이 일반적으로 장면 양쪽에 있으며, 둘 다 횃불을 들고 있는데, 하나는 위로, 하나는 아래를 향한다. 이 우주적 이미지에도 불구하고, 행동이 이루어지는 장면은 사원의 원형이라고 보이는 동굴이다."[31]

'황소 죽이기' 그림이 있는 제단에 황도대 12궁이 진열되고, 황소를

---

31   JD North, "Mithras and The Bull"

죽이는 인물과 관련되어 정확히 일곱 개의 별이 나타난다면, 그것은 황소자리의 일곱 별, 즉 플레이아데스를 상징한다고 볼 수밖에 없다.

로마 시대에 미트라의 '황소 죽이기' 양식이 왜 성행하게 되었는지는 잘 알 수 없다. 또한 그것이 새로운 미트라교 성소의 상징으로 자리 잡았다 하더라도, 실제로 황소를 죽이는 다른 밀교의 의식 행위와는 다른 것이었다. 미트라 교인들이 진짜 황소를 죽이는 의식을 행했다는 증거는 없으며, 모든 미트라에움은 그것을 시도하기에 가장 비실용적인 장소일 것이라는 주장이 있다. 그런 점을 고려하면 '황소 죽이기'에는 다른 뜻이 함축되어 있다고 봐야 할 것이다.[32]

황소를 죽이는 것은 황소의 의미, 즉 황소자리나 플레이아데스의 상징을 깨닫는 의미와 같았을지 모른다.

황소를 죽이는 양식이나 상징이 고대 로마 시대에 처음 나타난 것은 아니다. 인도 하라파 출토 인장에는 창을 든 사냥꾼(오리온자리)이나 전사가 황소(황소자리)를 창으로 겨누고 있는 별자리 상징 장면이 그려져 있다(그림 40-1).

《길가메시 서사시》를 표현한 고대 메소포타미아 작품에도 하늘의 황소를 죽이는 장면이 묘사되었다(그림 40-2). 이집트 덴데라 신전의 천

---

[32] 박용숙 선생은 소가 밀교경전의 밀의(密意)를 가리키는 것으로 보았다. "미트라의 '황소 죽이기' 알레고리는 결국 고대의 밀교(東夷)경전이 지니는 난해한 진리를 깨우쳤다, 독파했다, 혹은 깨우침으로 신(神)이 되었다라고 읽을 수 있다. … 황제(黃帝)가 소를 굴복시키고 말을 탔다고 했을 때에도 우리는 그런 뜻으로 이해할 수 있다. … '소를 굴복시키다'는 주제가 알레고리로 보다 널리 쓰였던 예는 사찰 건물의 벽화에서 발견된다. 일반적으로 심우도라고 불리는 이 벽화는 동자가 소를 찾는 모티브에서 시작하여 소의 발자국, 소의 발견, 소먹이, 소 타기, 별 보기(천문 관측), 신선 만나기 등이 연작으로 그려지면서 결과적으로 소가 깨우침의 알레고리로 표현되고 있다." (박용숙, 《한국의 시원사상》 158~159쪽)

[그림 40] 역사가 매우 오래된 '황소 죽이기'. 1은 인도 하라파 출토 인장, 2는 길가메시가 엔키두와 함께 천국의 황소를 죽이는 아카드 원통 인장(B.C 2,200년경), 3은 네르갈이 황소를 발로 짓누르는 신아시리아 인장(B.C 700~600년)

장 패널(그림 37-4)이나, 로마 미트라에움의 '황소 죽이기'는 기원전 700~600년경의 것으로 보이는 신아시리아 인장에 묘사된 '황소 죽이기'에 가장 근접한다(그림 40-3). 이 인장에는 네르갈이 곡도(曲刀)를 들고 발로 황소의 머리를 짓누르는 모습을 보여 주고 있다.

수메르-바빌로니아 전승에서 하늘의 강력한 신이자 지하세계의 군주이기도 한 네르갈은 일반적으로 곡도(曲刀)를 든 모습으로 묘사된다. 죽은 자의 영혼이 지하세계로 안전하게 통과하도록 하는 것이 그의 몫이다. 특히 그는 플레이아데스와 관련된 일곱 전사 신과 긴밀하게 연관되어 있었다. 인장에는 일곱 개의 점 또는 일곱 개의 별로 표현되었다. 그는 전쟁과 역병의 신으로서 보호자로 불리었고, 기도에서 사악한 악마나 영혼과 싸우도록 요청받았다.

아브라함의 일곱 별

시리아를 가로지르는 유프라테스강 인근에 있는 두라 에우라포스 회당은 미트라교, 유대교 그리고 초기기독교 등 세 종교의 예배 장소가 함께 있었음을 보여 주는 특이한 유적이다. 두라 에우라포스 회당 건축의 마지막 단계는 기원후 244년으로 기록되어 있고, 기원후 256년 파르티아의 침공으로 인해 완전히 버려졌다. 그리고 1928년에서 1937년 사이에 예일대학교와 프랑스 아카데미가 실시한 발굴 작업을 통해 회당의 건물과 벽화가 발견되었다. 유적지는 오늘날 ISIS가 점령한 후 파괴된 것으로 보이며, 그 유물들은 파괴되기 이전에 따로 떼어 내 그 일부는 예일대학교 박물관에, 일부는 다마스쿠스 국립박물관에 보존되어 있다.

이 건물에는 미트라의 '황소 죽이기' 그림이 벽에 그려진 미트라에움도 있었고, 초기기독교 시대의 성화들로 가득 찬 예배실도 있었다. 이 성화 중에는 일곱 별과 함께하는 아브라함을 묘사한 것으로 추측되는 인물화가 있다. 아브라함은 기독교, 유대교, 이슬람교에서 신앙의 아버지에 해당한다.

일부 사람들은 이 고대 회당의 독특한 내용 때문에 두라 에우로포스가 있는 도시 전체가 파괴된 것이라고 말한다. 특히 아브라함을 공통 조상으로 두고 있는 유대교-기독교-이슬람교가 공유하고 있는 비밀인 별지도, 즉 플레이아데스 일곱 별이 그려져 있는 인물화 때문일 것이다.

웨인 허셜은 이 인물화(그림 41)가 아브라함이 플레이아데스의 어느 별에서 천상의 문을 걸어 나오는 모습을 묘사한 것으로 추측하고 있

[그림 41] 두라 에우라포스의 일곱 별이 있는 아브라함

다. 인물화를 자세히 살펴보자.

이 인물은 고전적인 자세와는 매우 다른 자세를 취하고 있다. 이 인물은 손을 앞에서 가로로 교차한 모습을 하면서 빈 소매를 X자로 겹쳐서 잡아당기고 있는 모습을 하고 있다. 두루마기를 잇는 끈은 지그재그로 접힌 채로 내려오고, 다리는 벌린 상태인데, 왼쪽 발은 평평하게 땅을 밟고 있는 데 비해, 오른쪽 발은 뒤꿈치를 살짝 들고 있다. 두 다리가 C자형 그림자로 연결되어 있다. 전신의 그림자가 없음을 고려하면 이것은 그림자라기보다는 특별한 의미를 나타내는 것으로 보인다. 인물의 눈동자는 약간 높은 곳을 응시하고 있다. 전체적으로 보면 경건하게 뭔가를 수용하는 듯한 인상을 주고 있다.

그런데 인물의 머리 위 왼쪽에는 태양처럼 보이는 이중 원 하나가 뚜렷이 보이고, 오른쪽에는 원 안에 그려진 초승달이 있다. 그리고 이 초승달을 희미한 일곱 개의 별이 둘러싸고 있다. 그림자가 인물 뒤에 있는 것은 태양이 앞쪽에 있음을 의미하므로, 인물 위에 있는 둥근 물체가 지구의 태양이 아님을 알 수 있다.

이러한 상징은 9장에서 살펴볼 셀레시우스 석판(그림 58)이나 에사르하돈 기념비(그림 59)에서 묘사된 플레이아데스와 동일한 것이다. 그러므로 이 인물화는 아브라함의 출신이나 그를 보호하는 천상의 신들이 플레이아데스와 관련된 것임을 가리키는 확실한 증거로 볼 수 있다.[33]

---

[33] 기독교 성서에서는 플레이아데스성단과 오리온자리에 대한 특별한 언급을 찾을 수 있다. "너는 플레이아데스성단을 끈으로 묶을 수 있느냐? 또 오리온자리를 매단 밧줄을 풀 수 있느냐?"(욥기 38장 31절) "플레이아데스성단과 오리온자리를 만드신 분"(아모스 5장 8절)

기독교 전통에서 숫자 7의 상징은 눈에 띄게 강조된다. 천지를 창조한 날의 숫자부터 일곱 촛대(메노라)와 일곱 교회가 있는가 하면, 《요한계시록》에는 "오른손에 일곱 별을 쥔 이"가 다시 올 것이라고 한다.

두라 에우라포스의 일곱 그루 나무

그런데 숫자 7의 상징은 같은 장소의 미트라에움에서 또 발견되었다. 미트라가 황소를 죽이는 프레스코화를 둘러싼 아치형 벽화 위에는 일곱 그루의 사이프러스 나무가 그려져 있다(그림 42). 사이프러스 나무는 삶과 죽음 그리고 환생(부활)의 의미가 포함되어 있는 것으로 알려져 있다. 이러한 사실들로 볼 때, 미트라교와 기독교는 플레이아데스 전통을 계승하고 옹호하고 있다는 점에서 매우 친근한 관계에 있음을 알 수 있다. 기독교는 미트라의 탄신일을 성탄절로 삼고 있기도 하다.

미트라 신앙은 거의 5세기 동안 로마제국의 공식 종교로 알려졌으며, 로마제국의 점령지 전역에 수많은 미트라에움이 세워졌다. 연구자

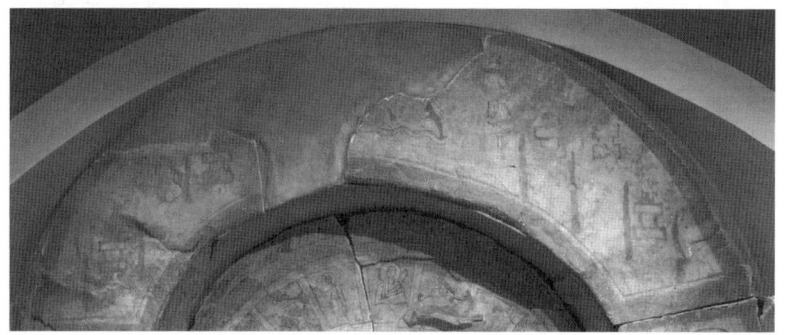

[그림 42] 두라 에우라포스 미트라에움(복원물)의 아치형 벽화. 일곱 그루의 나무가 서 있다.

[그림 43] 중세 시대 기독교 성화 속의 비행물체들. 피렌체 베키오 궁전, 로마 바티칸 미술관과 피렌체 아카데미 미술관, 스펠로의 바글리오니 성당, 나폴리 국립 카포디몬테 미술관, 오스트리아 요하네스 성당, 니더외스터라이히주에 있는 마리아 타페를 성당, 파리 루브르 박물관, 부르고뉴 주 본에 있는 노트르담 성당, 런던 내셔널 갤러리, 케임브리지 피츠윌리엄 미술관, 코소보에 있는 비소키 데카니 수도원, 그루지야 므츠헤타에 있는 스베티츠호벨리 성당 등의 성화에서 미확인 비행물체가 발견되었다. (라이하르트 하베크, 《신의 그림》(예문))

들은 로마 시내에만 약 700개의 미트라 사원이 있었을 것으로 추정한다. 아직도 유럽 전역에 400개가 넘는 미트라 사원 유적이 있다. 기독교가 공인되기 직전인 3세기에 가장 부흥했으며, 기독교가 세력을 얻으면서 쇠퇴하다가 5세기 초에 이단으로 몰리고, 강제적으로 근절되었다. 그때부터 많은 미트라에움 지하 회당 위로 가톨릭교회가 재건축되었다. 바티칸 성당 아래 지하 구조물은 원래 미트라에움이었다.[34]

[그림 39]에서 살펴본 것처럼 미트라에움의 '황소 죽이기' 그림에도 미트라의 망토에 일곱 별이 그려져 있다. 그렇다면 두라 에우라포스 회당은 플레이아데스 상징인 일곱 별과 관련된 종교, 즉 미트라교-유대교-기독교가 한 건물에서 동거하고 있었음을 보여 주는 증거물이 되는 것이다. 그리고 아브라함은 이슬람교의 조상이기도 하므로 미트라교, 유대교, 가톨릭, 개신교, 이슬람교는 모두 플레이아데스라는 동일한 근원에서 출발한 종교라는 사실을 알 수 있다.

> **code + 미트라와 예수, 미카엘 대천사와의 공통점**
>
> 미트라와 예수 또는 미트라와 유대-기독교 전통의 미카엘 대천사와의 유사성을 살펴보면, 초기기독교 시대에 미트라교인과 기독교인들이 같은 건물을 사용하면서 원활하게 소통했는지 쉽게 이해하게 된다.
>
> ■ 미트라와 예수의 닮은 점
> 첫째, 미트라는 전차를 타고 하늘을 여행하는데, 이것은 빛·진실·순수함으로 여행하는 것을 상징한다. 예수는 "의(義)의 태양" 또는 "세상의 빛"으로 묘사된다. 둘 다 계몽자나 해방자로서의 역할이 동일하다. 둘째, 태양의 상징이 영적 깨달음이라는 점에서 같다. 셋째, 미트라의 생일이나 기독교 성탄절은 12월 25일로 동일하다. 넷째, 7과 12라는 숫자를 중시하는 점에서 같다. 기독교의 일곱 천사와 일곱 영은 미트라교의 일곱 별에 대응한다. 기독교에서는 12제자가 있고(유대교는 12지파), 미트라교에서는 황도12궁을 중시한다.

---

34 Vittoria Canciani, "Archaeological Evidence of the Cult of Mithras in Roman Italy", 2022년

35 Kharsetji Rustamji Cama, "St. Michael Of The Christians And Mithra Of The Zoroastrians-A Comparison". 원문 요약

■ 미트라와 미카엘 대천사의 공통점

첫째, 미카엘은 하늘의 군대의 우두머리로 높임을 받았다. 미트라도 찬양받고 기억될 사람으로 창조되었다. 둘째, 미카엘은 왕자로 언급되고, 미트라는 모든 나라의 왕으로 언급된다. 셋째, 미카엘은 신의 제사장이고, 미트라는 아후라마즈다의 제사장이다. 넷째, 미카엘의 가장 중요한 속성 중 하나는 평화이다. 마찬가지로 미트라는 평화와 우정을 가져다준다. 다섯째, 미카엘의 속성 중 하나는 친절이나 자비이다. 친절은 미트라의 속성이기도 하다. 여섯째, 미카엘은 천상의 군대의 장으로서 사탄과 그의 사악한 세력들과 하늘에서 싸우는 것으로 표현된다. 미트라는 살해되지만, 악마들의 머리에 잘 조준된 곤봉을 들고 있고, 모든 보이지 않는 귀신들이 무서워한다. 일곱째, 미카엘은 죽은 자의 영혼을 인도하고 보호하는 존재이고, 인간의 작품을 저울질한다. 미트라는 사람들의 행동을 저울질하여 그들이 천국에 갈 것인지 지옥에 갈 것인지를 결정한다. 여덟째, 미카엘은 여러 천사와 함께한다. 미트라도 마찬가지다. 아홉째, 미카엘은 대천사로서 히브리인의 수호자이다. 미트라는 이란인의 수호자이고 전 세계의 보호자이다. 열째, 미카엘은 눈부신 갑옷과 검, 창, 방패를 갖춘 전사로 표현된다. 미트라는 은색 투구와 황금색 갑옷, 단검을 든 전사로 표현된다. 열한 번째, 전사로서 미카엘은 특별히 용이나 사탄과 싸우는 것으로 표현된다. 미트라는 악덕의 대명사 뱀 다하카를 패배시키고 정복한다.[35]

제7장

솟대와
서낭당의 기원

라스코 동굴벽화와 괴베클리 테페 유물에는 한국 솟대의 기원과 연관된 것으로 보이는 그림과 조각도 발견되어 흥미를 더욱 돋우고 있다. 솟대는 서낭대로서 단군 신앙의 유습이다. 단군의 선대에는 환웅과 환인 그리고 나반이 있었다. 나반은 은하수[天河]를 건너온 천상의 이주민이다. '아사달'과 발음상 유사성을 보이는 가나안 지역의 '아세라' 여신의 나무 신상도 솟대의 일종일 가능성이 있는데, 그녀가 플레이아데스 출신이라는 주장도 제기되었다. 이에 대해서 살펴보자.

[그림 44] 라스코 동굴의 '망자의 통로'에 있는 솟대

라스코 '망자의 통로'의 솟대 그림

라스코 동굴에는 '망자의 통로'로 명명된 구역이 있다. 이 구역에는 내장이 밖으로 튀어나와 큰 상처를 입고 죽어 가는 황소 한 마리가 서 있고, 바로 그 왼쪽 앞에는 한 인물이 누워 있는 듯한 자세를 취하고 있다. 그 인물 아래에는 기다란 나무 막대기가 서 있는데, 그 끝에 새 한 마리가 앉아 있다. 세 점의 그림 모두 눈이 뚜렷이 그려져 있다(그림 44).

라스코 동굴의 이 구역을 '망자의 통로'라고 부르는 것은 아마도 이 그림들이 죽음의 의례와 관련이 있다는 분석에서 나왔을 것이다. 황소와 인물 모두 죽어 가고 있거나 이미 죽은 상태로 볼 수 있다. 인물의 머리는 부리가 뾰족한 새의 머리를 하고 있는데, 그렇게 묘사한 것은 사후에 날아가는 혼령의 존재를 나타내려고 한 것일 수 있다.

이 동굴벽화의 긴 막대기 위에 앉아 있는 새의 모습을 솟대의 원형으로 읽는다면, 이 그림의 이야기는 완성된다. 솟대의 새는 대개 철새처럼 계절이 바뀌면 이동하는 야생오리나 기러기이다. 아시아의 북방민족들은 솟대의 새들을 천상의 신들과 지상을 연결해 주는 일종의 전령조로 보았다. 그것은 사후 혼령처럼 삶과 죽음의 경계를 넘나드는 것을 의미한다. 그렇게 보면 내장이 튀어나온 황소는 죽은 자가 돌아가는 황소자리 별자리를 나타내고, 솟대는 지상 세계와 천상 세계가 하나로 연결되어 있음을 알리는 상징물일 수 있다.[1]

---

[1] 《한국민속대백과사전》에서는 솟대가 하늘로 치솟고자 하는 한국인의 천신사상의 표징물이고, 한국인이 하늘과 땅을 연결하려 한 삶의 이상이자 정신적 푯대(靈標)라고 풀이하고 있다.

> **code + '망자의 통로'와 여름철 삼각형**
>
> 라펜글룩 박사는 라스코 동굴의 '망자의 통로' 그림이 하늘에서 보이는 여름철 삼각형을 나타낸다고 제안했다. "하늘 지도는 라스코 동굴의 '망자의 통로'로 알려진 지역에서 발견되었다. 그 통로의 벽에는 황소, 이상한 조인(鳥人), 막대기 위의 신비한 새가 그려져 있다. 뮌헨 대학의 라펜글룩 박사에 따르면, 이러한 윤곽선은 하늘의 지도를 형성하는데, 황소·조인·새의 눈은 세 개의 주요 별인 베가(직녀성), 데네브, 알타이르를 나타낸다. 이 별들은 모두 여름 삼각형으로 널리 알려져 있으며 북반구 여름 중반에 머리 위에서 높이 관측할 수 있는 가장 밝은 천체 중 하나다. 약 17,000년 전에는 이 하늘 영역이 지평선 아래로 지는 일이 없었을 것이며 특히 봄이 시작될 때 눈에 띄게 나타났을 것이다." (BBC 온라인 뉴스)

서낭당은 선인왕검의 집

솟대는 한국의 민속신앙에서 신성한 장소로 정한 곳에 세우는 긴 장대이다. 그 신성한 장소를 소도(蘇塗)라 부른다. 소도의 옆에는 반드시 경당을 세워 미혼 자제에게 육례를 가르쳤다는 기록이 있는 것으로 보아 본래 소도는 교육기관을 겸한 사원이자 성소였을 것이다.[2]

마을마다 있던 서낭당은 소도의 지역적 말단 유습이다. 서낭당은 '선왕당(仙王堂)'이나 '선황당(仙皇堂)'의 음이 변화한 것이다. 그 뜻은 '선왕(仙王)의 집' 또는 '선황(仙皇)의 집'이다. 선왕(仙王)은 '선인(仙人) 왕검(王儉)'의 준말일 것이다. 《삼국사기》에는 '평양은 본래 선인 왕검이 살던 곳'이라는 기록이 남아 있다. 선왕(仙王)이 산왕(山王)을 거쳐

---

[2] 교육기관을 겸한 고대 소도의 잔영이나 유습을 잘 보여 주고 있는 예로는 고구려의 경당과 조의선인, 신라의 화랑, 서양의 성전기사단 등을 들 수 있다. 《구당서》에는 소도에 대해서는 생략하고, 경당에 대해서 "(고구려에) 서적을 사랑하는 풍속이 있다. 가난해서 천한 일에 종사하는 집에서까지 각기 네거리에 큰 집을 지어 이를 경당이라고 부른다. 미혼 자제들이 밤낮으로 그곳에서 독서를 하거나 사격술을 습득한다."고 하였다.

서 산신(山神)이 되었다. 모두 단군과 관련된 말이다. 단군신화에서는 단군이 죽어서 산신이 되었다고 한다. 그러므로 서낭당은 계통적으로 환웅이나 환인까지 거슬러 올라가는 단군 신앙의 한 형태일 가능성이 크다.³

서낭당에 높이 세운 장대를 '서낭대'라고 부른다. 솟대의 다른 말이다. 통영 지방에서는 서낭대를 '천왕대'라고 하는데, 천왕은 치우천왕, 단웅천왕이란 호칭에서 보듯이 환웅·단군 시대의 왕호이다.

서낭대는 일반적으로 신이 내려오는 대(신대)로 인식한다. 서낭대나 서낭목에 매다는 깃발을 '서낭기'라고 하는데, 그 크기가 일반적으로 13마 3치였다.⁴ 서낭기도 서낭대와 마찬가지로 신이 내려오는 기로 인식된다. 여기서 내려오는 신이란 세상을 떠난 선왕(仙王)이나 천왕일 것이다.

솟대를 '액맥잇대'라고도 하는데, 이것은 솟대가 마을의 수호신으로서 온갖 재액을 막아 주는 기능을 한다고 믿기 때문이다. 이러한 솟대 신앙은 단군이나 천왕이 지상과 천상을 연결해 주어 재액을 막고 소원을 들어주는 매개자이기 때문이다. 그러한 신앙에서 솟대를 '서낭대'라고 불렀을 것이다.

---

3 '당집'은 '서낭당'을 줄인 이칭이다. '당나무'는 생명나무이자 우주목으로서 서낭(단군)의 영이 하늘과 땅으로 오르내리는 통로이다. '당산'은 서낭당과 당나무가 있던 거룩한 동산을 통칭하는 것이다.

4 '13마 3치'는 3과 13을 중시한 것이다. 이 수리는 황금비와 관련이 있어 보인다.

괴베클리 테페의 일곱 마리 오리

한국의 솟대 꼭대기에 올려놓는 새는 오리이다.[5] 1920년대 구포 지방의 솟대에는 오리 모양이 뚜렷하다(그림 45-右下). 그런데 황소 지상화가 발견된 괴베클리 테페에서도 오리 상징이 있었다. 그것은 괴베클리 테페의 D구역 18번 기둥의 받침돌 모서리에 새겨진 것이다. 오리처럼 생긴 '일곱 마리의 새'가 매우 선명하다(그림 45-右上). 새의 모양도 뚜렷하지만, 초점은 그것이 분명하게 숫자 7을 나타낸다는 사실이다. 라스코 동굴의 황소 위에 표시한 일곱 개의 점과 마찬가지의 강조법이다.

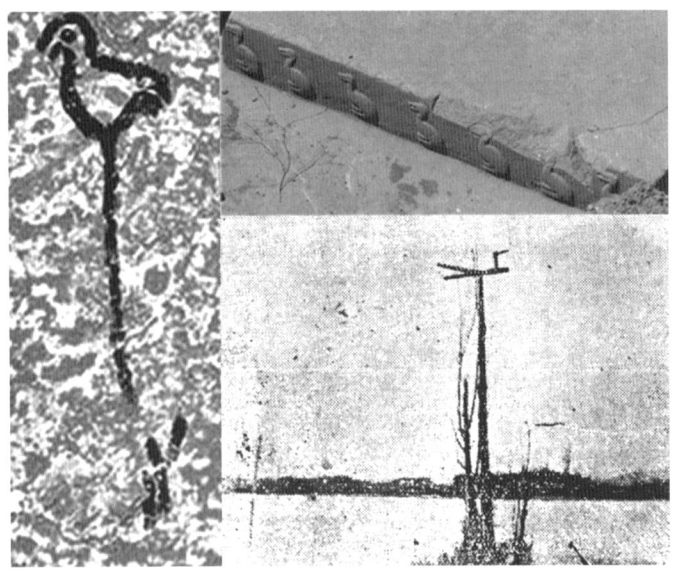

[그림 45] 솟대와 오리. 라스코(左), 괴베클리 테페(右上), 한국(1920년대 구포)(右下) 솟대의 오리

5 강릉시 강문동 서낭당의 경우 수재·풍재·화재를 막기 위해 세운 5m가량의 솟대 꼭대기에 30㎝ 크기의 오리를 깎아 올리고 하단에는 봉분 형태로 흙을 쌓고 주위에는 금줄을 길게 둘렀다. 오리는 서북쪽(대관령이나 서울)을 향하고 있다.

하카시아를 비롯한 시베리아와 북부 러시아에서는 플레이아데스를 '오리 둥지'나 '오리 무리'로 부른다.[6]

일곱 마리 오리가 새겨진 기둥과 쌍둥이를 이루면서 마주 보고 있는 괴베클리 테페 D구역 31번 기둥에는 황소자리를 뜻하는 들소 두개골 상징이 새겨져 있었음을 앞에서 살펴본 바 있다(그림 25). 그러므로 이 일곱 마리 오리가 북두칠성이 아니라 황소자리 플레이아데스의 상징일 것이라는 추측은 자연스러운 것이다.

한국의 솟대 꼭대기에 오리를 올려놓는 풍속이 12,000년 전의 괴베클리 테페와 닿고 있다. 그 오리는 플레이아데스의 상징물일 수 있다. 그리고 장대 꼭대기에 앉은 새의 상징은 17,000년 전의 라스코 동굴에서도 발견된다. 그 그림은 솟대가 '서낭대'로 불리기 이전 시대의 매우 오랜 상징일 것이다. 오리가 천상의 신들과 지상을 연결해 주는 전령조이고, 또한 플레이아데스의 상징이라면 솟대의 오리는 플레이아데스와 지상을 연결하고 매개하는 신조(神鳥)라는 결론에 이른다.

시베리아 샤먼의 북에 그려진 일곱 마리 새

여기서 잠깐 시베리아 샤먼의 북에 그려진 일곱 마리 새에 대해서도 살펴보자. [그림 46]은 시베리아 샤먼의 북에 그려진 장식이다. 북은 다리가 일곱 개인 도마뱀에 의해 이승(좌측)과 저승(우측)으로 나뉜다. 도마뱀은 은하수이자 세계 축이다. 샤먼의 북에서 은하수는 "새들

---

[6] Yuri Berezkin, "The Pleiades As Openings, The Milky Way As The Path Of Birds, And The Girl On The Moon"

의 길"이다. 일곱 마리의 새는 사람의 영혼이다. 좌측의 목이 없는 7인은 죽은 자들인데, 그들은 우측에서 다시 환생한다. 우측의 초승달 모양의 이중의 원호에는 좌측에서 건너온 독수리(또는 기러기) 일곱 마리가 앉아 있다. 이것은 플레이아데스의 상징으로 보인다. 북의 상단부에는 이승과 저승에 걸친 원호가 그려져 있고 7인이 탄 배 같은 것이 보인다. 이것은 북두칠성을 나타낸 것으로 보인다. 북두칠성은 지구 북반구 천문의 몸체이자 개별적인 별자리로 날아가는 통로일 것이다.[7]

[그림 46] 시베리아 서부 오스티아크 샤먼의 북 장식

7　북두칠성은 지구 북반구에서 보이는 천체의 중심이지, 은하 중심이 아니다. 은하 중심은 궁수자리, 전갈자리, 뱀주인자리 등에 모여 있는 것처럼 보인다. 반면, 오리온자리, 황소자리, 플레이아데스 등은 은하 중심에 반대되는 방향에 모여 있다.

제8장

은하수를 건너온
나반 이야기

한국의 불교 사찰에서만 따로 모시는 성인(聖人)이 있다. 독성(獨聖)이라고도 하는 나반존자가 그것이다. 독성은 '홀로 있는 성자'라는 뜻이다. 나반(那般)은 석가모니불을 봉안한 대웅전이 아닌 삼성각에서 모신다. 삼성각에서 모시는 삼성(三聖)은 환인, 환웅, 단군이다. 삼성각에 칠성이나 산신을 함께 모시는 곳도 있는데, 산신의 연원은 단군이나 천왕이다. 그런데 삼성각에 삼성이 아닌 나반존자를 함께 모시는 것은 기이한 일이 아닐 수 없다. 불교 사찰에 남아 있는 이 의문의 나반존자는 누구인가. 또한 칠성각의 칠성은 무엇인가.

《삼성기》에 따르면, 나반은 인류의 시조이고, 구환(九桓)이나 구이(九夷) 무리 모두가 그의 후손이다. 구환이나 구이는 동이족을 칭하는 것이므로 우리 민족은 나반의 후손이다. 나반에 대한 다음 기록은 우리 민족의 기원을 밝히는 매우 중요한 자료이다. 그러나 그 중요성에 비해서 지금까지 잘 해독되지 않았다.

"인류의 시조를 나반(那般)이라 한다." (삼성기)
"7월 7일은 나반이 천하(天河)를 건넌 날이다. 이날 천신이 용왕에게 명하여 하백을 용궁으로 불러 그로 하여금 사해의 모든 신을 주재하게 하였다." (태백일사)

단군신화에서 환인이나 환웅은 천상의 신이다. 그런데 《삼성기》의 기록에 의하면 나반은 그들의 선조이다. 그러므로 계열상으로 보면 나반은 그들과 같은 천상의 신이다. 위의 《태백일사》 기록에는 나반이 천하(天河)를 건너왔다고 한다. 그간에 천하(天河)를 북해나 지구상의 다른 강이나 바다로 추정했으나, 천하는 '하늘의 강'이니 문자 그대로 은하수를 가리키는 것으로 보아야 한다.

> **code + 삼신 신앙의 근원. 나반은 플레이아데스인?**
>
> 나반은 우리 민족의 고대 신앙의 대상인 삼신의 원조다. 즉, 나반이 죽어 삼신이 되었다고 하므로 삼신 신앙의 근원이자 출발지는 나반이다. 나반이 천하를 건너온 때가 환국 이전이라고 했으므로, 최소 9천 년 이전이거나 6만여 년 이전이 된다. 6만여 년 이전 시기는 많은 플레이아데스인들의 지구 이주 시기와 비슷하다.

용왕은 누구인가

천하(天河)라는 한자도 그렇지만 나반 설화에는 용궁과 용왕이 등장한다. 용은 우리 역사에서 건국 영웅이나 왕과 연관되어 흔히 등장하는 신적 존재이다(그림 47). 해모수의 수레를 끄는 오룡(五龍), 주몽

[그림 47] 인두사신(人頭蛇身)형 건국 영웅들. 左上: 무씨사당, 左下: 고구려 오회분4호묘, 右: 신강성 복희여와도.

제8장 은하수를 건너온 나반 이야기

이 죽은 후 승천하면서 타는 용, 신라의 국모 알영이 태어난 계룡(鷄龍) 등이 그러하다. 석탈해의 본국도 용성국(龍城國)이다. 《삼국유사》에는 용에 대한 기록이 25건 나온다. 이러한 용이 실제로 존재한다고 믿는 이는 없다. 그렇다면 용은 무슨 상징인가.

용이나 뱀은 하늘을 날아다니는 우주뱀, 곧 천상의 존재 또는 고귀한 존재를 나타내는 상징이기도 하다. 그들이 사는 궁전을 용궁이라고 한다. 용왕은 천상의 궁전에 사는 존귀한 존재나 지구에 내려온 지도자를 나타내는 비유어이다. 용궁이 물속에 있다는 것은 하늘의 물, 곧 은하에 있다는 비유일 것이다.[1]

하백의 비밀

나반이 천하(은하수)를 건너온 날은 음력 7월 7일이고, 이날을 기리는 세시풍속이 칠석(七夕)이다. 《태백일사》는 나반과 관련된 기록에서 매우 중요한 사실을 언급하고 있다. 그것은 사서에서 지워 버린 하백(河伯)의 정체에 대한 것이다. 하백은 강이나 물을 주관하는 관직으로만 알려져 있다. 그러나 이러한 상식만으로는 이해되지 않는 사실들이 있다. 고구려 추모왕은 천제의 아들이었고 어머니는 하백녀였다(광개토대왕비). 단군왕검은 비서갑의 하백녀를 아내로 삼았다(세종실록).[2]

---

1 은하수의 우리말은 '미리내'이다. '미리'는 용을 뜻하는 '미르'이고, '내'는 강이다. 그러므로 은하수는 '용의 강'이란 뜻이다. '미르'는 물의 옛말이기도 하다. 즉 '물=용=은하'이다. 수메르어에서도 별(은하)이 '물(MUL)'이다. 또한 웅녀는 ㄱ녀인데, 팔괘 중 물괘는 감(坎)괘다.

2 "《단군고기(檀君古記)》에 이르기를, 상제 환인이 서자가 있으니, 이름이 웅인데, 세상에 내려가서 사람이 되고자 하여 천부인 세 개를 받아 가지고 태백산 신단수 아래에 강림하였으니, 이가 곧 단웅천왕(檀雄天王)이 되었다. 손녀로 하여금 약을 마시고 인신(人身)이 되게 하

단군조선이나 고구려나 모두 개국 시조가 하백과 연관되어 있다. 하백은 어떤 인물일까. 하백녀라는 존재는 어떤 연유로 시대를 초월하여 왕비가 되거나 왕모가 되는 걸까. 그에 대한 답이 《태백일사》에 실려 있다.

"하백은 천하(天河)의 사람으로 나반의 후손이다."

하백을 '천하(天河)의 사람'이라고 명기하고 있다. 천하가 은하수라면 하백은 천상에 있던 존재라는 것이다. 그 설명과 함께 그가 나반의 후손임을 밝히고 있다. 이것은 하백도 은하수를 건너온 인류의 조상인 나반의 직계 혈통임을 말하는 것이다.

같은 책에서 하백의 지위가 사해의 모든 신을 주재하는 것이라고 하였는데, 이것은 하백이 지상에 내려온 신들의 우두머리임을 뜻하는 것이다. 아마도 하백은 여신이나 여신전의 으뜸 사제였으며, 마고, 삼신할미, 웅녀(곰녀) 등 여신의 계통을 후대에 한 단어로 통칭하는 말이 하백이었을지도 모른다.

하백이 여신이었기 때문에 주몽이나 단군왕검 같은 개국 시조의 배우자를 하백녀라고 칭했을 것이다. 하백을 중심으로 운영하는 여신전은 아마도 처음에는 아마조네스처럼 여성 수행자나 전사들로만 운영되었을 것이다.

> 여, 단수(檀樹)의 신(神)과 더불어 혼인해서 아들을 낳으니, 이름이 단군이다. 나라를 세우고 이름을 조선이라 하였다. (중략) 단군이 비서갑 하백녀(河伯女)에게 장가들어 아들을 낳으니, 부루(夫婁)이다." (세종실록지리지)

나반과 하백은 플레이아데스 출신

나반과 하백은 은하수 건너 어느 별에서 왔을까. 나반이 건너온 날을 칠석으로 삼은 이유는 그 별이 숫자 7로 상징되는 별이기 때문일 것이다. 그리고 그 별은 북두칠성이 아니라 플레이아데스 일곱 별이다. 하백이 물과 강의 신으로 표현된 것처럼 플레이아데스는 전 세계적으로 물과 우기(雨期)의 시작과 관련이 있는 별이었다. 또한 칠석에 내리는 비를 특별히 가리켜 '칠석우(七夕雨)'라는 명칭을 붙이고 있다.

나반 설화는 훗날 나반의 이름이 빠지고 견우와 직녀의 애틋한 사랑 이야기로 바뀌었다(그림 48). 그러나 이 이야기 속에는 플레이아데스인들의 원래 고향 별인 직녀성(베가)과 견우로 표현된 황소자리(플레이아데스)나 엔키의 염소자리 그리고 은하수(天河)가 남아 있어, 내용상으로 보면 나반 설화가 더 구체화되었다고 할 수 있다. 견우직녀 설화를 조금 더 살펴보자.

이 설화 속에서 직녀의 할아버지는 천상의 옥황상제인데, 기원전

[그림 48] 고구려 덕흥리고분의 견우직녀도. 가운데 은하수가 흐른다.

12,000년 전 하늘의 북극성은 직녀성이었다.[3] 북극성이 하늘의 중심이자 천구의 황제에 해당하므로 직녀의 할아버지를 옥황상제로 설정할 만한 근거가 없지 않은 것이다.

게다가 직녀성은 라이라인(라이라성단의 종족)들이 분가해 간 두 번째 고향별이기도 하다.

직녀를 옥황상제의 손녀로 설정한 것도 재미있지만, 그녀의 연인을 견우라고 칭한 것도 그냥 보아 넘길 일이 아니다. 동양의 천문도에는 견우별이 북방의 자리에 따로 있긴 하지만, 그 별자리의 위치보다는 황소를 끄는 그의 모습에 전달하고자 하는 메시지가 숨겨져 있지 않을까 여겨진다. 황소는 하늘의 황소자리로 연결될 수 있는데, 고대부터 지금까지 황소자리에서 가장 중요한 별이 플레이아데스였기 때문이다.

견우와 직녀 설화를 이러한 시각에서 보게 되면, 그 짧은 이야기 속에 지구인에게 가장 중요한 정보, 즉 라이라성단과 베가(직녀성), 황소자리와 플레이아데스를 숨겨 놓았음을 알 수 있다.

나반과 수메르 신 엔키

그런데 동방 천문도에서 견우별로 지정된 별자리는 수메르 신 엔키와 연결된다. 수메르 신화에서 엔키는 물, 지혜, 인간 창조와 관련된 아눈나키(아누나키) 신이다. 그는 거대한 '뱀-용'이라고 불렸다(용왕과

---

[3] 북극성은 특정한 별이 아니라 북극 자리에 위치하는 별을 지칭하는 것이다. 북극성은 시간이 지남에 따라 변화하고, 하나의 별은 26,000년이 지나면 다시 제자리로 돌아온다. 현재는 작은곰자리의 폴라리스가 북극성이다. 기원전 12,000년경에는 베가가 북극성이었다. 베가는 서기 14,500년경에 다시 북극성이 될 것이다.

관련된 호칭일 수 있다). 그것은 우주에서 온 존재를 칭하는 것이다. 최근의 연구들은 아눈나키가 플레이아데스성단에서 유래한 고대 외계 종족일 것으로 추측하고 있다. 엔키는 수메르 홍수설화에서 지상의 인간을 전멸시키려고 신들이 대홍수를 일으키려고 했을 때, 사전에 그 정보를 인간에게 누설시킨 구원자이기도 하다.

엔키의 상징은 염소-물고기인데(그림 64), 이것을 상징으로 사용하는 별자리가 염소자리이다. 그 염소자리의 가장 크고 밝은 별이 다비흐이고, 다비흐가 바로 견우별이다. 이것은 견우별이 플레이아데스와 연관되어 있음을 보여 주는 것이다.

그럼 엔키와 나반 그리고 환웅은 어떻게 연결되는가.

엔키는 문자 그대로 풀이하면 '땅(지구)의 주님'이란 뜻이다. 수메르 신화에서 엔키는 신들과 같은 영혼이 깃드는 인간을 창조하고 도구를 만드는 지혜를 가르친다. 단군신화에서 환웅의 신격은 지신(地神), 곧 '땅의 주님'에 해당한다. 환웅은 웅녀(원시적 지능체)를 인간으로 환골탈태시킨다. 수메르의 엔키와 같다.

[단군신화 · 환단고기(부도지) · 수메르신화 비교]

신격	단군신화	환단고기(부도지)	수메르신화
천신(天神)	환인	일신(一神)(삼신)	아누
지신(地神)	환웅	나반 · 환인 · 환웅 (천웅, 천왕)	엔키
인신(人神)	단군	단군	압칼루 · 사르곤
여신(女神)	웅녀(아사달)	마고 · 하백녀	이슈타르(이난나)

수메르 신화에 따르면, 실질적으로 인류의 시조는 엔키이다. 《삼성기》에 따르면, 나반이 인류의 시조이다. 수메르의 엔키는 물의 신이기도 한데, 나반의 후손인 하백도 물의 신이다. 엔키의 제자인 압칼루는 사제이거나 왕의 정신적 스승이 된다. 나반의 후손인 하백은 용왕(사제나 현자)이 되거나 왕비가 된다. 이러한 유사성은 엔키와 나반이 동일 인물이거나 동일한 신격을 가지고 있음을 시사한다.

만일 단군신화의 환웅이 나반이고 엔키라면 신의 계보가 엉키지 않고 정리된다. 그럴 때 나반 이후 시대에 환국을 다스린 환인 7세는 엔키의 사제인 7인의 압칼루(칠현)와 대응한다. 신시 시대의 환웅들은 수메르의 길가메시처럼 반신반인 천왕들의 호칭이었을 것이다.[4]

연인의 이별을 강요하는 은하수에 오작교라는 가교를 만드는 까마귀는 신화의 전승에서 원래 다리가 세 개인 삼족오로 묘사하던 플레이아데스의 상징 새일 것이다. 그것은 '세 개의 태양'을 가진 에라 행성을 나타내는 것이다('세 개의 태양' 상징에 대해서는 14장에서 다룰 것이다). 또한 견우직녀 설화의 핵심 테마는 은하수를 건너야 서로 만날 수 있다는 것이다.[5]

두 개의 칠성

시베리아 부랴트족의 명절인 백월절은 우리의 음력 설날과 시기가 거의 일치한다. 부랴트족의 새해는 사가알간(Sagaalgan), 즉 '흰 달의

---

[4] 《환단고기》에는 총 18세의 환웅이 기재되어 있다.
[5] '선녀와 나무꾼'도 동일한 주제를 갖고 있다. 이 이야기에서도 숫자 3이 강조되었다. 즉, 선녀가 아이를 셋을 낳을 때까지는 숨겨 둔 옷을 돌려주어서는 안 된다는 것이다.

축제'로 시작된다. 이것은 동지(12월 21일) 이후 첫 번째 초승달이 지난 지 1개월 후의 초승달을 기념하는 것이다. 이때는 무교(샤머니즘)의 관점에서도 큰 의미를 지니는데, 모든 영혼이 상계로 가는 날이라는 것이다.

이 축제 기간에 치르는 주요 행사 중의 하나는 향불 14개를 피우는 것이다. 그중 7개는 일곱 눈물을 흘린 남자(북두칠성)를 위해, 나머지 7개는 플레이아데스를 위해 피운다. 사람들은 매우 강력한 천상의 영혼이 플레이아데스에 산다고 생각했다. 플레이아데스는 부랴트-몽골 우주론에서 중요한 위치를 차지한다. 가장 이른 시기에 서쪽 방향의 텡게르가 플레이아데스를 만나 인류를 질병과 죽음으로부터 돕는 방법을 논의했다고 한다.[6]

플레이아데스성단에서 우리 태양계로 넘어오려면 은하수를 건너야 한다. 웨인 허셜은 북두칠성과 플레이아데스의 세 개의 태양에 대한 숭배가 나란히 존재했다고 보고 있다.[7] 북두칠성이 영혼의 집 방향을 나타내는 반면, 플레이아데스의 세 개의 태양은 천상의 신과 관련이 있다는 것이다.[8] 천상의 사람들이 지구로 오려면 황소자리에서 은하수를 건너 전갈자리로 넘어온다.

---

6   Albi, "Religion of the indigenous people of Siberia"

7   고구려 장천1호분 천장에는 좌우에 일월을 그려 넣고 상하에 칠성 두 개를 배치했다. 일반적으로 두 개의 별자리 모두 북두칠성이라고 보고 있다. 그러나 자세히 보면 위의 것과 아래의 것이 국자 형태를 이루기는 하지만 함께 그려진 다른 별의 위치가 같지 않다. 웨인 허셜은 이것이 플레이아데스와 북두칠성에 대한 개념의 혼란을 반영하는 것으로 보고 있다.

8   https://cathyfox.wordpress.com/2017/07/20/wayne-hershel-2-alpha-omega-taurus-stargate-revelation-part-2/

인간이 죽으면 그 영혼이 황소자리나 다른 행성으로 돌아가는데, 먼저 '곰의 수호자'인 목동자리 아르크투루스 영역 내에서 치유되고 활력을 되찾는다. 이 관문은 지구와 차원적으로 연결되어 있기 때문에 지구에 환생한 모든 사람은 의식적으로 선택하지 않는 한 다른 행성에 도달하기 전에 통과해야 하는 곳이다.[9]

칠석날 지내는 고사에는 플레이아데스와 관련된 삼신 신앙이 남아 있다. 삼신할미는 산신(産神)할미와도 같은데. 생명의 기원인 삼[胎]을 관장한다. 이날 고사 제물로 쓰는 쌀밥은 삼신주머니에 봉안한 쌀로 짓고, 백설기는 보통 한 되 서 홉의 쌀로 찐다.[10] 설날이 아닌 칠석에 생명의 기원인 삼신할미를 찾고 복을 비는 것은 플레이아데스의 지구 이주자가 도착한 날을 기념하는 풍속에서 유래했기 때문일 것이다. 몸부터 깨끗이 씻은 뒤에 정화수를 올리는 장독대는 전통적으로 칠성과 산신과 용왕에게 비는 제단이다. 이들 모두는 은하수를 건너온 나반존자나 그 직계인 단군과 관련된 것이다.

---

9   Lyssa Royal & Keith Priest, "The Prism of Lyra"
10 '한 되 서 홉'에는 1과 3이 중시되었는데, 이는 1이 3으로 분화하거나 13을 중시하는 수리 관념을 보이는 것이다.

제9장

뱀 · 용의 악마화와
칠두신의 흔적들

알타이 하카시아 암각화에서 머리가 일곱 개이고 몸이 하나인 칠두 신이 발견되었다. 이러한 상징 양식은 알타이뿐만 아니라 고대 메소포타미아, 인도의 힌두교와 불교 문화 그리고 멕시코 아즈텍에서도 발견된다. 그리고 그것들은 북두칠성이 아니라 플레이아데스 상징이다. 그 상징과 함께하는 다른 부호가 만(卍)자형 부호이다. 이것이 플레이아데스 인근의 오리온성단을 나타내는 것이라는 주장이 있고, 수메르의 안(An), 즉 하늘이나 천국과 관련된 것이라는 추측도 있다.

뱀·용의 악마화와 경주 사릉

큰 뱀이나 용은 우주뱀의 상징이다. 우주뱀은 우주에 기원을 둔 신화 속의 창조신이나 그 코드를 말한다. 그것은 황소 뿔과 마찬가지로 거의 모든 건국 문명의 기초에서 발견될 수 있으며, 신성하고 거룩한 것으로 여겨졌다.

[그림 49]는 기원전 2,500년경 수메르 인장이다. 여기에는 가운데 생명나무가 있고, 그 옆에 남녀 두 인물이 앉아 있다. 우측 인물은 소뿔

[그림 49] 뱀과 생명나무, 소뿔 왕관을 쓴 신이 있는 수메르 인장

왕관을 쓰고 있는 것으로 보아 신일 것이다. 여자 뒤에는 큰 뱀이 위로 오르고 있다. 소뿔 왕관을 쓴 신이 생명나무나 우주뱀에 관한 이야기를 들려주는 것일까.

홍산문화 유적에서는 가장 오랜 용(龍) 형상물들이 발견되었다. 요령성 사해(査海) 유적지에서 발견된 석소룡(石塑龍)은 길이가 19.7m, 넓이가 1~2m에 이르는데, 기원전 5,600년경에 제작한 것이다. 수메르 에리두의 엔키 신전이나 수레바퀴 유물이 발견된 동유럽의 선사 문화인 쿠쿠테니-트리필리아 문화 초기와 비슷한 연대이다.

하남성 복양시 서수파(西水坡)의 무덤에서 발견된 방소룡(蚌塑龍)은 기원전 4,500년경의 것이다. 무덤 주인의 유골 좌우에는 흰색의 조개껍질을 쌓아 만든 용과 호랑이 형상이 함께 있었다. 용은 동쪽에, 호랑이는 서쪽에 자리하여 전통 천문학의 28수(宿) 사신(四神)체계와 일치한다.

하늘의 별들을 용으로 상징하는 관념이 매우 오래전에 존재했음을 보여 주는 것이다. 옥기로 제작한 용으로 유명한 것은 내몽고 적봉시에 발굴된 'C자형 옥저룡(玉猪龍)'이다. 이것은 기원전 3,000년경의 것이다. 그리고 사천성 삼성퇴 유적에서도 뱀과 용 그리고 인두사신(人頭蛇身)의 조각상이 인상 깊게 다수를 차지했다(그림 50).

분자 생물학자 제러미 나비가 쓴 《우주뱀=DNA》에는 뱀에 관한 관념이 어떻게 변화했는지 잘 보여 주고 있다. 《구약성서/창세기》 편집 이전 최소 7,000년 동안 레바논 사람들에게 뱀은 경외의 대상이었다. 그리스 신화에서 제우스는 원래 뱀으로 상징되었다. DNA 이중나선은 한 쌍의 뱀으로 상징되는데, 1백조 개의 세포 속에 있는 DNA의 길이가 지구를 5백만 번 감싸고도 남을 만큼 길다. 샤먼의 초월적 세계에서

[그림 50] 삼성퇴의 뱀·용·조인(鳥人) 상들. 특히 좌측 큰 조각품은 뱀과 새 그리고 사람이 함께 있어 괴베클리 테페 생명나무 석판(그림 85-1)과 같은 의미를 담고 있다.

우주뱀은 실제로 체험되는 현상이다.

근대화가 되기 이전까지 한국 민속신앙에서 구렁이는 서구의 풍조와는 달리 집에 복을 가져다주는 업신이자 수호신으로 대접받았다.

용은《주역》의 첫머리를 장식할 만큼 가장 상서로운 상상의 동물이었다. 고구려 오회분 고분벽화와 중국 삼성퇴 유물(그림 50)에서는 큰 뱀이나 용이 눈에 띄는 상징이다.

웨인 허셜은 플레이아데스 기원을 지우려고 서구에서 봉건 통치자들이 소뿔 왕관과 함께 뱀이나 용을 악마화했다고 보고 있다. 또한 고대에 별에서 별로 가는 우주의 통로는 암각화에서 나선형 상징과 우주뱀으로 암호화시켰다고 주장한다.

《구약성서/창세기》에서 생명나무 인근에 있는 뱀은 불멸의 생명으로 인도하는 지혜의 존재가 아니라 거꾸로 필멸의 길로 유혹하는 악마로 조작되었다. 그 바람에 뱀은 지혜나 치유, 재생과 다산의 상징에서 지상에서 가장 교활한 동물로 낙인이 찍혔다.

웨인 허셜은 《성서》에서 악마라는 단어가 우주뱀으로 비유된 별을 뜻한다고 주장한다.

> "고대의 군주들이 가장 소중한 비밀로부터 백성들의 이목을 돌리는 가장 쉬운 방법은 그것을 '악마화'하는 것이었다. 그것을 '악마의 소행'으로 몰아가는 것이다. … 솔로몬 왕이 등장하는 가장 초기의 《구약성서》에서 내가 실제로 발견한 '악마'라는 단어는 고대 히브리어와 관련이 있는데, 그것은 '별'을 뜻한다."[1]

위 인용문처럼 악마라는 단어가 별을 뜻하는 사례를 아세라 여신의 억압에서 찾을 수 있다. 아세라는 별이란 뜻일 수 있고, 《구약성서》에는 그녀가 '하늘의 군대'와 함께 언급되는데, 그녀는 숭앙해서는 안 되는 우상으로 단죄되었다.[2]

---

1 https://cathyfox.wordpress.com/2017/07/20/wayne-hershel-2-alpha-omega-taurus-stargate-revelation-part-2/

2 "왕이 대제사장 힐기야와 두 번째 서열의 사제들과 문지기들에게 명령하여, 야훼의 성전에서 바알과 아세라와 하늘의 모든 군대를 위하여 만들어 놓은 기물들을 모조리 끌어내게 하였다. 그는 그것들을 예루살렘 밖 기드론 들판에서 불사르고 그 재를 베델로 가져갔다." (열왕기하 23장 4절)

[그림 51] 피톤을 죽이는 아폴론

폴 윌리스는 하늘의 군대가 비유적인 표현이 아니라, 실제적인 ET 그룹을 나타내는 것으로 보고 있다.[3]

또한 힘센 영웅이나 용사가 용이나 큰 뱀을 죽이는 그림은 널리 퍼져 있다(그림 51).

신라는 건국 영웅의 묘를 '사릉(蛇陵)', 즉 '뱀릉'이라고 불렀다. 경주에 있는 신라시조묘에 대한 기록이 《삼국유사》에 있다. 혁거세는 승천한 지 7일 후에 유체(遺體)가 땅에 떨어졌으며 왕후 또한 죽었다. 왕과 왕후를 합하여 장례를 치르고자 하였으나 큰 뱀이 따라와서 방해하여 오체(五體)를 따로따로 각각 장례를 지내어 '오릉(五陵)'으로 하고 '사릉

---

3 https://www.youtube.com/watch?v=fAvAQrDOE6k

(蛇陵)'이라 하였다. 알영의 탄생신화에는 용이 등장한다. 알영은 나정에 나타난 용의 갈빗대에 태어났다.

혁거세와 알영의 무덤을 사릉이라고 한 것은 뱀에 대한 신성한 관념이 아직 사라지지 않았을 때의 흔적일 것이다. 이 이야기에는 플레이아데스를 상징하는 숫자 7이 들어 있고, 신성한 숫자 5(오릉)도 포함되어 있다. 5는 황금비가 나오는 피보나치 수열의 수이자 우주를 상징하는 수이다(황금비 Φ = (sqrt (5) + 1)/2).

> **code + 기독교 이전 종교의 중심, 숫자 '5'와 황금비**
>
> 기원전 3천 년보다 이른 시기에 수메르 서판과 힌두교 베다에 묘사된 우주산은 다섯 층계로 되어 있고, 이름은 수메루산 또는 메루산이다. 5층으로 된 메루산의 원형을 본떠서 바빌로니아의 지구라트, 힌두교 장례사원도 5층으로 지어졌다. 별을 뜻하는 이집트 상형문자 역시 오각 점의 별 또는 오각형으로 이루어져 있다. 삼성퇴 유적에서는 많은 오각륜(五角輪)이 발견되었다. 이를 '태양륜(太陽輪)'이라고 부른다. 오각형 대각선의 모든 교차점에서는 황금비율이 발견된다. 또한 지구가 태양을 8회 공전할 때마다 금성이 태양을 13회 공전하는데, 그 8년의 기간 동안 금성은 5번 지구와 교차하면서 하늘에 오각형의 장미꽃을 그린다. 그것은 13 : 8 = 1.625로서 황금비 Φ에 매우 가깝다. 이것은 모든 기독교 이전 종교의 중심에 있는 자연의 주요한 지식이었다. 기독교회에서는 이러한 지식을 가르치는 것을 이교도로 억압하고 금지시켰다.

알타이 하카시야 칠두신

2016년 1월 3일. 러시아의 웹사이트 '지구연대기'에 잘 알려지지 않은 알타이 암각화가 실려 사람들을 놀라게 하였다. 그것들은 러시아 하카시야공화국에서 발견된 적어도 기원전 3,000년 전에 그려진 것으로, 하늘의 기원을 찾는 이들에게 수수께끼의 키이자 게임체인저 같은 유물이었다.

[그림 52] 알타이산맥 하카시야의 칠두신 암각화

하카시야는 러시아와 몽골, 중국, 카자흐스탄이 만나는 접경 지역에서 멀지 않은 곳이다. 이곳의 체르노고르스크 광산은 3억1,000만 년 전 톱니바퀴 모양의 금속 물체가 발견된 곳으로 유명하다. 알타이를 매우 좋아하는 UFO 연구가들 중에는 알타이산맥의 암각화를 지구인과 ET 간의 접촉의 증거로 보고, 알타이가 그 최초의 접촉 장소 또는 인류 분산의 시원지라고 간주하는 사람도 있다.

이 암각화 중에서 칠두신은 가장 널리 알려져 있다(그림 52). 이 암각화가 유명해진 것은 유사한 상징들이 세계 전역에서 발견되기 때문이다.

하카시야 칠두신 암각화는 다음과 같은 특징이 있다. 머리가 일곱 개인 인물 한 명이 가운데 자리하고 있고, 그 아래 일곱 명의 작은 사람이 그려져 있다. 오른쪽 끝에는 생명나무로 보이는 것이 서 있고, 칠두신과 생명나무 사이에 네 구역으로 나눈 원 안에 각각 점이 표시된

만(卍)자형 부호가 있다. 이 부호는 [그림 69]의 '안(An)'의 변형 부호와 닮았다.

웨인 허셜은 만(卍)자형 부호가 오리온자리의 상징이라고 주장했다. 오리온자리는 시리우스와 플레이아데스성단 중간에 위치한 별자리로서 지구의 하늘에서 플레이아데스성단을 찾을 수 있는 방향키의 역할을 한다. 이러한 시각에서 칠두신 암각화를 보면, 그것은 오리온자리로 칠두신이 사는 별이 있는 방향을 가리키고, 일곱 개의 머리가 하나의 몸체로 이루어진 형상으로 일곱 개의 큰 별로 이루어지는 플레이아데스성단을 표현한 것이다. 그러한 특징적인 형상을 다시 부연하여 설명하고자 인간 형상을 한 7인을 덧붙였다. 이 조그만 7명의 인간상은 천상에서 내려온 존재들이 인간형임을 강조한 것이 된다.

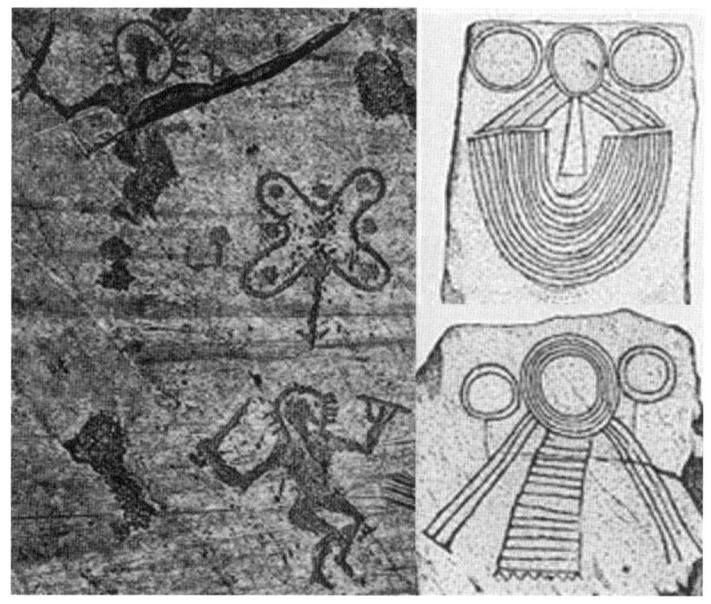

[그림 53] 만(卍)자 부호(左)와 세 개의 태양 상징(右)이 보이는 발카모니카 암각화

칠두신 오른쪽에는 키가 높은 생명나무를 그려 놓아 칠두신이 전하고자 하는 불멸과 환생의 메시지도 함께 나타냈다.

발카모니카 암각화의 우주인과 세 개의 태양

만(卍)자형 부호는 이탈리아 발카모니카 암각화(그림 53)에서 더 이른 시기에 발견되었다.[4] 이 암각화의 제작 시기는 기원전 12,000년에서 기원전 7,000년 사이로 추정된다. '고대 우주비행사론'[5] 지지자들은 발카모니카 암각화를 천상의 존재들이 지구를 방문한 가장 대표적인 증거물 중의 하나로 채택하였다. 그들이 왜 발카모니카 암각화에 있는 인물상을 천상의 방문객으로 보는지 살펴보자.

"(암각화) 장면에서 인간형 인물은 머리에 빛나는 헬멧을 쓰고 있다. 손에는 두 개의 도구, 곧은 것과 세 개의 끝이 있는 것 또는 삼지창을 들고 있다. 머리에 빛나는 요소와 함께 남미, 이집트, 호주, 인도, 수메르 문화에서 발견되는 신의 이미지와 매우 유사하며, 비라코차, 제우스, 바알 등과 같은 신의 이미지와 연결된다. 비슷한 모습을 묘사한 또 다른 암각화도 있는데, 그 암

---

[4] 발카모니카는 이탈리아 북부 알프스 산록의 브레시아 지방에 위치한 세계에서 가장 큰 선사 시대 암각화 단지 중 하나다. 그곳에는 농경과 항해, 전쟁, 마법 등의 장면을 묘사한 약 30만 점의 암각화가 지표에 노출된 2,400개 이상의 바위에 그려져 있다. 1979년 이탈리아에서 최초로 유네스코 세계문화유산으로 인정받았다.

[5] '고대 우주비행사론'은 인간이 신이라고 부른 존재가 고대에 행성 지구를 방문했던 지적 외계 생명체라고 보는 이론이다. 거의 모든 종교의 신이 고대 우주인이며, 그들이 지구로 가져온 첨단기술을 초기 인간이 신성한 지위의 증거로 해석했다고 보고 있다.

각화에서는 한 명이 아니라 두 명의 존재가 표현되어 있으며, 둘 다 빛나는 헬멧을 쓰고 손에 삼지창을 들고 있다.

'우주비행사'(연구원들이 이 암각화에 붙인 실제 이름)는 네모난 구조물인 '로사 카무나'에서 내려오는 것처럼 보이며, 여기서 아래로 가리키는 화살표가 묘사되어 인물의 하강 동작을 강조하고 있다. 이 상징은 카무니 암각화에서 반복되는 상징이며, 거의 모든 대륙의 암각화에서 발견되는 상징인 만(卍)자와 매우 유사하며, 디자인과 해석도 비슷하다.

이 상징이 언제 어디에서 유래했는지는 알 수 없지만, 기원전 10,000년까지 거슬러 올라가는 예가 있다. 만(卍)자는 고대에 반복적으로 널리 퍼진 상징 중에서 카무니가 채택한 유일한 것이 아니다. 흥미롭게도, 우리는 또한 원주민 문화의 선사 시대 암각화, 이집트 종교, 조로아스터교에서 표현된 태양 원반을 찾을 수 있다. 그 외에도 대칭적인 인물이 많은 암각화나 북미에서 흔히 볼 수 있는, 믿을 수 없을 정도로 키가 크고 뿔이 난 인간을 묘사한 암각화 등 신비한 기원을 가진 수많은 암각화가 있다."[6]

웨인 허셜은 이 암각화에서 [그림 53]의 우측에 있는 세 개의 원이 플레이아데스성단의 세 개의 태양을 나타낸 것으로 보고 있다.

6 https://www.theancientconnection.com/ancient-rock-art/italy-valcamonica-astronauts/

아즈텍의 치코메코아틀

하카시야 칠두신의 쌍둥이라고 할 수 있는 형상은 중남미 아즈텍에서 발견된다. 여신의 이름은 치코메코아틀(그림 54-1)로 '일곱 마리의 뱀'이란 뜻이다. 풍요, 다산, 옥수수의 신으로 알려진 이 여신의 몸에서 일곱 마리의 뱀이 나온다.

멕시코 국립인류학박물관에는 치코메코아틀에게 봉헌된 것으로 보이는 인간 희생물을 새긴 조각상이 있다. 이것을 '아파라시오(Aparicio) 기념물(그림 54-2)'이라고 부른다. 이 이미지에서는 희생된 인간의 잘린 목에서 피가 분출되어 솟아오르는데, 그것은 일곱 마리의 뱀이 얽혀 나오는 모습으로 묘사되어 있다. 신을 위한 제사를 위해 희생된 인간은 아즈텍 볼 게임에서 패한 선수이다. 이 조각품은 치코메코아틀의 죽음을 재현하면서 다산과 풍요를 비는 희생제가 있었음을 뜻하며, 그것을 위해 죽은 희생자를 신성과 동일시하는 것으로 이해하고 있다.

메소포타미아의 무슈마흐

일곱 개의 뱀 머리를 가진 신은 고대에 다양한 신화와 문화에서 널리 알려지고 묘사된다. 수메르, 아카드 신화에는 무슈마흐(Musmahhu)가 있는데, 이것은 고귀한 뱀 또는 뛰어난 뱀을 뜻하는 말이다. 뱀같이 생긴 목에 일곱 개의 머리가 있고, 사자나 새의 몸을 가진 혼성체로 묘사된다.

무슈마흐 그림(그림 54-3)은 일곱 머리 중 하나가 아래로 떨어져 있고, 목 부위에 칼이나 나무 같은 것이 가로지르고 있다. 웨인 허셜은 이 조각상이 플레이아데스성단 중 별 하나가 사라졌음을 나타내는 것으로 보고 있다. 플레이아데스의 일곱 별은 어느 때부터인가 육안으로 여섯 개밖에 보이지 않는다. 현대천문학에서 밝힌 바로는 그 시기가 10만 년 전 일이다. 황소 뿔 왕관을 쓰고 있는 인물은 황소자리 신, 즉 플레이아데스의 '지혜의 왕'일 것이다. 일곱 머리 용의 몸에 있는 점은 별을 뜻하고, 등에서 뻗어 나오는 수많은 가지는 우주뱀의 플라스마 에너지일 것으로 추측되고 있다.

[그림 54] 세계적으로 퍼져 있는 칠두신의 상징들. 1은 아즈텍의 일곱 마리 뱀 치코메코아틀, 2는 치코메코아틀에게 봉헌된 멕시코 베라크루즈 아파리시오의 묘비, 3은 아카드(이라크)의 일곱 머리 무슈마흐이다.

제9장 뱀·용의 악마화와 칠두신의 흔적들   193

텔 하조르의 칠두사

2022년 이스라엘 북부 텔 하조르에서 석판 인장(그림 55)이 발굴되었다. 거기에도 머리가 일곱 개인 뱀이 조각되어 있었다. 이것은 지름이 4㎝도 안 되는 작은 것이다. 석판 인장의 연대는 기원전 840~732년경에 속하고, 유대인이나 페니키아인이 제작했을 것으로 추정하고 있다.

여기에는 전사가 한 손으로 칠두사를 잡고 다른 손으로 창을 들고 공격하는 모습을 묘사하고 있다. 인물 등 뒤에 있는 그리핀과 날개 달린 풍뎅이는 사악한 세력에 대항하고 선한 자를 수호하는 부적과 인장으로 사용되는 것이다. 날개 달린 코브라는 우라에우스로 낮 동안 우주를 비추는 이집트 왕 라를 보호하는 여신 와젯의 상징이다. 또한 앙크는 영원한 생명의 상징이다.

따라서 석판 인장의 내용은 영원한 생명이나 광명을 수호하기 위해 일곱 머리 뱀을 죽이거나 그것의 사악한 영향력을 없애기를 바란다는

[그림 55] 칠두사가 새겨진 이스라엘 텔 하조르 석판 인장

것이다. 만일 일곱 머리 뱀이 플레이아데스를 나타내는 것이라면, 이것은 지구에 정착한 플레이아데스인 중에서 권력에 굶주렸거나, 자신들의 목적을 달성하기 위해 토착민에게 해를 끼치는 존재의 영향력을 물리치려는 주술적 치료의 용도로 제작된 것일 수 있다.[7]

힌두교와 불교의 일곱 마리 뱀

[그림 56] 힌두교(左)와 불교(右) 사원의 일곱 마리 뱀신

7   플레이아데스인들은 토착민에게 좋은 일만을 행한 것도 아니고, 실수를 저지르기도 했다. "인간형 종의 특정 발달 단계에서는 신과 같거나 마술적인 인물에게 개인의 힘을 포기하는 것이 일반적이다. 이것은 널리 퍼졌고 곧 플레이아데스인들은 그들에게 주어진 힘을 즐기기 시작했다. 그들은 그것을 휘두르기 시작했다. 일부는 조종하기 위해 두려움을 이용하기 시작했다. 발전하는 지구로부터 배우려는 그들의 영혼 수준의 합의는 개인적인 욕망의 만족으로 변했다. 질투하는 신들에 관한 많은 고대 신화는 플레이아데스를 포함한 다른 성계에서 온 외계 존재들과 직접적으로 연결되어 있다." (Lyssa Royal & Keith Priest, "The Prism of Lyra")

인도는 선사 시대 힌두교에서 불교에 이르기까지 일곱 마리 뱀(나가) 신이 가장 널리 숭배된 곳이다. 힌두교 여신 마나사는 때때로 무릎에 아이를 앉힌 모습으로 묘사되는데, 풍요와 다산 그리고 치유의 신이다. 그녀는 선사 시대부터 숭배된 신으로, 일곱 마리의 코브라가 보호하고 있다(그림 56-左).

일곱 마리 뱀신은 불교의 조각상에도 여전히 영향을 미치고 있다. 방콕국립박물관이 소장하고 있는 '일곱 마리 나가 아래에서 명상하는 붓다' 조각상(그림 56-右)은 그 대표적인 유물이다. 이것은 일곱 마리 뱀신 양식이 인도에서 동남아시아로 영향을 미치고 있음을 보여 주는 것이다.

불교에서는 일곱 마리 뱀신 외에도 만(卍)자형 부호가 지금도 대표적인 상징으로 사용되고 있다.

수메르-바빌로니아의 일곱 별

칠두사나 일곱 뱀에 내포된 숫자 7의 상징은 수메르-바빌로니아에

[그림 57] 초승달과 일곱 개의 별이 있는 이난나

서는 일곱 개의 별로 표현되었다. 수메르 진흙 서판에서 여신 이난나(이슈타르)는 초승달과 일곱 개의 별과 함께 그려진다(그림 57). 이난나는 달의 여신이 아니다. 달의 신은 난나로 남신이다. 따라서 이난나와 함께 그려지는 초승달은 일곱 개의 별을 나타내는 다른 상징으로 보는 것이 합리적이다.

숫자 7로 플레이아데스 일곱 별을 강조한 셀레시우스 석판

베를린 고고학박물관이 소장하고 있는 셀레우코스 시대 우루크 석판(그림 58)에는 황소와 원 안의 초승달 그리고 일곱 개의 별 마크가 그려져 있는데, 별 마크에는 설형문자로 'MUL.MUL(✵. ✵)'이라는 설명문이 달려 있다.

수메르어에서 'MUL✵'(물)은 별이다. 'MUL✵. MUL✵'은 플레이아데스를 뜻한다.

[그림 58] 셀레시우스 석판(VAT 7851, 베를린박물관). 플레이아데스 일곱 별과 그것을 강조한 황소의 어깨 털이 보인다.

황소의 어깨 위에는 플레이아데스를 뜻하는 털을 의도적으로 그렸다. 여기서 보이는 원 안의 초승달 형상은 플레이아데스성단에서 보이는 '세 개의 태양' 중 하나일 것이다. 이 석판은 일곱 개의 점이나 마크가 플레이아데스성단을 뜻하는 것으로 식별하게 한 매우 중요한 유물이 되었다.

고대 수메르에서는 플레이아데스를 뜻하는 고유명사가 따로 없었다. 이슬람 이전 아랍인들도 마찬가지였다. 그냥 별을 뜻하는 안-나짐(an-Najm)이 플레이아데스였다. 수메르인들이 최초로 부르거나 배운 별의 명칭은 '물(MUL)'이었고, 그것은 플레이아데스를 가리키는 단어였을 것이다.

에사르하돈 왕의 승전비

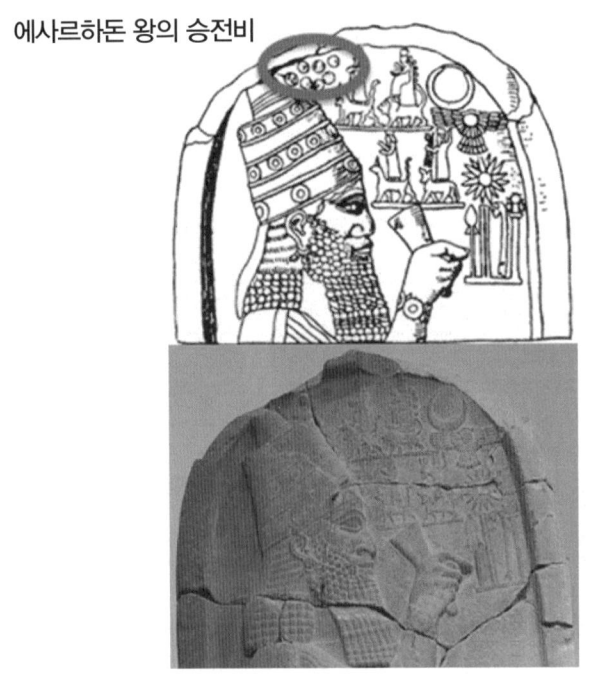

[그림 59] 에사르하돈 기념비. 타원 안에 일곱 개의 별이 보인다.

플레이아데스 일곱 별은 기원전 671년 이집트와의 전쟁에서 승리한 아시리아의 왕 에사르하돈의 승전비(그림 59)에서도 볼 수 있다. 여기에도 소뿔 모양의 초승달이 그려져 있고, 왕의 머리 위에 일곱 별이 있다. 일곱 별의 출신임을 나타내고자 한 것일까, 아니면 그 별의 보호를 받고 있다는 뜻일까.

모헨조다로 인장 속의 플레이아데스

고대인도의 모헨조다로에서 출토된 인장(그림 60)에는 플레이아데스를 일곱 여신으로 묘사하고 있다. 이에 대한 전문가의 해설을 보자.

> "모헨조다로의 이 인장은 아마도 다른 어떤 것보다도 우리가 고대 인더스의 신앙과 전통에 대해 말할 수 있는 것을 더 압축적으로 담고 있다. 여러 개의 문자 부호가 인장 상단을 따라 인물 사이에 삽입되어 있고, 하나의 부호가 나무 아래에 배치되어 있

[그림 60] 모헨조다로 인장 속의 플레이아데스

다. 이 장면은 행렬을 이룬 일곱 인물과 함께 신에게 바치는 특별한 의식적 희생을 나타낼 수 있다. 인장에는 홈이 있고 뚫린 구멍이 있으며, 가장자리는 반복적인 사용으로 인해 마모되고 둥글게 되었다. 그것은 뿔 달린 머리 장식과 양팔에 팔찌를 찬 신이 피팔(신성한 무화과) 나무에 서서 무릎을 꿇은 예배자를 내려다보는 모습을 보여 준다. 작은 의자 위에 인간의 머리가 놓여 있다. 거대한 숫양과 행렬을 이룬 일곱 명의 인물이 이야기를 완성한다. 인물들은 깃털이 달린 머리 장식 하나만 하고, 양팔에 팔찌를 찬 채 긴 치마를 입고 있다.

파르폴라(Parpola)는 이것들에 대해 다음과 같이 썼다. '플레이아데스는 가장 오래되고 중심적인 힌두 신화 중 하나인 전쟁의 신 루드라/스칸다의 탄생신화에서 신생아의 어머니 또는 젖먹이 유모로서 중요한 위치를 차지한다. 루드라/스칸다는 분명히 다른 것들 중에서도 기운차게 떠오르는 태양(그리고 봄의 태양으로서 새해)을 나타낸다. 플레이아데스는 큰곰자리의 일곱 별과 동일시되는 일곱 현자의 아내였다고 한다.'"[8]

시바 신은 브라흐마, 비슈누와 함께 힌두교의 3대 신으로 파괴의 신이다. 시바가 생명나무와 오리온자리 그리고 플레이아데스와 함께 있는 인장이 있다. 이것을 '시바의 밤의 별자리' 인장(그림 61)으로 부른다. 이 인장에는 황소 대신 호랑이가 새겨져 있다.

---

[8] Stephanie V, "The Pleiades Seal"

그림에서 우측부터 생명나무, 시바(앉아 있는 인물), 오리온자리(세 개의 점) 그리고 시바의 손끝에 플레이아데스 7개의 점이 보인다. 생명나무의 지혜를 가르쳐 주는 신이 어느 별에 거하는지 잘 보여 주고 있다.

[그림 61] '시바 신의 밤의 별자리' 인장

제10장

3·7 성수(聖數)의
수수께끼

단군신화의 핵심 코드는 3·7과 21이다. 3은 플레이아데스의 세 개의 태양이나 천지인 삼재를 상징하고, 7은 플레이아데스 일곱 별의 수이다. 21은 황금비가 나오는 피보나치 수열의 수이다. 3·7 성수(聖數) 사상은 삼짇날과 칠석 풍속으로 남아 있다. 칠석은 인류의 조상 나반이 은하수를 건너온 날이고, 삼짇날은 삼신, 즉 마고 여신을 맞이하는 날이다. 마고는 삼신할미의 이칭이자, 아사달이나 아세라로 대표되는 하백 선녀 계통의 우두머리 여신이다. 삼짇날과 칠석은 본래 플레이아데스 축제일일 것이다.

신들의 핸드백

전 세계의 고대 문명이 서로 연결되지 않고 단절되어 있다고 믿는 학자들은 인정하지 않으려는 아이콘이 있다. 이른바 '신들의 핸드백'이라고 부르는 것이다. 고대 이라크(수메르나 바빌로니아), 중앙아메리카의 올멕문화, 안데스 잉카문화의 조각품에서는 신성한 존재들이 현대의 핸드백과 흡사하게 생긴 것을 손에 들고 있다. 심지어 뉴질랜드 마오리족의 장식에도 등장한다.

마오리족 신화에는 '신들의 핸드백'이 천상에서 오는 인물과 관계가 있음을 보여 주는 것이 있다. 즉, 존경받는 영웅이 신들의 거처로 놀라운 여행을 떠났다가 그곳에서 심오한 지혜를 얻고는, 지구로 돌아오자마자 신성한 지식이 담긴 바구니 세 개를 들고 다녔다는 이야기다.

'신들의 핸드백'은 고귀한 신분들만이 가지고 있는 특권적인 휴대물처럼 보인다. 그 존재들은 천상에서 내려온 플레이아데스인이거나 그들과 비슷한 의식 수준에 오른 압칼루 같은 현자일 가능성이 크다.

그렇다면 우리 민족은 그러한 전통이나 영향권에서 벗어나 있을까.

[그림 62]에서 중간 줄의 좌측에 있는 그림은 괴베클리 테페의 D구역 43번 기둥이다. 이 돌기둥의 머리 부분 맨 꼭대기에는 '신들의 핸드백'과 매우 비슷한 부호가 세 개 새겨져 있다. 이것은 일반적인 '신들의 핸드백'과는 다른 특징이 있다. 각 부호마다 상이한 동물 그림이 부가적으로 새겨져 있다. 그래서 이것은 손에 드는 핸드백이 아니라 주요 부족의 거처나 토템일 것으로 보기도 한다.

[그림 62] 다양한 '신들의 핸드백'. 맨 윗줄에 있는 존재들이 압칼루이다.

제10장 3·7 성수의 수수께끼   205

여하튼 이 그림에서 주목해야 할 점은 '신들의 핸드백'이 한 개가 아니라 세 개가 반복되어 있다는 사실이다. 마오리족 신화에서 천상을 다녀온 영웅이 들고 다니는 신성한 지식이 담긴 바구니도 세 개다. 단군신화에서 지상으로 내려가는 환웅에게 환인이 하사한 천부인도 세 개다. 천부인이 지상을 다스리는 데 필요한 신성한 지식이나 첨단 장치라면 환웅은 그것이 들어 있는 가방을 세 개 받았다는 이야기가 된다. 그것은 아마도 백성의 지도자임을 입증하는 보검(또는 왕홀)과 인장 그리고 수메르의 메(Me)와 같이 신성한 지식이나 기능이 담긴 장치일 수 있다. 이제 새로운 시각에서 단군신화에 무엇이 들어 있는지 살펴보자.

---

code + 7인의 현자(압칼루)와 신들의 핸드백

수메르 신화에 따르면 대홍수 이전에 7인의 현자(압칼루)가 있었다. 압칼루는 수메르어 '압갈(abgal)'의 파생어이다. '압갈'은 '현자'나 '현명한'이란 뜻이다('ab'은 '선배(연장자, 장로)', 'gal'은 '위대한'이란 뜻이다). 이들은 엔키가 지구에 파견한 문명의 영웅들이다. 홍수가 끝난 후 파묻어 두었던 지식의 서판을 그 현자들이 다시 캐내고 전 세계로 선진 지식을 전파하여 문명이 다시 일어설 수 있도록 도왔다. 압칼루의 의무는 문화를 확립하고 인류에게 문명을 제공하는 것이었다.
그레이엄 핸콕은 지구의 대재난 이후에 7인의 현자들이 손에 들고 다닌 것이 이 지식의 서판이 든 가방이 아닌가 추측하고 있다. 수메르 신들이 지니고 있었던 '메(Me)'는 세상을 다스리는 데 없어서는 안 되는 고급 데이터베이스이고, 이것을 넣고 다니는 것이 '신들의 핸드백'이라는 추측이 있다. 그것은 생명, 활력, 장수 및 영토의 전반적인 안전과 관련이 있었을 것이다.

단군신화의 3·7 수수께끼

《삼국유사》에 실린 단군신화 속에는 우리 민족의 연원에서 빠트려서는 안 되는 핵심 열쇠가 들어 있다. 다음은 그 간략한 줄거리다.

옛날에 환인이 홍익인간의 뜻을 펼칠 수 있는 삼위태백을 보고 아들 환웅에게 천부인 세 개를 주었다. 신(神) 환웅이 무리 삼천을 거느리고 태백산 신단수 밑에 내려와 신시(神市)라 하였다. 이때에 곰 한 마리와 호랑이 한 마리가 같은 굴에 살면서 환웅에게 기도하되 사람이 되기를 원했다. 이에 환웅은 신령스러운 쑥 한 타래와 마늘 스무 개를 주면서 말했다.

"너희들이 이것을 먹고 백일 동안 햇빛을 보지 않으면 곧 사람의 모습이 될 것이다."

곰과 호랑이는 그것을 받아서 먹고, 삼칠일(三七日)을 금기하여 곰은 여자의 몸이 되었다. 범은 금기하지 못해서 사람의 몸이 되지 못했다. 웅녀(熊女)가 잉태하여 아들을 낳으니 단군왕검이라 하였다. 평양성에 도읍하고 비로소 조선이라 하였다.

이 신화에서 숨겨 둔 숫자 코드는 3과 7 그리고 21이다. 3은 삼위태백, 천부인 세 개, 무리 삼천, 삼칠일에 보인다. 삼칠일(三七日)에는 3뿐만 아니라 7도 들어 있다. 그리고 '쑥 한 타래와 마늘 스무 개'의 합계가 21이다.

삼칠일은 3과 7이 들어간 날?

삼칠일을 일반적으로 21일로 풀이하는데, 이것을 열흘 중에서 3과 7이 들어 있는 이틀을 금기하는 것으로 풀이하면, 100일 중에서 20일을 특별히 금기하는 것이 된다. 이 숫자는 마늘 20개와 일치한다.[1] 이러한

---

[1] https://blog.naver.com/semo1999/220759090634

주장을 뒷받침하는 것으로는 "삼칠일을 택하여 모든 사람이 모여 계(戒)를 지켰다."는 《단군세기》의 기록이 있다.

숫자 3이 상징하는 것은 우주의 삼대 요소인 하늘과 땅 그리고 사람, 즉 천지인 삼재(三才)일 것이다. 그리고 플레이아데스 에라 행성의 '세 개의 태양'일 것이다. 또한 태반과 탯줄 등 태아의 생명력을 뜻하는 태(胎)의 우리말도 '삼'이다.

숫자 7이 상징하는 것은 지구에서 가장 중시해야 할 천문상의 칠요(七燿), 즉 일월(日月)과 오행성일 것이다. 그리고 북두칠성과 플레이아데스 일곱 별이다. 북두칠성은 하늘의 북극을 알 수 있는 별자리이다. 샤먼의 체험담이나 보편적으로 전해지는 이야기로는 북극은 세계의 축(액시스 문디)으로서 샤먼이 환자의 치료에 필요한 지식을 다른 세계로부터 가져오기 위해 영적으로 횡단해야 할 통로이다. 숫자 7이 플레이아데스 일곱 별과 관련이 있음은 말할 필요가 없을 것이다.

> code + 삼칠일과 선각(仙覺) 수행
>
> 음력 3일은 밤하늘에 처음으로 초승달이 나타나는 날이고, 음력 7일은 반달의 형상이 보이는 날이다. 만일 고대에 3일과 7일을 특별히 금기일로 정했다면 그것은 선각(仙覺) 수행과 연관이 있을 것이다. 단(丹)의 수련법에서는 달(月)의 에너지를 특히 중시했다. 고구려 고분벽화에서는 그런 깨달음의 과정을 '선각(仙覺)'이라고 불렀고, 그 수행자들을 '선인(仙人)'이라고 명기하였다. 매산리사신총 벽화에는 가부좌를 틀고 수행하는 남녀의 모습 위에 '선각(仙覺)'이라고 표기되어 있다.

21은 환생과 관련된 숫자

삼칠일은 21일로 볼 수도 있다, 그럴 때 숫자 21은 무엇인가.

21일은 여성의 출산 후의 금기 기간으로 지켜졌다. 아기가 태어나면 삼칠일, 즉 초이레(초칠), 두이레(이칠), 세이레(삼칠) 동안 대문에 금줄을 쳐서 새 생명이 탄생한 공간과 외부 세계를 격리시켰다.[2]

또한 21은 플레이아데스인이나 임마누엘이 가르친 환생과 관련이 있는 중요 정보였다. 즉, 인간은 사후에 그 영체가 잠시 중간계[3]에 머무르다가 자신이 환생하게 될 태아가 임신 후 21일째에 심장이 뛰기 시작할 때 그 몸으로 들어간다는 것이다.[4]

그리고 숫자 21은 황금비가 나오는 피보나치 수열을 이루는 수이기도 하다. 황금비에 대해서는 15장에서 다룰 것이다.

우리 민족은 3과 7이 겹으로 들어간 날을 세시풍속의 기념일로 삼았다. 삼짇날과 칠석이 그것이다.

삼짇날과 마고

칠석에 대해서는 8장에서 논의한 바 있다. 삼칠 풍속의 다른 축이 음력 3월 3일 삼짇날이다. 19세기까지는 '삼질날'로 표기되었다가 '삼짇날'로 바뀌었다.[5] 삼을 태(胎)로 보면 모태에 생명이 싹트는 일이 '삼질'

---

[2] "삼칠일에 행하는 주요한 의례 내용은 초이레(초칠), 두이레(이칠), 세이레(삼칠) 때 출산과 육아를 관장하는 삼신에게 상을 올리며 아기와 산모의 건강을 빌게 된다. 삼신은 태(胎)의 우리말이 '삼'이기 때문에 탯줄을 관장하는 신이라는 뜻을 담고 있으며 이를 여성이라 보아 '삼신할미'라고 부르는 경우가 많다." 《한국민속대백과사전》

[3] 죽음과 환생 사이에 잠시 머무르는 세계를 티베트 불교에서는 '바르도'라고 부른다. 바르도는 '틈새'라는 뜻이다. 이를 우리말에서는 저승이라고 하는데, '중간계(中間界)', '중유(中有)'라고도 부른다.

[4] 이러한 내용은 빌리 마이어와 함께 하는 FIGU의 환생상담 자료집에 들어 있다.

[5] '삼질'이 삼일의 자음에서 변질되어 파생되었다는 설이 있다.

일 수 있다. 우리말 삼은 삶(生)과 가깝다. '삼을 짓는다'는 것은 '생명을 만든다'는 의미와 같다. 또한 생명을 만들려면 천지인의 세 기운이 합쳐야 한다. 생명을 키우는 일은 게을러서는 안 되기 때문에 자주 해야 하는데, 그것을 '일삼다'고 한다. 이날은 '여자의 날'이다. 태내에서 생명을 짓는 주체도 여성이고 아이를 계속 키우는 일도 주로 여자에게 달렸기 때문일 것이다.

우리말에서는 베옷을 짓는 '마(麻)'도 삼이라고 불렀다. 생명에 필수적으로 따르는 것이기에 같은 소리로 지었을 것이다. 생명을 갖게 하는 여신을 '삼신할미'라고 부른다. 삼신할미를 한자로 '마고(麻姑)할미'라고도 한다(삼 '마(麻)'가 들어 있다). '노고(老姑)'도 같은 뜻이다. 이러한 의미들을 고려해서인지는 몰라도 요즈음 삼짇날을 '마고 탄신일'이라고 부른다. 《부도지》의 저자는 우주와 인간의 시원을 마고까지 끌어올렸다. 우주는 몰라도 인간의 시원을 마고, 곧 삼신할미로 볼 수도 있다.

《삼국유사/가락국기》에는 서기 42년 3월 첫 뱀의 날, 즉 상사일(上巳日)을 '계욕의 날'이라고 하는데, 이날 신맞이굿을 벌였다고 하는 기록이 있다(3월 계욕일이 삼짇날이다). 계욕은 몸과 마음을 깨끗이 씻는 것이다. 이때쯤이면 플레이아데스가 북반구 하늘에서 잠시 사라지기 시작할 때이다.

가야의 삼짇날과 플레이아데스 상징

이날 김해 지방에는 매우 중대한 일이 벌어졌다.[6] 즉 하늘에서 금합

---

[6] 가야인들이 자리 잡은 땅의 이름은 김해(金海)이다. 금(金)의 바다이다. 금은 오행으로 서방이고, 바다는 은하의 비유이다. 곧 플레이아데스가 있는 서쪽 하늘이다.

이 내려왔는데, 그 안에는 황금알 여섯 개가 있었고, 이튿날이 되니 그 알에서 어린아이가 태어났다는 것이다. 그가 바로 수로왕이었다. 왕이 2년째 되던 해에 수도를 정하는데, 기록에는 수수께끼 같은 숫자가 등장한다.

"이 땅은 협소하기가 여뀌 잎과 같지만 수려하고 기이하여 가히 십육나한이 살 만한 곳이다. 더구나 1에서 3을 이루고 그 3에서 7을 이루니 7성(七聖)이 살 곳으로 가장 적합하다. 여기에 의탁하여 강토를 개척해서 마침내 좋은 곳을 만드는 것이 어떻겠는가." (삼국유사/가락국기)

십육나한은 붓다의 16명의 제자로서 거의 붓다와 같은 경지에 오른 각자(覺者)들이다. 그런데 플레이아데스 에라 행성 인근에는 16개의 유인 행성이 있다.

code + 인류의 시조, 마고와 플레이아데스의 연관성

《부도지(符都誌)》는 신라 박제상 집안에 내려오던 고문서로서, 우주와 인류 발생, 마고성 이야기, 황궁씨로부터 임검씨와 부루씨까지 이어지는 역사를 천부삼인의 계승 역사로 기록하고 있다. 앞의 표 《라이라/플레이아데스-지구 연표》에서 BC. 226,000년 플레이아데스의 명칭이 플레야로 명명되는데, 플레야는 여성 통치자의 이름이었다. 그 후 플레이아데스는 지구에 식민지를 건설한다.
마고가 다스리는 성을 마고성이라 하는데, 그 성에는 실달성과 허달성이 있다. 인간들이 죄를 짓고 성 밖으로 떠나자 마고는 실달성을 없애고 허달성으로 옮겨 갔다. 실달성은 지구에 있던 성이고, 허달성은 플레이아데스일 것이다. 수메르 왕명록에서는 대홍수 이전에 다섯 개 도시를 여덟 명의 왕이 241,200년 동안 다스린 내용을 기록하고 있다. 그 연대가 플레이아데스의 지구 개척 시기와 큰 차이를 보이지 않는다.

왕은 수도로서 적합한 땅을 보면서, '1에서 3을 이루고 그 3에서 7을 이루니 7성(七聖)이 살 곳으로 가장 적합하다.'고 한다. 그간 이 기록을 오행설로 풀이하기도 했다.7 만일 수로왕이 직접 이 말을 했다면, 그것은 전혀 다른 뜻일 수 있다. 1은 우주의 본체(창조)로서 하나의 우주알이고, 3은 플레이아데스의 세 개의 태양이고, 7은 플레이아데스 일곱 별이다. 이것만큼 명확하게 플레이아데스의 비밀을 드러낸 언급은 없다. 특히 숫자 7 다음에 다시 칠성(七聖)을 언급하고 있다. 일곱 성현은 수메르의 일곱 압칼루 이후로 전 세계에 널리 퍼진 칠현(七賢)에 대한 상징이다. 물론 압칼루는 수메르 신 엔키가 창조한 현자들이다.

[그림 63] 함안 말이산 25호분 출토 굽다리등잔. 몸체 하나에 일곱 개의 잔이 얹혀 있다. 1 → 7의 변화를 보여 준다.

7   이 구절의 숫자를 오행설로 풀이하면, '숫자 1을 상징하는 물(水)로부터 3을 상징하는 나무(木)가 나오고, 그 나무에서 숫자 7을 상징하는 불(火)이 생긴다는 것'이다. 그리고 이러한 풀이에 대해서도 '후대의 윤색일 뿐 수로왕 당대의 인식으로 보기 어렵다는 견해가 있다.'는 평이 덧붙여 있다.

[그림 64] 김해 출토 가야 철갑옷(左)과 요르단 아세라 모형 신당(B.C 8~9세기)(右)

최근 아라가야 지역인 함안 말이산 25호분에서 출토된 굽다리등잔 (그림 63)은 일곱 개의 잔으로 이루어져 있는데, 이것은 유대의 메노라와 같은 상징이고, 가야와 플레이아데스의 관계를 드러낸 유물일 것이다.

수로왕설화에서 중요한 점은 가야인이 자신들의 개국시조가 하늘에서 내려온 날을 삼짇날로 기록했다는 사실이다. 그리고 왕의 입을 빌려서 자신들의 출신지를 숫자 3과 7 그리고 16으로 상징되는 플레이아데스 코드로 남겼다는 것이다.

가야의 중심 고분군인 김해 대성동고분에서 발굴된 20~30대 여성의 머리맡에는 철제투구 조각이 놓여 있어 이들이 여전사임을 짐작케 했다. 가야 전사의 철갑옷(그림 64-左, 김해 퇴래리 출토)에 있는 나선형 문양은 요르단 출토 아세라 여신의 모형 신당(그림 64-右)의 문양과 동일하다.

아세라 모형 신당에 있는 나무나 꽃잎 문양은 아세라의 생명나무 상

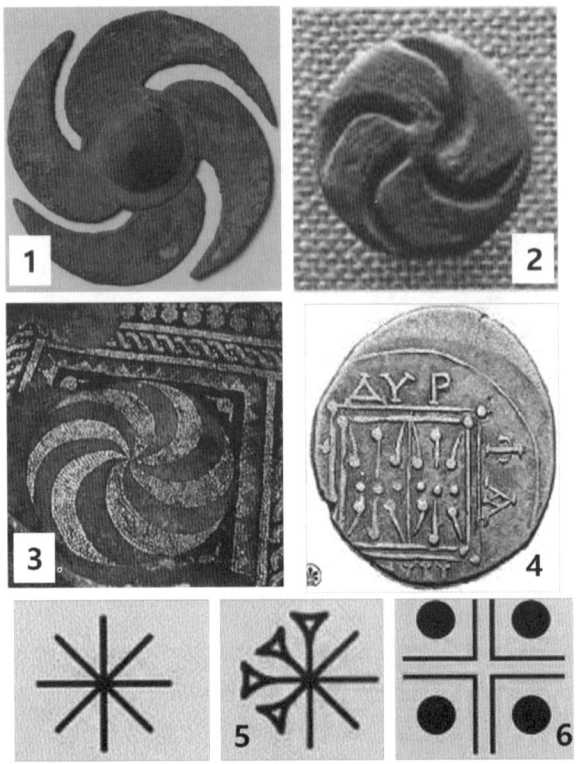

[그림 65] 가야 파형동기와 다른 유사한 기호·문양들. 1. 파형동기 2. 알바니아 티라나 출토 종교 물품(B.C 2,400) 3. 알바니아 카펫 문양 4. 수메르 설형문자 '안'과 비슷한 알바니아 동전 문양 5. 수메르 설형문자 안(하늘, 천국) 6. 수메르 설형문자 안의 변형 부호

징으로 알려져 있다. 이러한 나선형 문양은 현대에 컴퓨터로 생성하는 생명나무의 프랙탈 패턴으로 재현되고 있다. 여신전을 지키는 여성결사(아마조네스)의 유습이 가야에 지속되었던 것일까.

또한 김해 대성동에서만 출토되는 파형동기(그림 65-1)는 가장 높은 신분의 상징물로 평가되고 있다. 이 동기의 문양이 무엇을 상징하는 것인지 아직 알려진 바가 없다. 한 연구 자료에 따르면, 이 문양은 '하

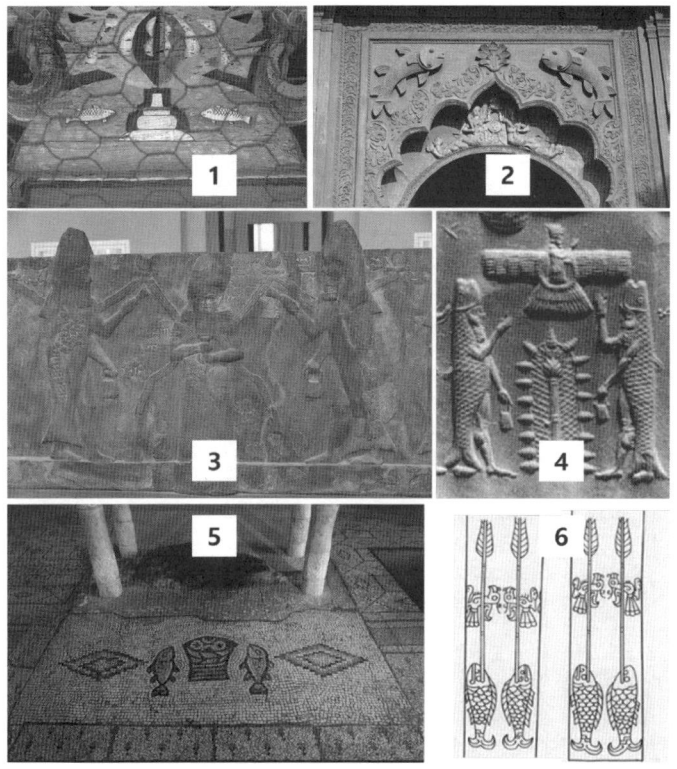

[그림 66] 쌍어문. 1. 김해 수로왕릉 2. 인도 야요디아 3. 엔키(에아)와 압칼루(신아시리아) 4. 압칼루(신아시리아) 5. 가버나움 곱셈교회(이스라엘) 6. 삼성퇴 황금 지팡이

늘'이나 '천국'을 뜻하는 수메르 설형문자 '안(An: 그림 65-5)'이나 그것의 변형 부호(그림 65-6)와 연결될 수 있다.

  김해의 수로왕릉에 있는 쌍어문은 인도 아요디아를 넘어 고대 메소포타미아 지방까지 연결된다(그림 66). [그림 66-3]은 기원전 704~681년경의 신아시리아 유물이다(베를린 페르가몬 박물관 소장). 이 조각품의 가운데 인물은 엔키이고, 양옆의 물고기 인간이 엔키의 사제인 압칼루이다. [그림 66-4]에는 두 명의 압칼루가 생명나무 옆에 서 있고, 그 위로 이른바 '날개 달린 원반'에 천신인 아누가 서 있다.

엔키의 주요 상징 중 하나는 물고기이다. 임마누엘(예수)의 물고기 상징(오병이어)도 엔키와 마찬가지로 플레이아데스로부터 전승되었을 것이다. [그림 66-5]는 이스라엘 가버나움 교회의 두 마리 물고기 장식이고, [그림 66-6]은 삼성퇴 출토 황금 지팡이(금홀)에 새겨진 물고기 장식이다.

가야국의 쌍어문 전통이 기독교, 불교 그리고 수메르의 엔키 신까지 이어지고, 단군조선 시대의 사천성 삼성퇴 유물에도 등장한다. 시기적으로는 삼성퇴와 신아시리아 쌍어문이 오래된 것이다. 종교의 기원이 하나임을 말해 주는 증거라 할 수 있다.

백제의 칠지도

백제왕이 왜왕에게 선물했다는 '칠지도'(그림 67)는 생명나무나 신목(神木)의 형상으로 함안 말이산 굽다리등잔의 수리처럼 가지가 일곱 개이다. 이것은 메노라의 상징과 더욱 가깝다. 플레이아데스 혈통임을 서로 확인하고 공유하면서, 서로 간에 동맹을 맺자는 의미에서 준 선물일 것이다.

[그림 67] 백제의 칠지도

고구려의 삼짇날 풍속

삼짇날, 고구려 평양의 낙랑 들판에서는 국가적 차원의 사냥대회가 성대하게 열렸다. 평원왕 때의 장수인 온달이 발탁된 것도 이날 치러진 행사에서였다. 이 행사에는 왕을 포함한 나라의 뭇 인재들이 참여해 사냥하고, 잡은 동물로 하늘과 산천에 제사를 지냈다. 약수리고분 묘실의 앞방 서벽에는 삼짇날의 사냥 장면이 그려져 있다(그림 68-上). 사냥도는 고구려인들이 말을 타고 곰, 호랑이, 사슴 등을 집단적으로 사냥하는 장면을 생동감 있게 보여 준다.

[그림 68] 고구려 약수리고분의 사냥도(上)와 플레이아데스(下)

약수리고분의 플레이아데스

약수리고분은 4~5세기경의 고구려 벽화고분이다. 이 고분을 주목해야 하는 것은 다른 고분벽화에서 찾을 수 없는 플레이아데스가 유일하게 그려져 있기 때문이다(그림 68-下). 고분의 널방 벽 상부에는 사신도가 각 방위를 대표하는 별자리와 함께 그려져 있는데, 남벽의 주작 위에 플레이아데스가 일곱 개의 점으로 묘사되어 있다. 남벽과 맞닿아 있는 서벽에는 오리온자리가 있다.

삼족오는 '세 개의 태양' 상징

플레이아데스와 관련된 고구려의 또 다른 대표적인 유물로는 오회분의 삼족오(세 발 달린 까마귀)를 들 수 있다.[8] 삼족오는 해를 상징하는 원 안에 그려져 있어 '태양새'라고도 알려져 있다. 삼족오는 고구려 고분과 일본 개국신화에도 보이고, 오래된 것으로는 기원전 4,000년경 중국 양사오(仰韶) 문화에서도 보인다.

삼족오의 상징은 여러 가지 뜻으로 해석되었다. 요가나 선각 수행법에서는 쿤달리니를 활성화하는 양의 기운의 상징으로 쓰인다. 고대 동북아시아의 샤머니즘에서는 오리처럼 신의 세계와 인간 세계를 연결하는 전령조를 뜻하기도 한다.

---

[8] 삼족오는 고구려 쌍영총, 각저총, 덕흥리 1·2호 고분, 개마총, 강서중묘, 천왕지신총, 장천 1호분, 무용총, 약수리 벽화고분, 오회분 등에 그려져 있다. 오회분이란 분묘가 투구처럼 생긴 다섯 개의 고분을 말한다. 투구처럼 생긴 것은 고분이 죽은 자의 무덤이 아니라 특수한 수행 장소로서의 기능을 가졌기 때문일 것이다. 투구형은 기(氣)를 흩어지지 않고 한군데로 모을 수 있는 가장 효과적인 디자인일 수 있다. 동굴이나 지하 공간은 예로부터 수행에 이상적인 장소였다.

[그림 69] 삼족오 형상이 뚜렷이 묘사된 고구려 오회분4호묘 벽화

[그림 69]에서는 검은빛의 몸체에 세 개의 다리가 확실하게 보인다. 그런데 해를 상징하는 원의 아랫부분이 초승달 같은 형상으로 짙게 칠해져 있다. 다른 곳에 묘사된 삼족오에 초승달이 공통적으로 보이지 않으므로 단언하기는 어렵지만, 오회분4호묘의 삼족오를 둘러싼 원은 플레이아데스 상징과 유사해 보인다.

삼족오의 검은빛은 플레이아데스와 관련된 이집트의 흑소를 연상시키고, 다리가 셋인 것은 플레이아데스의 세 개의 태양을 떠올린다(14장 참조). 단오의 풍속에 남아 있는 치우의 다른 이름은 자오지(慈烏支)이다. 여기에는 미트라 신도(용화교도)를 가리킬 때 사용되는 '자(慈)'와 까마귀 '오(烏)'가 들어 있다.

제11장

좀생이날과 추석은 플레이아데스 축제일

우리나라에서 플레이아데스 명칭으로 벌이는 축제는 음력 2월 6일 좀생이날이다. 이날을 '좀상날'이나 '점성(占星)날'이라고도 부른다. 초승달과 플레이아데스의 거리를 보고서 농사점을 보기 때문이다.[1] 동일한 현상에 대해서 지역에 따라 풍흉을 가리는 방법이 다른데, 본래 이날이 별점을 치는 것보다는 다른 목적을 위한 축제일이었음을 추측케 한다.

강릉사천하평답교놀이

[강릉 좀생이날 행사 과정(강릉사천하평답교놀이)]

과장	주요 내용
1	금줄 치기
2	서낭 모시고 다리밟기
3	농악놀이
4	석전(石戰)
5	횃불놀이
6	달 보고 기원하기

좀생이날 축제의 주요행사는 좀생이별과 달 구경하기, 서낭 모시고 다리밟기 그리고 농악·석전·횃불놀이로 구성된다. 이러한 축제 내용

---

[1] 점치는 방법은 지역에 따라 차이가 있다. 대체로 초승달에 플레이아데스가 가까이 가면 좋고, 너무 멀면 흉년이 들며, 아주 가까워도 좋지 않다고 한다. 전북에서는 좀생이별이 달의 뒤로 돌아가면 풍년이 들고, 앞으로 나오면 흉년이 든다고 한다. 《열양세시기(洌陽歲時記)》에 이르기를, 징험해 보니 제법 맞는다고 하였다.

이 잘 보존된 것 중의 하나가 강릉사천하평답교놀이이다.[2]

행사를 시작하기 전이나 마무리 시간에 플레이아데스(좀생이별)와 달을 본다. 이날의 달은 초승달에서 반달로 커가는 형상이다. 이 달이 있는 곳에 플레이아데스가 보인다. 플레이아데스의 기억이 사라진 훗날에는 초승달만 보고 소원을 빌었겠지만, 그 이전에는 달이 아니라 플레이아데스를 생각하며 인류의 고향별과 불멸과 환생의 진실을 되새겼을지도 모른다.

좀생이날의 공식 행사는 서낭을 모시는 구역(소도)에 금줄을 치고 솔가지를 꽂는 것부터 시작한다. 신성한 존재의 강림이나 영적인 만남의 공간을 위한 선언인 셈이다. 모셔 오는 서낭은 단군 또는 삼성(三聖)이다. 이들은 우리 민족의 선조이자 플레이아데스와 직접 연결되는 신들이다. 강릉단오제에서도 똑같이 대관령 서낭당까지 가서 신목(神木)과 서낭을 모셔 온다. 신목은 괴베클리 테페까지 올라가는 생명나무(세계수)의 상징이다.

---

2   축제가 진행되는 과정은 모두 6과장으로 나누어져 있다. 1과장에서는 솔문에 금줄을 두르고 솔가지를 꽂아 액을 막고 복을 빈다. 2과장에서는 서낭을 모시고 다리밟기를 하는 다리굿 과정에서 충돌이 일어난다. 3과장은 양 마을의 농악대의 상쇠들이 강릉농악 12채 가락의 기량을 선보이는 '채싸움' 대결 마당이다. 4과장에서는 승부에 밀리는 마을에서 먼저 돌팔매를 시작한다. 5과장에서는 횃불을 들고 상대방으로 달려가 맞닥뜨려 승부를 낸다. 6과장은 승부를 넘어서 양쪽 마을이 화합하고 다리의 건강과 안녕을 위하는 다리밟기와 다리 한가운데서 달을 향하여 술령~수를 치며 풍농을 기원한다.

마야·페루의 좀생이별 뜻

플레이아데스를 왜 좀생이별이라고 불렀을까.

고대 마야에서도 이 별을 조그맣다는 의미에서 "모츠(motz)"라고 불렀다. 모츠는 '한 줌'이라는 뜻이다. 마야인들은 플레이아데스를 "한 줌의 씨앗"으로 여겼다. 그리고 그 별의 씨앗들이 지구에 심어져 세계수인 은하수에 열매를 맺었다는 신화를 가지고 있다. 페루의 원주민은 플레이아데스를 "코토(qoto)"라고 부르는데, 이는 토착어인 케추아어로 "작은 별"을 뜻한다. 한반도만이 아니라 중남미 대륙까지 이 조그만 별을 신성시하고 작은 별이란 의미로 이름을 부르는 것이 동일했다.

플레이아데스는 별시계

왜 많고 많은 날 중에서 플레이아데스 축제일을 음력 2월 6일로 정했을까. 이것이 수수께끼 중의 하나다. 먼저 북반구 하늘에서 플레이아데스의 출몰 현상을 이해할 필요가 있다.

북반구에서 플레이아데스는 5월에서 9월까지 보이지 않는다. 일찍 일어나는 사람들은 늦여름이나 초가을의 새벽 전 시간에 잠깐 볼 수 있다. 그리고 10월에서 4월까지 저녁 하늘에서 볼 수 있지만 11월과 12월에 가장 잘 보이고, 밤새도록 볼 수 있다. 특히 11월은 '플레이아데스의 달'이다. 플레이아데스가 황혼부터 새벽까지 빛나기 때문이다. 북반구에서 봄에 플레이아데스가 새벽쯤에 떠오르는 것은 고대부터 항해와 농사철의 시작을 알렸고, 가을에 아침에 지는 것은 계절의 끝을 의미했다. 플레이아데스가 계절을 알게 하는 별시계였던 것이다.

할로윈은 플레이아데스 축제일

고대 영국에 거주했던 켈트족의 축제를 '삼하인(Samhain)'이라고 하는데, 그 뜻은 '여름의 끝'이다.[3] 11월 1일(양력)이다. 이때 플레이아데스가 자정 무렵에 하늘에서 가장 높은 지점에 도달한다(이 날짜는 고정되어 있지 않고 변한다). 켈트족은 이날 살아 있는 생명과 죽음의 경계가 흐려진다고 믿었고, 조상의 영혼, 즉 플레이아데스의 영혼이 이승으로 돌아온다고 여겼다. 이것을 '좀생이혼'이라고 부르는지 모르겠다.

현대의 할로윈 축제는 이 '삼하인' 축제에서 유래했다. 악령이 해를 끼치지 못하게 자신도 악령으로 변장하고 즐기는 축제인데, 플레이아데스는 사라지고, 괴기스럽고 경박한 놀이만 남았다. 기원을 알지 못하면 문화가 어떻게 변질되고 타락할 수 있는지를 잘 보여 주는 사례이다.

멕시코의 새불 축제와 개천절

멕시코 아즈텍에서도 11월(양력)에 플레이아데스가 자정 무렵에 하늘에서 가장 높은 지점에 도달할 때를 기념하여 똑같이 축제를 벌였다. 이것을 '새불 축제(The New Fire Ceremony)'라고 불렀다.[4]

마야와 아즈텍인들이 사용한 마야력에는 촐킨력(260일)과 하압력(360일) 두 가지가 있다. 주기가 짧은 촐킨력은 종교와 의례적인 목적

---

[3] 영국 선주민들의 무덤 양식에는 고인돌도 있고 원형석관묘도 있다. 원형석관묘는 춘천 중도유적지에서 발굴되었다. 고대 우리 민족과 영국 선주민들의 관계를 짐작게 한다.

[4] 플레이아데스의 52년 주기가 돌아오는 날, 아즈텍인들은 집이나 거리를 청소하고, 낡은 가구나 도구, 옷들을 버리고, 밤이 되면 사원에서 가정 난로에 이르기까지 모든 종류의 불을 끄고, 밤하늘에 플레이아데스가 떠오르기를 기다렸다.

이 있었고, 그보다 주기가 긴 하압력은 태양력이다. 이 두 개의 역년이 같이 출발하여 다시 맞아떨어지는 데 52년이 걸린다. 그런데 이 52년 주기는 플레이아데스의 출몰에 맞춘 것이었다. 즉, 촐킨력과 하압력 두 주기가 일치하는 기간 동안, 자정에 하늘의 중심에는 플레이아데스가 떠 있었다. 이러한 주기에 따르면, 어떠한 날도 1만8,980일(또는 52년)이 지나지 않고서는 그와 똑같은 날이 반복되지 않는다. 이 주기가 돌아오는 해는 새로운 52년 주기가 시작하는 해였고, 마야와 아즈텍인들은 그때에 맞춰 대대적인 축제를 벌였다.

고조선을 계승한 동예(東濊)의 제천행사인 무천(舞天)은 밤낮으로 술 마시고 춤추며 하늘에 제사 지내는 축제인데, 음력 10월에 거행하였다. 축제의 성격이나 시기가 겹치는 것으로 보아 켈트족의 '삼하인' 축제와 마야·아즈텍의 '새불 축제' 그리고 고조선의 개천절(음력 10월 3일) 축제와 동예의 무천 축제는 그 기원이 같아 보인다.

> **code + 동예의 무천은 고조선의 풍속?**
>
> 동예의 무천 행사가 고조선의 풍속이라고 기록된 문헌이 발견됐다. 1907년 마크 아우렐 스타인(1862~1943)이 둔황(敦煌)에서 영국으로 반출한 '둔황문서' 중 하나인 《토원책부》 제1권의 주석에는 고조선의 풍속으로 10월에 제천행사인 무천이 열렸고, 출정에 앞서 소를 잡아 발굽의 형상으로 길흉을 점치던 우제점(牛蹄占)이 있었다는 기록이 적혀 있다. 좀생이날 축제와 단오절 축제가 옛 모습을 보존하면서 강하게 남아 있는 강릉은 동예가 있던 지역이다. (발견자: 윤용구 박사)

좀생이날을 왜 2월 6일로 정했나

《승정원일기》 영조 47년 기사에는 특기할 만한 내용이 실려 있다. 왕이 신하에게 신라·백제에서 단군왕검께 제사 지낸 달을 알아 오라 했더니, 신라·백제에서 1년에 2번, 2월과 8월에 제사 지냈다고 보고했다는 것이다.[5] 조선 시대에는 2월과 8월의 상순 중에 길일을 택해서 단군에 제사하였다. 음력 2월과 8월에는 조상의 시제(時祭)를 지내는 전통이 있었는데, 단군을 민족의 시조나 천명을 받은 왕으로 오래전부터 인정하고 제사 지냈음을 알 수 있다.

좀생이날 2월 6일은 2월 상순에 지내는 단군제사일과 겹치거나 그 인근에 걸쳐 있다. 강릉 좀생이날 행사의 '서낭 모시기' 풍속으로 보아서는 좀생이날 행사가 지역이나 마을 단위에서 행하는 단군제(서낭제)의 성격을 띤 것으로 보인다. 그렇게 보면 좀생이날 축제는 단군제이면서 플레이아데스 축제일 수 있다.

좀생이날을 2월 6일로 정한 것은 달의 운동과 관련이 있을지 모른다. 플레이아데스는 태양이 가는 길인 황도 바로 위에 위치하고 있어서 달과 함께 보일 때가 많다(그림 71-右). 초승달은 하늘에서 달이 태양과 같은 방향에 있고, 항상 태양 근처에 있을 때이기 때문에 특히 달이 초승달일 때 플레이아데스가 잘 보인다. 보름달은 하늘에서 달이 태양과 반대편에 멀리 떨어져 있을 때이고, 달빛이 밝아서 플레이아데스가 잘 보이지 않을 수 있다. 또한 달이 플레이아데스를 가릴 때도 있다.

음력 2월 6일은 초승달도 가늘지 않고 두껍게 보일 때이다. 또한 이 날은 춘분(3월 21일경)에 가깝다. 춘분은 낮과 밤의 길이가 같은 날이다. 이날을 지나면 낮이 길어지고 밤이 짧아지기 시작한다. 그러므로

---

[5] 《승정원일기》 영조 47년 10월 7일 갑술 1771년. "注書出去知入, 新羅·百濟檀君祭享之月. 賤臣承命出來還奏曰, 一年兩次, 而二月·八月祭享云矣."

별을 관측하려면 춘분이 되기 이전이 좋다.

　달은 때때로 태양보다 북쪽이나 남쪽 지평선에서 더 멀리 떴다가 질 수 있는데, 이것은 달이 태양과 같은 경로를 따르지 않고, 지구를 돌면서 운동하기 때문이다. 음력 일자에 지평선에서 달이 떠오르는 가장 먼 북쪽 지점과 남쪽 지점을 계산한 자료에 따르면, 음력 2월 6일과 음력 8월 15일을 기준으로 ±3일 전후한 날짜에 그런 현상이 발생할 가능성이 가장 컸다.[6] 이러한 날에는 달이 평소보다 하늘에 더 오래 머물러 있는 것처럼 보인다.

　좀생이날은 춘분을 넘지 않으면서, 초승달일 때 그리고 달이 가장 잘 보이고 하늘에 가장 오래 머무는 것처럼 보이는 날을 택한 것일 수 있다. 그날은 양력 3월에 속해 봄기운이 피어오르기 시작할 때이다. 플레이아데스와 함께 봄의 생명 축제를 만끽하자는 뜻이 담겨 있을지 모른다.

유대의 초막절 '숙곳'

　우리의 좀생이날 축제와 내용 면에서 매우 유사한 것이 유대의 초막절이다. 초막절은 유대인의 세 가지 축제 중에서 가을 축제인 '숙곳'에서 비롯되었다. 숙곳은 시리아어로 플레이아데스를 의미하는 단어였지만, 현재는 부스(booth), 즉 오두막 · 초막(천막) · 거처란 뜻으로 쓰인

---

[6] 2001년부터 2100년까지 절반에 해당하는 날이 이 시기에 속했다. (https://astropixels.com/ephemeris/moon/moondec2001.html) 달이 한 달 동안 가장 북쪽 또는 남쪽에서 뜨거나 지는 위치에 도달하는 현상을 '루니스티스(달 정지)'라고 한다. 이것은 18.6년 주기로 변한다. 2024년 9월과 2025년 3월 춘분 또는 추분 전후에 가장 두드러질 것으로 예상된다.

다.⁷ 초막절은 구약에서 '캌 하 숙곳'으로 표현되었다. 이것을 초막이나 초막절로 번역하지만, 그것은 의역이고 원어에는 그런 뜻이 없다.

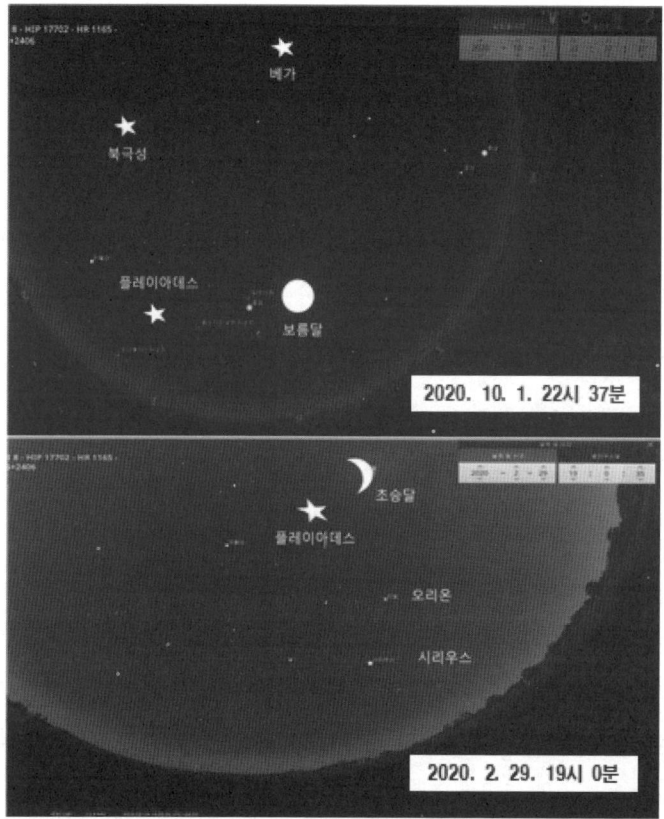

[그림 70] 2020년 추석(上)과 좀생이날(下)의 달과 플레이아데스. 추석날 보름달은 매우 높은 고도로 상승했고, 플레이아데스도 그 왼쪽에 있었다. 좀생이날 19시경 초승달은 플레이아데스의 오른쪽 위에 있었다.

7 《탈무드》에서는 '숙곳 베노트(Succoth Benoth)'라는 여신을 플레이아데스 별자리와 연관시킨다. 베노트는 니네베의 여신 이슈타르의 이름이고, '딸들'을 뜻하기도 한다. 전통적인 단순한 번역에 따르면 '숙곳 베노트'는 "딸들의 초막"을 뜻하지만 원래 시리아어 의미로는 "플레이아데스의 딸들"이 된다. 이는 전 세계에서 발견되는 플레이아데스의 일곱 자매 이야기와 일치하며, 《탈무드》에서도 숙곳을 플레이아데스로 인식하고 있음을 알 수 있다.

제11장 좀생이날과 추석은 플레이아데스 축제일   229

초막절 행사는 7일 동안 벌어진다. 그 시기는 히브리력 7월 15일부터 7일간인데, 추분과 가까운 음력 보름 저녁부터 시작한다. 우리의 추석과 격년으로 날짜가 거의 겹친다. 초막절에서 벌이는 주요한 네 가지 행사는 초막 짓기, 물 긷고 물 붓기, 나뭇가지 다발 묶기, 횃불놀이이다.

유대의 초막절과 한국의 좀생이날 축제는 솔가지나 버드나무 등 나무가 등장한다는 점, 솔문이나 천막을 세운다는 점, 한쪽에서는 물을 길어 오는데 한쪽에서는 시냇물이 흐르는 다리를 밟는다는 점, 횃불놀이를 한다는 점 그리고 축제의 명칭이 플레이아데스라는 점에서 매우 유사하다. 동일한 플레이아데스 축제로 보인다.

추석은 플레이아데스 축제

추석은 동아시아의 가을 축제로 설날과 함께 가장 큰 명절이다. 신라와 백제에서 8월에 단군에게 제사 드렸다는 기록으로 보아 본래 단군제에서 유래한 것이 아닌가 추측된다. 또한 유대의 초막절 기간이 격년으로 추석과 일치하고, 한 달 중 달이 하늘에 가장 오래 머무는 것처럼 보이는 날에도 해당한다는 점에서 추석도 좀생이날처럼 플레이아데스 축제일 가능성이 높다.

추석의 다른 명칭인 중추절이나 한가위는 가을철 중 달이 가장 높고 밝게 뜨는 날과 관련이 있다. 추석의 가장 대표적인 놀이도 달맞이이다. 달맞이는 달에 제사를 지내고, 달을 보면서 소원을 비는 것이다. [그림 70]에서 보듯이 이날 날씨가 적절하면 보름달과 플레이아데스를 함께 볼 수 있다. 달맞이 풍속은 본래 플레이아데스 맞이에서 유래했을 것이다.

불로장생하는 선(仙) 수행을 비유하는 그림에서는 달에 두꺼비를 두는데, 일반적으로 유포된 이야기에서는 토끼가 계수나무 아래에서 방아를 찧는다. 달에서 방아 찧는 토끼 이야기는 달을 볼 때 토끼를 연상시키는 효과가 있다. 플레이아데스의 동양 명칭은 '묘성(昴星)'이다. 묘(昴)는 日(날 일)+卯(토끼 묘)이다. 토끼가 들어 있는 별이다.[8] 토끼 옆에 있는 나무는 생명나무(세계수)의 상징일 것이다. 생명나무 이야기의 기원은 플레이아데스이다.

네브라 스카이 디스크

고대인들이 플레이아데스를 천체 중에서 가장 중시하는 별이었음을 확인할 수 있는 유물로는 네브라 스카이 디스크(그림 71-左)를 들 수 있다. 이것은 일반적으로 플레이아데스를 정밀하게 묘사한 가장 이른 시기의 유물로 알려져 있다. 1991년 북부 독일 작센안할트주에서 발견된 금제품이 들어 있는 이 청동디스크는 소지자의 고위 신분을 뜻하는 한 쌍의 칼, 도끼, 나선형 팔고리, 끌 한 개와 함께 발견되었다. 연대는 기원전 1,600년경의 것으로 추정되었다.

유물의 진위를 확인하기 위해서 조사한 결과, 디스크의 무게는 2.05kg, 청동금속은 오스트리아 동부의 것이고, 금은 잉글랜드 서남부의 콘월반도 카논 강에서 캐낸 것이었다. 영국 콘월반도와 네브라에서 60여km 떨어져 있는 독일 작센안할트주 드로사는 우리나라의 고인돌과 거의 똑같은 모습의 고인돌이 있는 곳이다. 스카이 디스크를 제작한

---

[8] 방향을 나타낼 때 묘방(卯方)은 동쪽이지만, 묘성(昴星)이 위치한 곳은 정반대인 서쪽이다.

주인공이 누구인지 짐작케 한다.

웨인 허셜은 이 디스크가 플레이아데스인의 고향 별자리를 표시한 것으로 보고 있다. 만일 이 디스크의 둥근 물체를 보름달로 보면, 그것은 플레이아데스와 초승달, 플레이아데스와 보름달을 묘사한 것이 된다. 플레이아데스와 초승달을 보는 날은 2월 6일 좀생이날에 해당하고, 플레이아데스와 보름달을 보는 날은 8월 15일 추석에 해당한다.

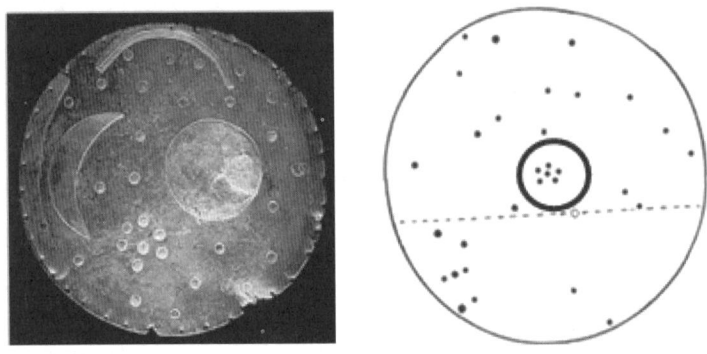

[그림 71] 플레이아데스가 표시된 네브라 스카이 디스크(左)와 인근 별자리 실측도(右). 우측 그림에서 굵은 원 안의 별이 플레이아데스이다. 점선이 황도이다(플레이아데스는 황도 바로 위에 있다).

제12장

아사달 코드

우리 민족에게 아사달은 영혼의 고향 같은 느낌을 불러일으키는 말이다. 그러나 현재까지 아사달의 뜻이 무엇인지 명쾌하게 해명되지 않고 있다. 특히 아사달과 발음이 유사한 고대의 여신들, 즉 이슈타르, 아세라(아세르두·아세르투), 아스타로테(아스토르테), 하토르 등은 아사달에 대한 의문을 증폭시킨다. 아사달에 대한 정확한 뜻풀이는 우리 민족의 기원과 정체성을 밝히는 중대한 일이기도 하다.

아사달의 뜻은 '별'인가

아사달/아시달은 일반적으로 국명인 조선의 뜻과 연결시켜 '해가 일찍 뜨는 동방의 나라(《동국여지승람》의 풀이)' 또는 '빛나는 아침의 나라'라고 풀이하고 있다. 최근 아사달을 '새로 돋는 달'로 보는 주장도 제기되었다.[1]

[그림 72] 이난나 신전 출토 와르카 꽃병(B.C 3,000년경)

---

1 《21세기에 새로 조명하는 고대사》의 저자인 정진만 선생은 아사달을 새로이 뜨는 달, 곧 신월(新月)이라고 보았다. 이것은 아사달을 '아사'+'달'로 보고, '아사'는 신(新), 달을 월(月)로 보는 견해이다.

'조선'의 갑골문 발음에 근거하여 본래 소리 형태가 "ㄱㄹㅅㄹ〉ㄱㅅㄹ"이고, 실제 "가살/그슬"로 발음했을 것이며, 그 뜻은 '눈부시게 빛나는 빛줄기나 광명'이라는 주장도 있다.[2]

이슈타르(이스탈·이스타)는 수메르의 여신 이난나를 아시리아/바빌로니아에서 부르는 이름이다. 우루크의 이난나 신전에서 발견된 와르카 꽃병(그림 72)에는 이슈타르(이난나)로 추정되는 여신이 그려져 있다.

"별"을 뜻하는 영어권 단어의 어원에는 두 가지가 있다. 그리스어 계통인 '아스트로(astro)'와 로마어 계통인 '스타(star), 스텔(stell)'이다. 이 두 어원의 공통 어근은 'ster'이고 그 뜻은 '떠 있는 별'이다.[3] 이것이 여신인 이슈타르에서 유래한 것으로 본다는 주장이 있다. 현재의 'star'는 영어문화권에서 'ishtar'에서 시간이 지나면서 모음이 탈락하면서 파생된 것으로 보고 있다.[4]

그런데 영어권 '별'의 두 가지 계통인 '아스트로'와 '스타'를 설명할 수 있는 다른 기록이 있다.

---

[2] 최춘태 박사의 갑골문 음운연구에 의하면, 조(朝)는 "ㄱㄹ", 선(鮮)은 "ㅅㄹ"로 읽혔고, 동음이 생략되어 조선(朝鮮)은 "ㄱㅅㄹ"로 발음했다. "ㄱㄹ"는 '눈깔(갈)'에서 볼 수 있는데 '빛나는 작은 구체'란 뜻이다. "ㅅㄹ"는 '햇살'이나 '화살'에서 보듯이 '날카롭고 눈부신 줄기'란 뜻이다. 이러한 해석에 따르면 조선은 해·달·별처럼 선명하게 빛나는 광명이란 뜻이 된다. 아사달은 "ㄱㅅㄹ"가 변한 것이다.

[3] 한국어 '뜨(다)'가 'ster'와 발음과 뜻이 같다('뜨다'의 [ㄸ]부분이, [ㅃ)[ㅆ][ㄸ]로 변형된 것으로 본다).

[4] 박용숙 선생은 《샤먼문명》에서 아사달 여신의 계통으로 보이는 이슈타르의 원뜻이 금성이고, 그것이 천문학을 의미하는 영어 단어 '아스트로노미(astronomy)'의 어원이라고 주장한 바 있다.

> "인류의 조상이라 부르는 나반이 처음에 아만과 함께 서로 만난 곳을 '아이사타'라고도 부르고, 또한 '사타려아'라고도 일컫는다."(삼신오제본기)

윗글에서 '아이사타'는 '아스트로'와 대응하고, '사타려아'는 '스타/스텔라'와 대응한다. 아이사타와 사타려아는 아사달의 초기 형태로 추측된다. 그리고 그것은 영어권의 별의 어근과의 연관성이 보이고, 영어권의 별(star)의 기원은 이슈타르이다. 이슈타르를 가나안이나 히타이트에서 부르는 명칭은 아사달과 소리가 흡사한 '아세라/아세르두/아세르투'이다. 이것은 아사달/아세라/(아)이사타/이슈타르가 모두 같은 여신을 부르는 명칭임을 말하는 것이다. 그리고 그 뜻은 금성이 아니라 '별'일 가능성이 크다.

한 채널링 자료에 따르면, 아사달의 원형으로 보이는 '아스타/아쉬타(Ashtar)'는 플레이아데스 언어로 '별'을 뜻한다. 그리고 그 사회에서 별(아스타)은 '빛'을 상징한다.[5] 이러한 내용은 조선의 원래 발음이 'ᄀ스ᄅ'이고, 그 소리가 변해서 아사달이 되었으며, 그 뜻이 '눈부신 빛줄기나 광명'이라는 주장과 부합한다.

'우리말 '아스라이'와 '아스라하다'의 어근인 '아스라'는 별을 뜻하는 아사달에서 온 말 같다. '아스라이'는 별이 하늘 멀리 있는 모습을 표현할 때에 주로 쓰이는데, '보기에 아슬아슬할 만큼 높거나 까마득하게 멀다'는 뜻이다. 만일 아사달의 뜻이 별이라면 '신시(神市)', 즉 신들의

---

5   https://eraoflight.com/2024/03/21/ashtar-matters-concerning-ascension/

도시를 아사달이라고 칭했다는 단군신화 기록의 수수께끼가 풀린다. 별은 플레이아데스를 뜻하고, 신시는 플레이아데스 별에서 온 '신들의 도시'라는 의미가 되기 때문이다.

또한 '아이사타'가 '아스타/아쉬타'와 같은 말이라면, 나반과 아만이 처음 만난 곳은 별을 뜻한다. 그렇게 보면 나반이 건너온 천하(天河)가 은하수의 다른 말임을 알 수 있다. 지금까지 이슈타르를 금성의 여신으로 본 것은 '세 개의 태양'의 도상을 지구에서 볼 수 있는 태양과 달과 금성으로 해석했기 때문이다. 그것이 플레이아데스 에라 행성에서 볼 수 있는 세 개의 태양이라면, 이슈타르는 아쉬타와 같은 단어이고, 별이라는 뜻이자 빛을 상징하는 것이다.

> code + '별'에서 온 우리말
>
> 우리말 '빌다'는 별의 방언인 '빌'에서 온 말이다. 새벽에 별을 보면서 소원을 빌기 때문에 '빌다'라고 했을 것이다. 한국 명산 최고봉에 있는 '비로봉'의 '비로'는 범어 '바이로차나(Vairocana)'의 음역으로, '몸의 빛'이란 뜻이다. '별'과 소리나 뜻이 가깝다.

박달 · 배달은 광명의 누리

단군조선 이전에 있던 국명은 '배달'이고 도읍지의 명칭은 '신시(神市)'이다. 신시는 신들의 도시나 신들이 사는 곳과 같은 도시라는 뜻이다. 배달은 '박달'에서 변화된 것으로 보고 있다.[6] '박달'은 광명의 산이

---

6 강상원 박사는 배달(倍達)을 산스크리트어와 비교하면서, 산스크리트어 pyaina-tal(뻬야이

나 땅, 누리이다.⁷ 갑골문 소리로 푼 '아사달'의 뜻과 비슷하다. 여기서의 광명이란 개인적으로는 하늘의 신처럼 지혜로 가득 차 영적이고 정신적인 눈이 밝아진다는 뜻이다. 사회적으로는 평등과 정의가 실현된 태평한 누리라는 뜻이다.⁸

박달/배달 그리고 아사달은 조선의 뜻과 서로 통용되는 것으로 풀이하고 있다. 아사달이 '별'이란 뜻이고 그 별이 빛을 상징한다면, 단군신화 속의 국명이나 지명은 모두 '빛나는 별'이나 '광명의 누리'란 뜻을 내포하고 있을 것이다. 그것은 '조용한 아침의 나라'나 '태양이 뜨는 곳'과는 거리가 있다.

그간 박달/배달을 태양숭배와 연관시켜 논의하기도 했다. 태양을 숭배한다는 것은 내 마음과 세상의 광명함을 숭상한다는 뜻이지, 단순히 하늘의 빛나는 물체를 숭배한다는 뜻이 아니다. 미트라-예수 전통에서도 태양은 영적 깨달음의 상징이었다. 또한 태양숭배설은 고향인 플레이아데스의 세 개의 태양을 기리는 신앙을 왜곡한 것이거나 단순화시킨 것일 수 있다.

나 따): '빼어나게 태어난', (천부적) '하늘이 내린', '초월적인'의 뜻이 있고, veda-artha(베다 아르따), '지혜에 통철한 민족'이라는 뜻이라고 보았다. (강상원, 《한자는 동이족 문자 주석》, 한국세종한림원출판부, 190쪽)

7 인체 내에 있는 세 개의 태양의 터전을 삼단전이라고 하는데, 단전의 우리말은 박달과 유사한 '밝돌'이다.

8 《신시본기(神市本紀)》에는 환(桓)과 단(檀)이 광명이란 뜻인데, "하늘에서 비추는 빛을 환(桓)이라 하고, 그 빛으로 땅이 밝은 것을 단(檀)이라 한다."고 하였다. 환인, 환웅과 단군의 뜻의 대강이 드러나 있다. 고구려까지 나라의 경전으로 삼은 《삼일신고》에는 영적인 깨달음을 '성통공완(性通功完)'이라고 표현하였다. 그것은 광명과 하나 되는 수련을 끝마친다는 뜻이다.

아사달은 '별'이나 '광명의 땅'이란 뜻과 함께 여신을 지칭하고, 그것으로 도읍지나 왕궁의 명칭으로 삼았을 가능성이 크다. 플레이아데스의 세 개의 태양 중 초승달(新月) 형은 이슈타르(이난나)나 성모 마리아의 상징으로 사용되었다. 여신의 뜻으로는 아세라, 이슈타르, 아스타르테에 남아 있다. 이것은 플레이아데스가 '일곱 자매'나 '오리' 등 여성적 이미지를 가진 것과 관련이 있을지 모른다.

신라 도읍지 경주의 신월성은 플레이아데스의 신월(新月)형 태양을 조형한 왕궁일 것이다.

세 개의 태양이 들어 있는 조(朝)의 옛 글자

조선이란 한자어는 '아사달'이나 'ㄱㅅㄹ'라는 소리를 나타내기 위해 빌린 글자일 수도 있고, 조선의 특성을 나타내기 위해 특별히 만든 글자일 수도 있다. 조선(朝鮮)의 '조(朝)'자는 아침이라는 뜻보다는, '배알하다, 알현하다, 하늘로 돌아가다'는 뜻으로 쓰였을 것이다.[9] 아침을 뜻하는 한자로는 '단(旦)'이 또 있다.

조선이란 말과 직접 닿는 단어로는 조선제(朝鮮祭)가 있다. 이를 줄여 '조제(朝祭)'라고도 한다. 이것은 세계의 공도(共都)인 부도(符都)에서 하늘에 제사 지내는 것이다. 《부도지》에 따르면, 매년 10월에 사해의 모든 족속들이 조선제를 지내기 위해 지방토산물을 가져와 바치고 함께 모였다. 조선은 이 조선제를 지내는 특별한 곳, 곧 천제(天祭)를

---

9 평양 모란봉의 중간 기슭에 조천석(朝天石)이 있다. 동명왕이 기린마를 타고 승천하였다는 곳이다. 서불이 지명을 지었다는 제주도의 조천읍의 조천(朝天)은 천신을 맞이하는 땅이란 뜻이다. 천자의 나라를 알현하다는 뜻에서도 조천이란 용어가 쓰였다.

거행하는 천축(하늘의 배꼽)이란 뜻에서 나왔을 것이다.[10]

《설문해자》에서 '조(朝)'의 옛 글자(그림 73)에는 세 개의 태양(日)이 들어 있다. 세 개의 태양을 제외한 우변에는 발음 소리의 변동을 고려해서인지 월(月)과 주(舟) 또는 천(川)이 번갈아 사용되었다. '조(朝)'의 옛 글자에 있는 세 개의 태양은 플레이아데스의 세 개의 태양을 표현하려고 했을까.

[그림 73] 세 개의 태양(日)이 들어 있는 조(朝)의 옛 글자

선(鮮)과 엔키의 상징

'선(鮮)'은 '魚(물고기)'+'羊(양)'으로 이루어진 글자이다. 이 두 가지 동물이 결합된 것은 수메르의 신 엔키의 상징과 가장 유사하다. 엔키의 동물 상징은 염소(羊)-물고기(魚)였다. 엔키의 별자리인 염소자리

---

10 《산해경》에는 천축국에 대한 기록이 남아 있다. "동해(황해)의 안과 북쪽의 모퉁이에 있는 나라 이름은 조선(朝鮮)이며 조선은 천독(天毒)이다. 천독은 곧 천축국이니 도덕을 귀하게 여기고 불타가 그 나라에서 나왔다. 그 나라 사람은 물이 있는 곳에서 살고 사람을 사랑하며 가까이한다."

는 바다염소자리라고 부르기도 한다. 이 별자리는 상반신은 염소이고 하반신은 물고기인 반양반어(半羊半魚)의 모양을 하고 있다(그림 74). 견우별(다비흐)이 중심별인 염소자리의 상징이 조선의 국명과도 통할 수 있다는 사실은 견우직녀 설화가 단순히 설화에 그치지 않고 깊은 비밀을 간직한 것일 수 있다는 묘한 느낌을 불러온다. 우리는 8장에서 엔키가 나반이나 환웅과 동일 인물일 가능성에 대해 논의한 바 있다.

[그림 74] 발밑에 염소-물고기 상징을 두고 있는 엔키

'딩기르(단군)'는 '신성한 존재'란 뜻

단군은 몽골어 '텡그리(Tengri)'와 서로 통한다고 보고 있다. 텡그리나 그 비슷한 뜻을 가진 말을 소리 나는 대로 적은 것이라고 보는 것이다. '텡그리'는 튀르크·몽골·퉁구스계 주민들이 신(神)이나 신격화된 하늘을 지칭하는 용어이다. '텡그리'는 수메르어 '딩기르(Dingir)'와 소

리나 의미가 동일하다. 수메르 문헌에서 '딩기르'라는 단어는 "안✳(하늘, 천국)" 기호로 나타냈고, 그 뜻은 '하늘에 있는 신성한 존재'를 의미하기도 한다. 수메르의 신 아누·엔릴·엔키·이난나(이슈타르)의 이름 앞에는 모두 "안✳" 기호가 붙어 있다.

"아누 ✳𝌆, 엔릴 ✳𝌇, 엔키 ✳𝌈, 이난나 ✳𝌉"

그런데 "✳"을 세 개 중첩시킨 것이 'MUL(별) ✴'이다. 딩기르가 별과 관련이 있고, 별(천국)에서 살거나 별(하늘)에서 온 신성한 존재를 뜻할 수 있음을 시사하는 것이다.

단군조선과 괴베클리 테페 건설자

강상원 박사는 요령성 평강지구에서 출토된 청동 장식(그림 75-下)의 동물이 단군조선의 토템으로 새, 호랑이, 곰이라고 주장했다. 그것은 괴베클리 테페의 D구역 43번 기둥의 상단에 그려진 이글루형 부호(이른바 '신들의 핸드백', 그림 75-上) 옆의 부족 토템으로 추측되는 세 마리 동물과 일치한다.

전 세계 고인돌의 절반이 모여 있는 한반도는 그 전체가 한때 세계의 소도 구역이었을 것이라는 주장이 있다. 고인돌은 고대 한반도에서부터 시작하여 만주, 일본, 동남아시아, 인도, 서남아시아, 북아프리카, 프랑스, 북유럽, 영국, 캐나다 등 해안의 이동 경로를 따라 건설되었다. 고인돌을 세웠던 사람들은 모두 동일한 관념과 믿음을 가지고 있었다.

[그림 75] 토템 동물이 같은 괴베클리 테페 D구역 43번 기둥(上)과 요령성 평강지구 청동 장식(下). 괴베클리 테페 기둥에서는 좌측부터 새, 호랑이(사자), 곰이 새겨져 있다. 세 개의 핸드백 모양의 부호의 크기는 황금비를 이룬다.

 고인돌이 괴베클리 테페의 T자형 기둥 양식의 변형이라면 그것은 불멸·불사의 사상이었을 것이며, 단군조선의 구성원들이 괴베클리 테페의 건설자들과 매우 가까운 관계에 있었을 것으로 생각된다. 그 사상의 일차적인 뿌리는 플레이아데스였을 것이다.
 고인돌 축조의 주인공과 괴베클리 테페 건설자 그리고 라스코 동굴 벽화를 남긴 사람들은 인종이 다를 수 있겠지만, 신봉하는 대상은 동일했을 것이다. 그들 대다수는 플레이아데스 후손이었을 것이다.
 단군조선이 플레이아데스의 정신적 계승국이자 천제(天祭)를 행하는 천축국이었다면, 그 사상이나 종교문화에 플레이아데스의 가르침이 남아 있을 것이다. 우리는 본서의 서두에서 《임마누엘의 탈무드》를 통해 그 내용의 일단을 들여다보았다. 그것은 생명 존중, 불멸과 환생 그리고 평화의 사상이라고 정리할 수 있다. 이러한 사상은 우리 민족이 개천의 이념으로 삼은 홍익인간의 핵심 내용일 수 있다. 《산해경》에서는 우리 민족이 사람을 사랑한다고 표현했다.

군자불사지국의 뜻

단군조선을 '동이(東夷)' 또는 '구이(九夷)'라고도 불렀는데, 《설문해자》나 공자의 어록에 따르면 단군조선의 별칭이 '군자불사지국(君子不死之國)'이다. 공자는 우리 민족이 대의를 따르는 대인(大人)들이고, 중국에 도가 행하여지지 않으니 구이에 가고 싶다고 했다.

군자는 본래 선각(仙覺) 수행을 하는 선인(仙人) 또는 선비를 뜻했을 것이다. 그렇게 풀어야 '불사지국'이란 말과 이어진다. 불사는 장수한다는 뜻보다는 불멸과 환생의 뜻으로 읽어야 한다. 그러면 '군자불사지국'은 '선인이 불멸의 도를 닦거나 그 지혜를 아는 나라'라는 의미가 된다. 만일 단군조선이 이러한 의미에서 세상 사람들로부터 '군자불사지국'이라는 호칭을 얻었다면, 그것은 플레이아데스의 계승국으로서 자부할 만한 것이다.

수메르의 길가메시 왕은 불멸의 지혜를 구하려고 먼 여행을 떠났으나 실패하고, 불로초를 얻긴 했으나 그것마저도 뱀에게 빼앗긴다. 진시황도 불로초를 찾으려고 대선단을 파견했으나, 아무도 돌아오지 않았다. 예로부터 불로초는 바다 가운데(海中) 삼신산에 있다고 하였다. 우리 몸의 기해(氣海)에 둘러싸여 있는 삼단전이 삼신산이고, 재세이화·홍익인간의 정신을 실천하는 조선이 삼신산이며, 은하 건너 플레이아데스 에라 행성에서 보이는 세 개의 태양이 삼신산일 것이다.

제13장

여신과 생명나무

아사달은 환웅 신시(神市)의 다른 명칭이자, 단군조선의 도읍지를 가리키기도 한다. 아사달과 음가가 유사한 여신의 명칭은 고대 서아시아와 이집트에서 발견된다. 소리가 비슷한 것으로 보아 이들 여신은 모두 동일한 인물을 나타내는 것으로 보인다. 특히 고대 가나안 지방의 사람들이 신봉한 '아세라' 여신은 세 가지의 신격을 가지고 있는데, 이는 강릉 지방에 남아 있는 여서낭당에 봉안된 세 여신상의 전통과 일치하는 바가 있다.

또한 아세라는 나무 기둥(생명나무)의 상징이 있는데, 이는 서낭당의 솟대나 당목과 연결될 수 있다. 생명나무는 여신과 함께하고, 그 여신은 플레이아데스 출신이다. 이것은 생명나무에 대한 지식을 플레이아데스인이 가르쳐 주었음을 뜻한다. 생명나무에는 뱀과 새가 함께 묘사되기도 하고, 숫자 7을 동반하기도 한다.

리차드 카사로(Richard Cassaro)는 신성한 인물들이 양손에 뱀을 들고 있거나 다른 동물이나 기물과 함께 묘사된 그림이나 조각품을 전 세계에서 발견하고, 그것을 '신적 자아 아이콘'이라고 명명했다. 그것의 대표적인 양식을 보이고 있는 것은 아세라 여신의 상징이다. 이에 대해서 살펴보자.

아사달과 발음이 유사한 고대의 여신들

단군신화에서 환웅이 세운 신시의 다른 명칭은 아사달이다. 그런데 아사달과 발음이 비슷한 여신의 이름이 고대 서아시아와 이집트에서 집중적으로 발견된다. 아시리아/바빌로니아의 이슈타르(수메르의 이난나), 이집트의 아슈타르투와 하토르, 시리아/팔레스타인의 아스토르테, 가나안의 아세라(아스타롯), 고대그리스의 아스타르테가 그것이다.

이들 여신의 이름은 기원전 2,000~3,000년으로 소급될 수 있다. 단군조선과 그 이전 시대에 해당한다. 12장에서 언급한 바 있지만, 이들 중에서 고대 가나안 지방에서 신봉했던 아세라는 히타이트에서 '아세르두', '아세르투'로 기록되었다. 이것은 음가가 아사달과 더욱 가깝다. 만일 아사달이 여신의 명칭이기도 했다면, 동일한 여신을 가리킨 것이 아닐까 한다.[1]

[아사달과 여신의 명칭]

지역	신시	수메르	가나안	이집트	헬레니즘
여신 명칭	아사달	이난나 이슈타르	아세라 아세르두	하토르 카데쉬	아스타로테 아스트르테

아스타와 숙곳

이슈타르는 '아스타/아쉬타'라고도 발음한다. 아스타 여신의 이름이 적힌 유물이 발견된 곳 중의 하나가 '숙곳'(현재 요르단의 데이르 알라)이다.[2] 그 유물을 '데이르 알라 비문'(B.C 1406~750년)이라고 한다.

이 비문에서 《구약성서》의 선지자 발람의 신이 아스타/이슈타르이다. 데이르 알라 비문의 줄거리는 대략 다음과 같다. 발람이 신으로부

---

1   이집트의 하토르, 고대그리스의 아프로디테, 로마의 비너스, 중국의 서왕모도 거의 동일한 여신을 나타내는 이칭일 것이다.
2   '숙곳'은 11장에서 살펴본 유대 초막절의 명칭이기도 하다. 《구약성서》에서는 숙곳의 유래에 대하여 야곱이 건설한 것으로 기록하고 있다. "야곱은 숙곳으로 가 그곳에 집을 짓고 가축 떼가 쉴 우리도 여러 개 세웠다. 그래서 그곳 이름을 숙곳이라 부르게 된 것이다." (창세기 34:16-17)

터 세상이 파괴될 것이라는 것을 미리 알게 된다. 세상을 멸망에서 구원할 이는 아스타/이슈타르 여신이다. 발람은 이틀 동안 울고 금식한다. 그리고 사악한 세력으로부터 여신을 구출한다. 발람의 노력은 성공하고 땅에 질서가 회복된다.

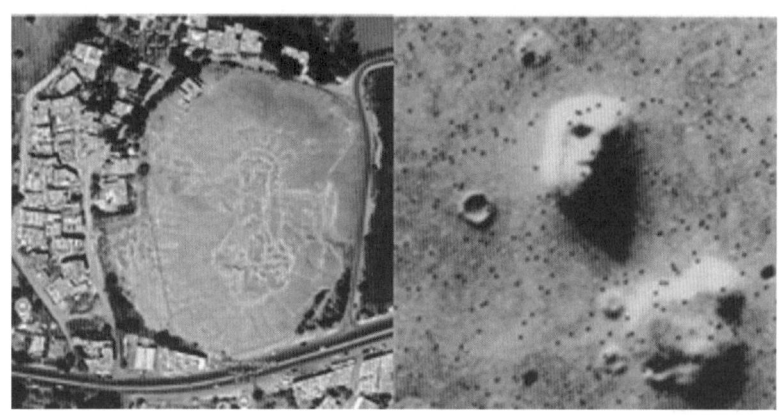

[그림 76] 요르단 숙곳의 '신의 얼굴' 터(左)와 화성 시도니아 인면상(右)

웨인 허셜은 구글어스를 통해 숙곳에서 이른바 '신의 얼굴'을 발견했다(그림 76-左, 데이르 알라 비문이 발견된 곳은 '신의 얼굴'에서 입 부분이다).

'신의 얼굴'이라는 곳은 폭이 200미터쯤 되는 곳으로 현재 건물이 들어서 있지 않고 희미한 형상이 남아 있다. 웨인 허셜의 주장에 따르면, 그것은 화성 시도니아에서 발견된 '화성의 얼굴(Face on Mars)'과 유사한 형상이었다. 그리고 데이르 알라 비문의 '아스타'가 플레이아데스에서 내려온 여신이자 '신성한 여성성을 구체화한 것이자 우주를 의인화한 것'이라고 추측했다.

"팔의 털이 곤두섰다. 눈물이 나기 시작했다. 아마도 성경에서 말한 '신'의 얼굴을 발견했을지도 모른다! … 지금까지 수집한 모든 단서에서 나는 다음과 같은 결론에 도달했다. 성서 자료에서 신에 대한 단어(엘로힘)는 진보된 존재(복수)로 해독될 수 있다고 생각한다. 하늘에서 내려온 진보된 존재! 가장 오래된 기록에서 이 단어의 복수형 사용은 '화성의 얼굴'과 세부 사항이 동일한 숙곳의 얼굴 기념물에서 발견된다. 숙곳에 조형된 하늘에서 온 이 사람들은 수메르 문명을 창시한 신과 본질적으로 연결되어 있다. 아스타(Ashtar)라는 여신! 아스타는 신성한 여성성의 구체화이자 우주의 의인화로 보인다. … 뭔가 더 있었다. … 정말 놀라운 것이 있었다. 나의 연구 동료(Márton Molnár-Göb)는 숙곳이라는 이름이 플레이아데스에서 따온 것이라고 밝혔다!"[3]

플레이아데스라는 뜻이 담겨 있는 숙곳에서 발견된 비문에 아스타·이슈타르 여신의 이름이 쓰여 있다면 그녀는 가나안 사람들이 믿었던 아세라와 동일한 인물일 것이다.

12,000년 전 말리의 여인상

말리 국경과 아주 가까운 서아프리카의 기니의 로르산에는 거대한 반신 여인상(그림 77-上)이 조각되어 있다. 이 여인상은 화강암 절벽

---

[3] https://cathyfox.wordpress.com/2017/07/20/wayne-hershel-2-alpha-omega-taurus-stargate-revelation-part-2/

을 자르고 깎아서 만든 것인데, 전체 길이가 150미터에 이른다. 제작 연대는 괴베클리 테페와 비슷한 1만~1만2,000년 전으로 추정된다. 조각된 인물은 남미나 아시아인에 가깝다.

오스트리아 출신의 문화예술품 전시 전문가인 클라우스 도나(Klaus Donna)는 "인류의 숨겨진 역사"라는 제목의 슬라이드 쇼에서 이 작품에 대해서 다음과 같이 설명했다.

"사람들이 거대한 화강암 산에서, 화강암으로 조각된 반신 여인상을 발견했다. 이 석상의 크기는 머리 꼭대기에서 상체의 중간까지 정확히 150미터이다. 이탈리아 지질학자 피토니 교수는 이 현장에 있었다. 그가 이 사진들을 찍었다. 그는 산 아래 지질들을 조사했는데, 그의 계산에 의하면 이 돌 유적은 최소한 1만 년~1만2,000년 전에 건설되었다는 것이다.

그렇다면 정말 큰 의문이 생긴다. 누가 이런 거대한 돌 유적을 건설할 수 있었을까? 누가 이런 거대한 화강암 반신상을 산에서 제작할 수 있었을까? 현대에서조차 불가능한 작업이고 또한 엄청난 비용 때문에 실제로 건설하지 못할 것이다. 그리고 얼굴을 확대해서 본 몇 명의 전문가는 이 얼굴이 유럽인이 아니라고 확실히 말했다, 그런데 물론 검은 아프리카인도 아니다. 남미인이거나 아시안 인종이다. 그렇다면 다시, 우리는 1만 년~1만 2,000년 과거에 있다. 아틀란티스에서 사라진 문명, 그 문명일지도 모른다."

[그림 77] 말리의 여인(上)과 홍산문화 우하량 여신(下)

 말리의 여인상이 자연적으로 형성된 것이 아니라 인공축조물이라면, 그것은 10,000년 이전에 살았던 사람들이 숭앙한 여신일 것이다. 그리고 그 여신은 아사달 · 이슈타르 · 아세라로 이어지는 여신 계열의 본래 모습일지도 모른다.

5,500년 전 홍산문화 여신

 황하 유역이 아닌 만주 일대의 동북 지방에서 발달한 기원전 7,000

년까지 올라가는 문화를 '홍산문화' 또는 '요하문명'이라고 한다. 이 문화에서는 옥기가 다량 발견되어 '옥기문화'라고 부르기도 한다. 요령성(랴오닝성) 우하량촌에서는 북방민족의 매장문화인 적석총, 대형제단과 여신을 모시는 사당인 여신묘가 발굴되었다. 이것의 연대는 기원전 3,500년경이다.

대형제단은 사방이 터진 산등성이 위에 축조되었는데, 사방에 흩어진 부족민들이 정기적으로 모여서 성대한 제사 활동을 거행했음을 짐작할 수 있다. 여신묘에서 출토된 여신의 진흙 두상은 실제 인물의 머리 크기와 같고, 튀어나온 광대뼈와 납작한 코로 보아 몽골리안으로 보인다(그림 77-下). 주변에서 따로 발견된 다리 조각으로 보아 이 여신은 가부좌를 틀고 앉아 있는 모습을 하고 있었을 것으로 추측된다. 그것은 여신이 선각(仙覺) 수행자나 무녀(巫女)였음을 보이는 것이다. 단군조선보다 1,000여 년 이른 시기의 것이므로 환웅 신시 시대의 유물에 속한다. 아사달 여신의 상일 수도 있다.

강릉 여서낭당의 여신

우리 쪽에서는 단군을 모시는 서낭당에 여신상을 봉안하는 풍속이 남아 있다. 강릉의 강문 어촌마을에는 서낭당이 세 개 있다. 여서낭당과 남서낭당 그리고 진또배기(솟대) 서낭당이 그것이다. 여서낭당에는 세 명의 여신이 그려진 신도(神圖)가 있다(그림 78). 가운데 여신이 주신이고 양옆의 여신이 보조신이다. 마을을 지켜 주는 서낭을 위한 서낭굿을 할 때 먼저 여서낭당에서 굿을 한다. 이때 제물로는 반드시 소낭신을 바친다. 이것이 빠져서는 안 된다. 소는 플레이아데스의 상징일 것이다. 이것은 서낭 중에서 여신이 우선적인 지위에 있었음을 보

[그림 78] 강릉 어촌마을 여서낭당의 여신

여 주는 것이다. 대관령 여서낭당에는 한 명의 여신이 봉안되어 있다.

하늘의 여왕 아세라

서아시아, 즉 고대 시리아, 페니키아, 가나안 사람들이 신봉한 주요 여신은 아세라이다. 아세라의 이름은 강릉 여서낭당의 여신처럼 셋이었다. 그것은 바로 아세라(Asherah), 아스타르테(Astarte), 아나트(Anath)였다. 이들은 세 가지 신격을 갖는 하나의 여신, 즉 삼위일체의 여신일지도 모른다.

아세라는 여러 지역에서 널리 숭배되었고, 때로는 공식적으로 인정을 받았다. 페니키아인들은 그녀를 아스타르테라고 불렀고, 아시리아인들은 그녀를 이슈타르(아스타)라고 숭배했으며, 팔레스타인 사람들은 아세라 사원을 가지고 있었다.

《구약성서》에서 언급된 아세라는 여신이자 나무로 된 신앙적 대상물을 뜻하기도 했다. 신석기 시대부터 그녀의 가장 흔한 상징은 나무나

제13장 여신과 생명나무 255

나무 기둥으로 된 것이었다(그림 81의 나선형 장식). 이것을 "아세라 기둥"이나 생명나무라고 부른다.

기원전 1,750년으로 거슬러 올라가는 수메르 문서에서 그녀는 신들의 아버지인 천신 아누의 신부로 언급되고, 기원전 1,550~1,200년경의 도시국가인 우가리트(시리아) 석판에서는 "신들의 창조자"로 기록되어 있다. "하늘의 여왕", "모든 생명체의 어머니", "폭풍의 신(엘이나 바알)의 신부"도 그녀의 호칭이다.

기원전 7~8세기경의 것으로 보이는 키르벳 엘쿰(이스라엘)에서 출토된 손바닥 조각(그림 79-左)은 명문으로 보아 보호자로서의 아세라 상징일 것으로 보고 있다.

[그림 79] 키르벳 엘쿰에서 출토된 아세라 손(左)과 삼성퇴 청동신수 손(右)

또한 중국 삼성퇴의 청동신수(그림 79-右)에도 가늘고 기다란 여성의 손가락이 위에서 아래로 향하는 형태로 달려 있다. 모두 천상에 있는 여신의 보호를 기원하는 뜻이 담겨 있는 것으로 보인다.

한 자료에 따르면, 아세라는 히브리인들이 3,000년 동안 숭배한 여신이다. 유대 지역에서 그녀는 신을 뜻하는 엘이나 야훼의 배우자, 바알의 배우자로 그려진다. 그녀에 대한 숭배는 남성이 지배하는 사제단의 극심한 압력에 의해서 근절되었다.

역사에서 억압된 여신을 복원하려는 한 사이트에서는 아세라에 대해 다음과 같이 정리하고 있다.

> "그녀는 성장(특히 숲과 과일나무)과 땅에 비옥함을 주는 물과 관련이 있다. 그녀는 가장 높고 근원적인 창조의 여신으로, 신만큼이나 강력하다. 그녀는 전지전능하고, 무소부재하며, 신성한 존재이다. 그녀는 70명이 넘는 신들의 어머니로서, 모성·다산·신성의 근원적인 여신이다. 그녀는 참담한 역경의 시기에, 죽음, 탄생, 그리고 인생의 모든 중요한 순간에 찾아가야 할 분이다.
>
> 그녀는 대부분 '아세라'로 표현된다. 아세라는 여신을 기리기 위해 땅에 심은 신성한 나무 또는 기둥으로, 나무와의 관계가 강조된다. 사실, 성경 학자들은 크리스마스트리가 처음에는 여신을 기리기 위해 숭배되었다고 보고한다. 히브리인들이 가나안인들로부터 그녀에 대한 숭배를 배웠는지, 아니면 아세라 여신이 토착 히브리 여신인지는 여전히 미스터리지만, 우리는 그녀가 성경에 40번이나 언급될 만큼 중요한 인물이었다는 것을 알고 있다."[4]

---

4 https://olivosartstudio.com/asherah-queen-of-the-heavens/

《구약성서》에는 아세라를 기리는 나무 신상을 없애고 그녀의 남편인 바알 신의 제단을 헐라는 기록도 보인다.[5]

> **code + 삼성퇴의 청동신수 속 트리스켈리온 문양**
>
> 삼성퇴는 양쯔강 상류 지역에 속하는 사천성 성도(쓰촨성 청두)에서 40㎞ 떨어진 곳에 위치한다. 유적과 유물의 연대는 하한선이 기원전 1,100년대이고, 상한선은 기원전 2,600년이나 그보다 더 이른 시기일 수 있다(성벽의 토양 구조는 적어도 그 문화가 1,500년 동안 존재했음을 보여 준다). 1986년부터 본격적인 발굴이 시작되었다. 황금 지팡이, 황금 마스크, 거대한 청동신수, 청동인상, 옥변장, 상아 등 수많은 유물이 발굴되었다. 일부 유물은 예술적 정신과 표현양식, 기술적 정교함에 있어서 현대인은 상상조차 할 수 없는 것이다.
> 청동신수(그림79-右)의 손등에는 세 개의 나선으로 이루어진 트리스켈리온 문양이 그려져 있다. 트리스켈리온의 가장 오랜 것은 기원전 3,200년경 아일랜드 뉴그레인지 유적에서 볼 수 있다. 기원전 1,400년경 미케네 문명의 도자기, 신라의 황금보검에도 새겨져 있다. 대개 이 문양은 삼위일체의 뜻을 상징하는 것으로 알려져 있다. 와선형 소용돌이무늬가 별의 세계와 관련된 것임을 고려하면 삼족오처럼 플레이아데스 세 개의 태양과 연관된 상징일 가능성이 크다.

아세라의 남편 바알의 거대한 신전

기원전 2,000년대 중반부터 기원전 14~12세기에 제작된 바알 조각상은 소뿔이 달려 있는 길쭉한 관을 쓰고, 허리가 잘록한 형상을 하고 있다. 소뿔 왕관은 플레이아데스 출신을 뜻하는 것이다. 이에 대해서는 6장에서 살펴본 바 있다.

---

5 "왕이 야훼의 성전에서 바알과 아세라와 하늘의 모든 군대를 위하여 만들어 놓은 기물들을 모조리 끌어내게 하였다. 그는 그것들을 예루살렘 밖 기드론 들판에서 불사르고 그 재를 베델로 가져갔다." (열왕기하 23장 4절)

우가리트 바알 신전에 새겨진 조각상(벼락을 손에 든 바알, 그림 30-下)의 크기는 20미터이다. 또한 그를 숭배한 레바논의 바알베크 신전 빈터에 버려진 거석 하나의 무게는 1,600여 톤이다(그림 80-下). 신전의 주춧돌 세 개도 각각의 무게가 900톤에 이른다(그림 80-上).

[그림 80] 아세라의 남편 바알의 신전인 레바논의 바알베크

그곳을 방문했던 한 여행가의 1860년 일기에는 그 거석들이 '너무 거대해서 아무런 생각도 할 수 없었고, 마음은 오직 그 문제로만 가득 찼다.'고 썼다. 근래에는 이 바알베크 신전에 대해 고대 우주공항설까지 제기되고 있다.

> code + 바알과 다곤, 부루와 단군의 연관성
>
> 바알의 아버지는 다곤(다간)이다. 다곤의 상징은 물고기이다. 물고기 상징이나 쌍어문의 기원은 엔키의 사제이자 7인의 현자라 불리는 압칼루이다. 다곤의 배우자 이름은 그 뜻이 여자이다. 그 여자는 아세라의 자매이다. 단군의 아내도 하백녀이고, 아사달과 연관된다. 단군의 아들은 부루이다. 부루는 농사와 곡식의 신이다. 다곤도 곡물의 신이다. 바알은 부루와 소리가 멀지 않다. 가나안의 다곤과 바알은 단군과 부루를 떠올리게 한다.

아세라는 플레이아데스 출신

아세라 숭배에 대한 가장 명확한 증거로 제안되는 것 중의 하나는 다량으로 발견되는 '나오이(naoi)'라고 부르는 모형 같은 매우 작은 신당이다(그림 81). 이것들에는 공통적인 몇 가지 상징적 모티프가 있다. (1) 두 개의 나무 모양 기둥이 안쪽 방으로 들어가는 문을 둘러싸고 있다. (2) 웅크리고 있는 사자가 입구 근처의 기둥 받침대 역할을 한다. (3) 크고 평평한 엔타블러처(기둥에 의해 떠받쳐지는 부분)가 문 위에 놓여 있으며 가끔 기하학적 모티브로 칠해져 있다. (4) 날개를 펼친 비둘기가 정면이나 난간 위에 앉아 있다는 것이다.[6]

---

6 William G. Dever, "A Temple Built for Two"

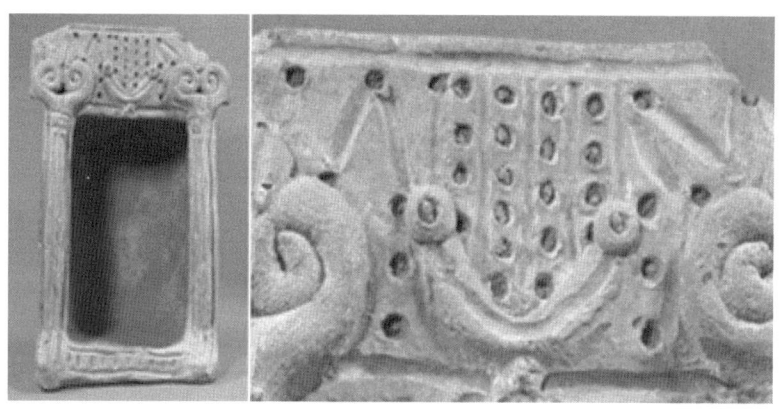

[그림 81] 텔 엘 파라 출토 모형 신당(神堂)

성공회 고위 성직자 출신인 폴 윌리스는 아세라의 고향 별이 플레이아데스성단이라고 말한다.[7] 그 근거는 무엇일까?

폴 윌리스는 한때 북이스라엘 왕국의 수도였던 텔 엘 파라(티르자)에서 발굴된 모형 신당에 새겨진 문양이 그것을 암시하는 것이라고 주장했다. 이 모형 신당은 기원전 10세기 후반에서 기원전 9세기경의 것으로 추정되는데, 현재 파리의 루브르박물관에 보관되어 있다.

[그림 81]에서 보듯이, 이것은 전체적으로 가운데가 파인 직사각형 집 모양을 하고 있다. 좌우 양쪽에는 기둥이 있는데, 그 상단부는 각각 안쪽으로 휘감긴 이중의 소용돌이로 마감되어 있다. 이것은 생명나무

---

[7] 폴 윌리스(Paul Wallis)는 성공회 고위 성직자로서 33년 동안 호주에서 교회 치유사, 신학교육자, 부주교로 봉사했으며, 기독교와 히브리어 성경 전문가이다. 2020년부터 매년 1권씩 시리즈로 책을 내놓았다. 《에덴탈출》(2020년), 《에덴의 상처》(2021년), 《에덴의 메아리》(2022년), 《에덴음모》(2023년), 《에덴의 침략》(2024년)

의 양식일 수 있다(그림 64 참조). 두 기둥 사이에는 양 끝이 젖꼭지처럼 끝나는 초승달 모양이 있다. 그것 위로는 수직 절개선으로 구분된 네 개의 부분에 작은 구멍들이 있다. 초승달의 좌우와 그 상단에는 절개된 지그재그 선이 있는데, 선의 연결 부분이 구멍으로 강조되어 있다. 그것은 별자리를 나타내는 방식과 유사해 보인다.

폴 윌리스는 이 모형 신당에 보이는 초승달 모양이 실제로 황소의 양식화된 뿔이며 황소자리를 의미한다고 보고 있다. 모형 신당을 보면, 좌측 상단에 삼각형을 이루면서 절개선으로 연결된 세 개의 구멍은 황소자리의 뿔처럼 닮아 있다. 황소(황소자리)는 플레이아데스를 나타내는 오랜 상징이다.

아세라와 '신적 자아 아이콘'

아세라는 '사자 여인'이나 '뱀 여인'으로도 알려져 있다.[8] 이집트의 카데쉬 여신은 아세라로 추정되는데, 그녀는 힘의 상징인 사자를 타고 있다(그림 82-左). 또한 그녀의 머리 위에는 초승달 모양과 원반이 있다. 이것은 플레이아데스를 상징하는 초승달 형상을 포함한 세 개의 태양이나 황소 뿔관의 변형이다. 아세라가 플레이아데스 출신의 여신임을 보여 주는 것이다.

미노아문명이 번성했던 크레타섬 크노소스 궁전에서 발견된 기원전 1,600년경의 여신 조각상(그림 82-右)은 두 손에 뱀을 들고 있어 '뱀

---

[8] 우가리트 석판에서는 아세라의 자식들을 "사자의 자랑"이라고 부른다. 또한 시나이반도에서 발견된 기원전 2,000년의 비문에는 그녀를 "뱀의 여인"이라고 부른다.

[그림 82] 아세라로 추정되는 카데쉬(左: 줄리아나 리스 그림)와 미노아 '뱀의 여신'(右)

여인'으로 부른다.

뱀은 불멸의 지혜나 치유의 상징이자 생명나무의 또 다른 상징이다. 머리에는 보석이 박힌 왕관을 쓰고 있고, 그 위에 고양이가 앉아 있다. 사자는 고양이과에 속하므로 이 고양이는 사자의 상징이기도 하다. 이 여신의 상징은 아세라와 거의 동일하다.

미노아 뱀 여신상과 같은 상징이 전 세계적으로 발견되었다. 고대 이집트문명과 잉카문명의 연관성을 집중적으로 연구한 리차드 카사로는 미노아 뱀 여신상처럼 뱀이나 사자와 같은 동물이나 생명나무 등을 두 손에 쥐고 있는 수많은 예술품을 찾아냈다.

그것은 이집트, 인도, 중국, 페르시아, 멕시코, 페루, 콜롬비아, 고대 유럽 등 다양한 문명에서 발견되었다. 그리고 모두 신비할 정도의 유사성을 보였다. 그는 그 공통된 상징이 전 세계의 피라미드 문화에서 공유하는 고대 지혜 전통의 중심적 상징이라고 설명했다. 그리고 그것을 '신적 자아 아이콘(Godself icon)'(그림 83-下)이라고 명명했다.

그의 주장에 따르면, 이 종교적 상징은 명상을 통해 내면의 깨달음에 이르는 것의 중요성을 일깨우는 것이다. 이러한 아세라 유형의 아이콘이 전 세계에서 발견된다는 것은 고대에도 세계가 대양으로 인해 단절된 적이 없으며, 공통된 신앙이나 신념 체계를 계속 보존했음을 보여준다. 그 기원은 플레이아데스 출신의 지도자일 것이다.

[그림 83] 두 마리 뱀을 든 인물과 리차드 카사로의 '신적 자아 아이콘'

아세라와 생명나무 전통

아세라에게 봉헌된 기원전 13세기 후반의 라기스 물병(그림 84-左)은 신성한 나무의 이미지로 장식되어 있다. 라기스 물병의 오른쪽 주요 부분에는 가지를 세 개의 곡선으로 묘사한 완전한 형상의 나무가 그려져 있다. 나무 위에는 '엘라트'라는 단어가 쓰여 있는데, 그것은 아세라 여신을 뜻하는 것이다.

이 나무의 형상은 유대-기독교 전통에서 일곱 개의 가지가 달린 촛대로 알려진 메노라와 같다. 이것은 성물(聖物)인 메노라가 아세라 여신의 생명나무 상징과 연결될 수 있음을 보여 주는 것이다. 물론 촛대의 숫자 7은 플레이아데스의 상징이다. 텔 레호브 전시품인 사각문(그림 84-右)의 정면에 있는 나무와 양옆의 여인들도 아세라의 상징으로 보고 있다.

[그림 84] 아세라의 생명나무 상징이 그려진 라기스 물병과 사각 문

생명나무 · 지식나무 · 우주목

리자 하인(Lyza Hayn)은 생명나무 상징이 고대문화권에서 널리 퍼져 있는 현상에 주목하면서 우주목(세계수)과 생명나무가 동일한 것인지에 대해 의문을 던지고 있다.

> "(생명나무의) 강력한 상징은 중국, 일본, 그리스, 로마, 페루, 하라파(인도), 메소아메리카, 오스트리아를 포함한 다른 많은 문화권에서 나타난다. 이러한 사회들 간의 지리적·문화적 차이에도 불구하고, 생명나무는 모든 사회에서 표현되는 방식이 놀랍도록 유사하다. 이는 확실히 다음과 같은 의문을 제기한다. 우리 세계의 중심에 실제로 세계수가 있었을까? 아니면 생명나무는 우리 몸 안의 신경계나 에너지 센터와 같은 더 미묘한 것을 가리키는 것일 수 있을까?"[9]

세계 각지에는 생명나무나 지식나무에 대한 전설이 퍼져 있다. 《코란》에는 에덴동산에 불멸의 나무 한 그루만 있었다고 한다. 이 불멸의 나무가 생명나무일 것이다. 인도의 전설에서는 우주목에서 열리는 열매가 과거와 미래에 대한 최고의 지식을 상징화한 것이라고 말한다. 그러므로 생명나무와 지식나무 그리고 우주목(세계수)는 모두 동일한 것이다. 단군신화에서는 '신단수'라고 하고, 우리나라 마을에 있는 당산목도 그 신앙의 유습이다.

---

[9] https://www.outofstress.com/tree-of-life-symbols/

생명나무 전설에는 뱀이나 용이 나무나 그 열매에 접근하는 것을 막는 역할을 한다. 나무와 함께 등장하는 뱀(용)은 생명이나 지식을 가로막는 존재가 아니라, 그것에 도달하기 위해서 반드시 거쳐야만 하는 관문에 대한 비유이다. 그것은 인체의 에너지 센터에 꼬여 있는 뱀, 곧 쿤달리니를 말하는 것이다. 그것을 깨워서 각성시키지 않으면 깨달음의 세계를 엿볼 수 없기 때문이다.[10]

"상징으로서의 지식나무는 여러 민족의 신화와 전설 속에서도 보인다. 우리는 이것을 고대 바빌론이나 아즈텍인에게서도 볼 수 있다. 인도의 불타가 갑자기 존재에 대한 최고의 의미를 이해하고 최고의 지혜에 도달한 이른바 득도의 경지에 들어선 것도 바로 나무 아래에서였다. 또한 인도의 비쉬누 신은 나무 아래 그려지는 것이 전통이다. 인도의 전설에 의하면 이 나무는 '우주목'이라 하며 거기에 열리는 열매는 과거와 미래에 대한 최고의 지식을 상징화한 것이다.

… 고대 이집트의 나네텔카프타크는 마법의 지식이 쓰인 책을 손에 넣기 위해서 그것을 지키던 '불사의 뱀'을 죽였다. 수메르에서도 이것과 같은 의미의 그림이 발견되었다. 불교의 전설에

---

10 쿤달리니는 인체의 고유하고도 미묘한 구성 요성 중 하나인데, 뱀으로 묘사된 인체의 잠재적인 에너지이다. 그것은 활성화 상태에 있지 않을 때는 척추 바닥에 코일처럼 꼬여 있다. 활성화되면 척추를 따라 수직 자세로 일어선다. 다른 차크라 심령센터를 통해 쿤달리니 활성화 상태가 진행되면 머리의 크라운 센터에 도달할 때까지 각성과 신비로운 경험을 하게 된다. 각성이란 쿤달리니가 깨어나는 것, 즉 쿤달리니가 잠들어 있다가 활성화되는 것을 말한다.

의하면 인도, 일본, 중국에서도 홍수의 상징인 뱀이 호수에 살면서 사람들이 성스러운 나무에 다가가는 것을 막는다. 이 나무의 열매를 먹는 자는 초능력의 눈을 가지게 되어 모든 과거사를 볼 수 있다고 믿어졌기 때문이다."[11]

깨달음의 상징인 생명나무

지금까지 발견된 생명나무 도상 중 가장 오랜 것은 괴베클리 테페의 석판에 새겨진 것이다(그림 85-1). 이 석판에는 가운데에 줄기나 가지가 세 줄로 뻗은 나무가 길게 서 있고, 좌측에는 뱀, 우측에는 새가 새겨져 있다. 돌에 새긴 것을 보면 10,000여 년 이전에도 이에 대한 지식이 매우 중요한 것이었음을 짐작케 한다. 여기서 우리는 나무와 뱀과 새, 이 세 가지가 한 세트로 이루어진 것이 하나의 상징이었음을 알 수 있다. 그것이 생명나무 또는 지식나무를 뜻하는 원래의 상징이었을 것이다. 이 석판에서 나무는 인간의 심령적인 몸, 뱀은 심령력(쿤달리니)의 낮은 차원의 힘 그리고 새는 심령력의 높은 차원의 힘을 상징한다. 새는 태양으로도 나타낸다.[12]

나무에 뱀과 새가 함께 묘사된 다른 조각품은 중국 삼성퇴에서 출토된 청동신수이다(그림 85-6). 이 신수(神樹)에는 뿔이 달린 뱀이 줄기 위에서 아래로 타고 내려와 있다. 아홉 개의 가지에는 아홉 마리 새가 앉아 있다(숫자는 9는 구이(九夷)를 뜻할 것이다).

---

11   알렉산더 고르보프스키, 《잃어버린 고대문명》, 93~96쪽
12   Allan Coult, "Psychedelic Anthropology"

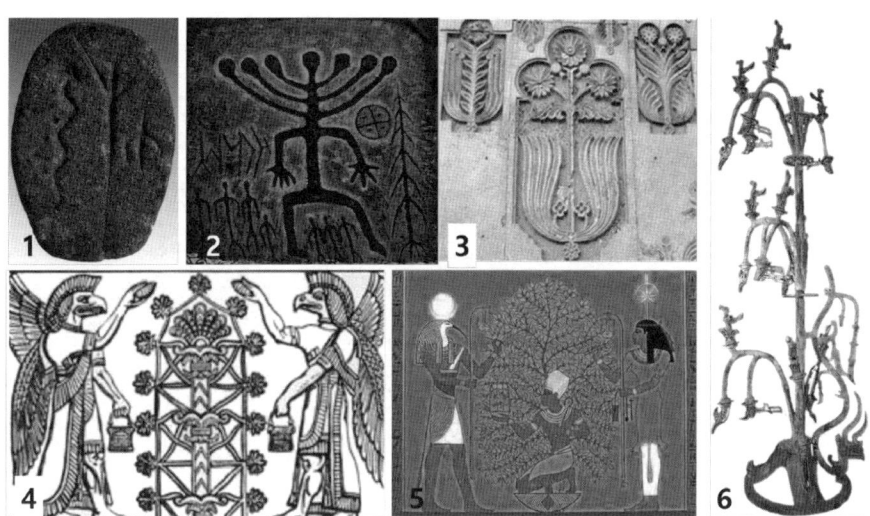

[그림 85] 다양한 고대문화권에서 발견되는 생명나무. 1. 괴베클리 테페 2. 알타이 하카시아 3. 아르메니아 4. 아시리아 5. 이집트 6. 중국 삼성퇴

아시리아의 생명나무 도상(그림 85-4)에는 새의 머리를 한 인물이 생명나무를 가운데 두고 마주 보고 있다. 치켜든 손에는 솔방울을 들고 있다. 솔방울은 솔방울 모양의 내분비기관인 송과선을 상징한다. 송과선은 '신적인 눈', '제3의 눈'이라고 불린다.[13] 제3의 눈을 깨우려면 쿤달리니 에너지를 각성시켜 송과선을 활성화시켜야 한다. 지구 전역에 세워진 피라미드는 이 에너지를 깨우는 일에도 큰 역할을 했을 것이다. 제3의 눈이 열리면 영적인 지각과 초능력이 뒤따른다고 알려져 있

---

13 이집트의 '제3의 눈' 도상은 황금비로 이루어져 있다. 황금비는 "신성한 비율"이라고도 불린다. 피보나치 수열에서 연속되는 앞뒤 두 숫자의 비율은 항이 무한대에 가까워질수록 파이($\varphi=1.61803399$) 값에 가까워진다. 이를 황금비라고 한다.

다. 그때 보는 것이 온 세상이 하나의 생명나무로 연결되어 있는 모습일지도 모른다.

알타이 하카시아 암각화에서 발견된 생명나무(그림 85-2) 도상에는 나무 왼쪽에 머리가 일곱 개인 인물이 그려져 있다. 그런데 이 일곱 개의 머리 형상이 라기스 물병에 그려진 아세라 나무(그림 84-左)처럼 메노라를 닮았다. 이것은 플레이아데스 상징이다. 생명나무 도상에 숫자 7이 함께하는 것은 생명나무의 사상을 가르쳐 준 인물들이 플레이아데스 출신임을 나타내고자 한 것이다.

생명나무의 뱀은 쿤달리니

생명나무 도상에 함께 하는 뱀에 대해서는 더 부연할 필요가 있다. 괴베클리 테페 근처의 네발리 코리에서 발견된 석판에는 인간 머리가 새겨져 있다(그림 86-左). 그 머리 뒤쪽에는 꾸불꾸불한 모습의 뱀이 올라가고 있다. 그것은 마치 척추 꼬리에서 출발한 뱀이 척추를 따라 파동 치면서 올라가 뇌로 가는 쿤달리니의 뜨거운 기운을 나타내는 것처럼 보인다. 쿤달리니 요가에서는 생기(氣: 프라나)가 흐르는 통로가 세 개 있다.[14]

두 마리의 뱀이 꼬여 지팡이를 감싸고 있는 카두케우스(헤르메스의 지팡이) 상징은 이를 나타낸다(그림 86-右). 카두케우스는 신의 전령사를 뜻하기도 하고, 의학의 상징이기도 하다. 이것은 괴베클리 테페

---

14 가운데 통로인 척수를 수슘나라고 하고, 수슘나 왼쪽에서 시작하여 타고 오르는 음적인 달의 에너지를 이다(ida), 수슘나 오른쪽에서 시작하여 타고 오르는 양적인 태양의 에너지를 '핑갈라(pingala)'라고 부른다.

의 돌기둥 형태와 같이 T자형을 이룬다. 앞에서 T자 상징이 사람, 하늘의 사람 또는 신 그리고 불멸이나 환생을 뜻하는 것이라고 했는데, 그것이 쿤달리니가 활성화된 상태를 나타내는 것이라면 의미가 더욱 명확해진다. 즉, 사람의 심령 상태가 신적인 상태로 급상승하는 것이기 때문이다. 그럴 때 수행자는 과거와 미래를 보고, '불사(不死)'나 불멸을 경험한다. 그러한 인간은 우주목과 같다.

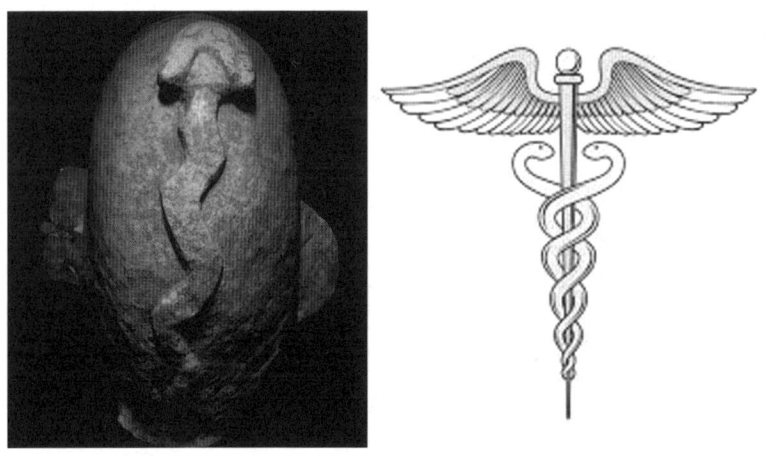

[그림 86] 네발리 코리에서 출토된 머리를 타고 오르는 뱀(左)과 카두케우스(右)

웨인 허셜은 생명나무가 우주의 중심에 있는 창조의 우주적 핵일 것이라고 주장한다. 그것은 초자연적인 것으로 모든 생명과 관련이 있고 상호작용한다. 모든 이들과 소통할 수 있고, 모든 이들이 축적한 정보를 수록한다. 그것의 패턴은 무한히 퍼지는 전자기 역장(力場)과 같다. 그 가지와 뿌리는 뱀처럼 보이는 연결망을 가지고 있다. 모든 영혼은 이 빛의 나무의 일부라는 것이다.

불멸을 뜻하는 뱀의 사슬

　한 마리나 두 마리의 뱀이 사슬처럼 꼬여 있는 모습은 우주적인 생명(또는 창조)이 스스로 벌이는 무한한 생성과 발전을 뜻하거나, 환생을 거듭하는 불멸의 존재(영혼)를 상징하는 것이다. [그림 87]은 고대 메소포타미아에서 발견된 뱀의 사슬 상징들이다. 그림 중 십자가 형상은 12세기 덴마크 오르후스 대성당 문에 있는 조각품인데, 흥미롭게도 뱀의 사슬 양식이 십자가에 걸려 있다. 생명의 영원함에 대한 상징이 끊어지지 않고 계속 이어지고 있음을 잘 보여 준다고 하겠다.

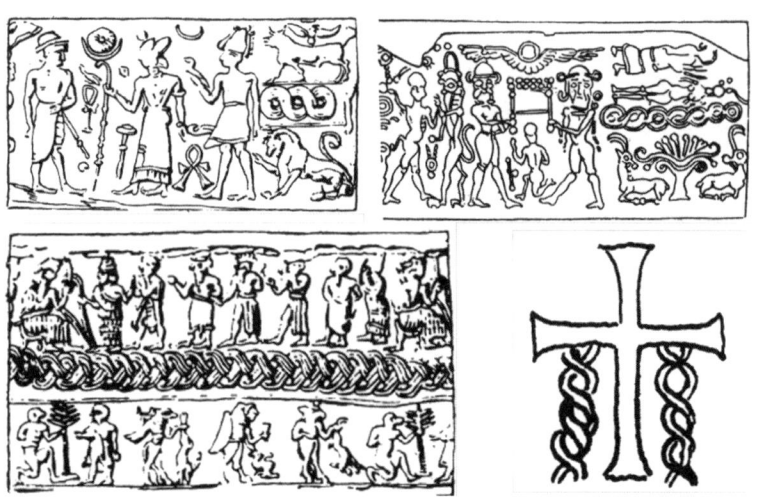

[그림 87] 영원한 생성이나 불멸의 영혼을 상징하는 뱀의 사슬

제14장

플레이아데스
세 개의 태양 상징

웨인 허셜은 괴베클리 테페의 황소 지상화를 발견한 것 외에도 매우 중요한 플레이아데스의 상징을 찾아냈다. 그것은 고대 이집트 파피루스, 메소포타미아 쿠두루 석판, 인도의 잠부케스와라 힌두교 사원, 마야의 코라브나 사원 그리고 잉카의 황금 별지도에 있는 세 개의 동일한 상징, 즉 초승달이 포함된 세 개의 원(태양) 상징이었다.

빌리 마이어의 '150번째 접촉 보고서(1981년 10월 10일)'에는 플레이아데스의 에라 행성에 대한 정보가 포함되어 있다. 거기에는 에라 행성과 관련된 별세계에 대해서 '16개의 유인 행성과 세 개의 태양을 포함하는 전체 시스템'이라고 표현하고 있다. '16개의 유인 행성'에 대해서는 10장에서 가야 수로왕 설화와 관련하여 잠깐 언급한 바 있다. 이 정보에 따르면 에라 행성에서는 세 개의 태양이 떠오른다. 이제 '세 개의 태양'이 무엇인지 살펴보자.

[그림 88] 세 개의 태양이 있는 별(하늘)의 세계(이집트 파피루스)

이집트의 세 개의 태양

텍스트와 함께 제공되는 이집트 파피루스 자료부터 먼저 보기로 하자. 이것은 《문명의 요람》이라는 제목의 오래된 책에 실려 있는 것이다. 웨인 허셜팀은 [그림 88]에 대해서 다음과 같이 설명한다.

> "《문명의 요람》 저자는 이 장면이 영혼이 '아루의 들판'이라는 장엄한 정원, 곧 '다른 세계'로 여행하는 내용이라고 설명한다. 거기에는 모든 것이 풍부하고 지구보다 더 완벽하다. 두 그림에서 모두 눈에 띄는 세 개의 태양이 있는데, 그중 하나는 초승달 모양의 행성이 별에 묶여 있다. 위의 그림은 영혼이 '우주의 수로'를 따라 여행하여 원하는 목적지에 도달하는 모습을 보여 준다는 견해에 동의한다. 수로는 우주의 뱀, 웜홀의 동의어로 사용될 가능성이 크다.
>
> 수로에는 세 개의 교차로가 있으며 세 개의 태양이 각각 이 경로를 따라 배치되어 있다. 이것은 '신'의 세 개의 태양이며 각각 고유한 우주 주소를 가지고 있다. 황소와 소를 끄는 것도 주목하라. 행복한 영혼들이 '천상의 가축'을 몰고 다닌다는 것은 우연이 아니다. 그것은 아마도 세 개의 태양 별, 황소자리의 궁극적인 목적지에 대한 남아 있는 전통의 흔적일 것이다."[1]

위 그림이 실린 원서에는 사람이 죽어서 환생하는 별의 세계에서 그

[1] https://anzoboma82.wixsite.com/ancientstarmaps/egypt-2

사람에게 맡겨지는 업무와 그것이 과도하다고 평가되어 덜어 주는 사항에 대해서 자세히 기술하고 있다.

[그림 88]은 '세 개의 태양'의 특징을 문서로 보여 주는 귀중한 자료이다. 여기에서 보이는 초승달을 웨인 허셜은 플레이아데스성단의 세 개의 태양 중 하나에서 일식이나 월식으로 생기는 모습을 묘사한 것이라고 추측한다. 지금까지는 그러한 형상을 지구의 초승달로만 식별했다. 그리고 초승달이 원 안에 그려져 있다는 사실을 발견한 연구가들도 그것이 지구에서 보는 월식의 모습을 나타낸 것으로 판단했다. 그러나 셀레시우스 석판(그림 58)에서 보듯이 그것은 명백히 플레이아데스를 가리키는 것이었다.

메소포타미아의 세 개의 태양

[그림 89]는 기원전 1157~1025년경 메소포타미아 쿠두루 석판(kudurru stone)에 있는 세 개의 태양 상징이다. 쿠두루 석판은 땅의 경계석으로 알려져 있는데, 이 독특한 석판에는 설명문이 없고, 부호와 상징들로 이루어져 있다. 웨인 허셜은 그것들이 인간 기원과 관련된 것으로 이해한다. 그래서 그는 이 석판을 '제네시스(창조) 석판'이라고 부른다. 그림의 위는 세 개의 태양 부분이고, 아래는 석판의 그림을 펼친 전체도이다.

[그림 89]의 아래 그림에서 타원으로 강조한 부분의 우측에 있는 일곱 개의 작고 둥근 물체는 플레이아데스이다. 그 좌측에 초승달을 포함한 세 개의 태양이 있다. 그 위에 있는 기다란 뱀은 은하수 또는 하늘을 나는 우주뱀이다. 이러한 우주뱀의 모습이 잘 나타나 있는 것이 [그림 90]이다. 이것은 이탈리아 폰차에 있는 미트라교의 지하회당인

미트라에움의 천장에 그려진 그림이다. 황도12궁이 그려진 각 구역을 커다란 뱀이 돌고 있다.

[그림 89]에는 우주뱀 아래 전갈자리 상징이 있다. 우주뱀은 우주에서 지구로 내려오고 있다. 세 개의 태양 아래에 오메가 부호가 있는데,

[그림 89] 메소포타미아 쿠두루 경계석의 '세 개의 태양'(아래 그림은 석판 그림을 펼친 것)

제14장 플레이아데스 세 개의 태양 상징   277

[그림 90] 황도12궁과 우주뱀이 그려져 있는 이탈리아 폰차 미트라에움의 천장도

이것을 웨인 허셜은 웜홀로 이해한다.[2] 맨 아래에는 좌측부터 용머리의 사자, 황소가 있고, 맨 우측에 우리 태양이 있다. 플레이아데스에서는 우리 태양이 전갈자리에서 함께 보인다고 한다.

이 쿠두루 석판은 플레이아데스 근처에 있는 세 개의 태양에서 우주뱀(우주선)이 웜홀을 통해 지구에 도착하는 내용을 담고 있는 것으로 해석되고 있다.

---

2 웜홀은 멀리 떨어진 두 공간에 중력을 가해 휘어지게 만들어 두 공간을 연결해 주는 지름길이다.

[그림 91] 잠부케스와라르 사원의 세 개의 태양

인도의 세 개의 태양

[그림 91]은 인도 타밀 지역에 있는 잠부케스와라르 힌두교 사원의 세 개의 태양 상징이다. 원 안에 있는 초승달과 그것과 나란히 있는 태양은 동일하다. 나머지 하나는 중앙에 있는데 매우 작은 형태로 우주용의 혀에 싸여 있다.

멕시코의 세 개의 태양

[그림 92]는 마야 라브나 사원(Labna temple)의 세 개의 태양 상징이다. 라브나 사원은 멕시코 유카탄반도에 있는 마야 유적지(A.D 600~900년)로 알려져 있다.

[그림 92] 라브나 사원의 세 개의 태양

 그림의 오른쪽에 타원으로 강조한 곳에 쿠두루 석판에서 보이는 원 안의 초승달과 다른 두 개의 태양이 조각되어 있다. 무려 1,700년 이상을 건너뛰고, 대양을 넘어서 동일한 상징이 재현되고 있다. 웨인 허셜 팀은 라브나 사원의 상징을 발견하고는 너무 놀라서 자리에서 벌떡 일어났다고 술회했다. 아마도 세 개의 태양설을 확신을 가지고 주장하게 된 유물이 바로 이 라브나 사원일 것이다. 똑같아도 너무 똑같으니 말이다.
 그런데 더욱 흥미로운 것은 이 세 개의 태양 조각품 왼쪽 옆에 있는 뱀의 모습이다. 그것은 아래턱과 위턱을 커다랗게 벌리고 있다. 그 목구멍 안에서는 인간의 머리가 나오고 있다. 이 신화적 조각품에 대해서 다음과 같은 해설이 있다.

"입을 벌리고 인간의 머리를 가진 뱀은 비전 뱀(Vision Serpent)으로 알려져 있으며, 이 세상과 '다른 세상' 사이에서 조상들을 연결해 주는 '통로'이다. 그 조상들은 한 개인이나 그의 가족을 위해 신, 신성, 다른 조상들에게 중재를 해 주는데, 낯선 사람이나 집단은 중재 대상이 아니다. 여하튼 이 뱀은 동물이 아니다."[3]

윗글에서 말하는 통로가 뭘까. 웨인 허셜이 쿠두루 석판의 우주뱀과 오메가 부호에 대해서 말한 우주선과 웜홀일까. 쿠두루 석판이나 라브나 사원 조각품을 자세히 보면, 뱀이 나오는 곳은 세 개의 태양이다. 또한 뱀의 통로 상징은 전갈자리와 함께 표시된다는 특징이 있다. 추리하자면, 인간이 세 개의 태양이 있는 곳에서 왔음을 뜻하는 것이다.

잉카의 세 개의 태양

[그림 93]은 잉카의 황금 별지도를 손으로 그린 것이다. 원래의 그림은 페루 쿠스코에 있는 잉카제국의 가장 중요한 사원인 태양의 사원의 황금빛 제단 벽에 그려져 있던 것이었다. 그림의 좌측 하단에 두 인물이 일곱 개의 플레이아데스와 함께 표현되어 있다. 그 우측에는 생명나무처럼 보이는 나무가 서 있다. 맨 위의 중앙에 기다란 타원을 중심

---

[3] https://georgefery.com/labna-late-maya-classic

으로 좌우에 초승달과 태양이 묘사되어 있다. 초승달은 원 안에 있는 형태로 묘사되었다. 타원 위에는 다섯 개의 별로 나타낸 십자가 형상이 있다.

이 그림은 아직 해독되지 않았는데, 웨인 허셜은 맨 위에 나란히 그려진 세 개의 그림이 세 개의 태양이라고 보고 있다. 즉, 플레이아데스에서 인간이 내려왔고, 그곳에 있는 세 개의 태양의 특징을 묘사한 별지도라는 것이다.

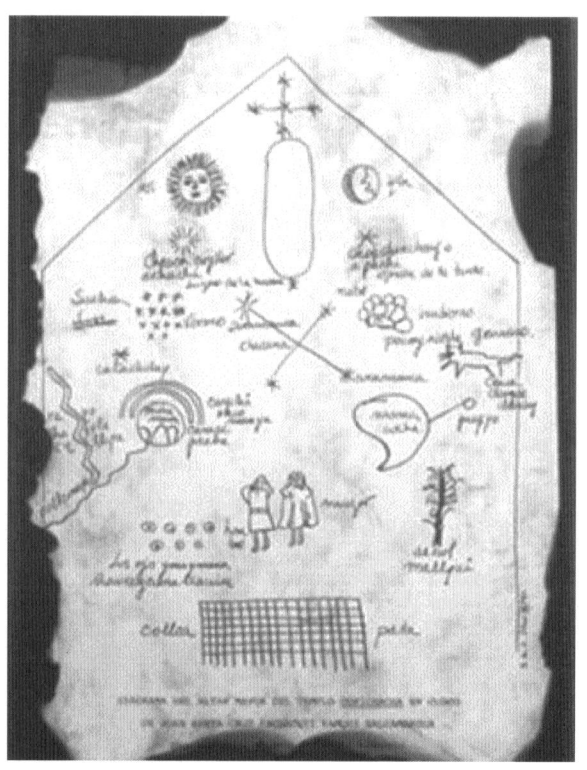

[그림 93] 잉카 태양의 사원 황금 별지도의 스케치화

웨인 허셜은 멀리 떨어진 5개의 문명권에서 부호와 별의 양식이 단순한 형태로 발생했다면 우연의 일치라고 볼 수 있지만, 여러 가지 의미를 내포한 복잡한 부호와 복잡한 별의 양식이 서로 일치하고 시대를 달리하여 나타나는 것은 동일한 메시지나 역사적 사실을 담고 있는 것이라고 주장한다. 그는 "인류는 지구에서 진화하지 않고 다른 곳, 즉 플레이아데스 근처에 있는 세 개의 태양계 중 하나에서 진화했다."고 확신하고 있다.

북미 원주민의 플레이아데스 상징

이 밖에도 세 개의 태양의 상징은 북미 원주민 작품에서 매우 단순하고 재미있게 묘사되었다. [그림 94]의 좌측 그림은 플레이아데스로 추정되는 일곱 개의 점이 찍힌 가면 작품이다.

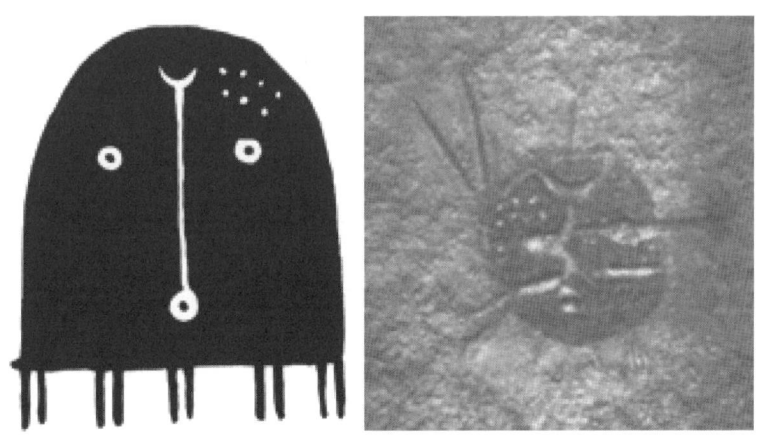

[그림 94] 북미 원주민의 검은 신 가면(左)과 암각화(右)

일곱 점을 제외하면 세 개의 원과 길쭉한 막대기와 초승달이 남는다. 세 개의 원은 각각 두 눈과 입, 길쭉한 막대기는 코를 형상화한 것이다. 이 가면의 이름은 '검은 신(Black God)'이다. 가면이 수집된 연도는 1947년이다. 20세기 중반까지 북미 대륙에서 플레이아데스의 상징이 이어져 왔음을 보여 주는 생생한 증거물이다.

북미 원주민들이 이 상징을 중시했다는 것은 [그림 94]의 우측 그림을 보면 알 수 있다. 이것은 바위에 새겨진 것이다. 거기에는 황소자리 뿔을 형상한 V자가 일곱 점 위에 선명하게 새겨져 있다. 원주민들의 전설이나 증언에서 보듯이 그들은 플레이아데스에서 온 이주자들의 후손이라고 말하고 있다. 그러했기에 그들의 선조들이 내려왔던 행성의 특징을 잘 기억하고 있었을 것이다.

경주의 세 개의 태양

신라의 천년 고도 경주에는 아직도 풀지 못한 수수께끼들이 남아 있다. 그중에서 사릉(뱀릉)과 반월성, 전불가람칠터 그리고 천마총의 천마도는 플레이아데스와 관련하여 생각할 화두를 제공한다. 또한 알영의 입술이 닭의 부리처럼 생겼다는 신화나 닭이 울어 김알지 탄생을 알려서 그 숲을 '계림(鷄林)'이라고 하였다는 설화는 닭을 플레이아데스의 상징으로 삼았던 부족의 도래와 관련되었을지도 모른다.[4]

---

4   헝가리를 비롯한 유럽의 서부, 남부, 중부, 발칸반도, 서부 우크라이나, 서아프리카와 수단, 인도 북동부, 태국 등 동남아시아에서 플레이아데스를 '병아리를 품은 암탉'으로 표시하는 것은 일반적이다.

[그림 95] 초승달 모양의 경주 신월성

[그림 96] 플레이아데스 '세 개의 태양'을 상징하는 경주의 신월성, 오릉, 대릉원 배치도

제14장 플레이아데스 세 개의 태양 상징 285

경주의 신월성은 세계에서 거의 유일하게 초승달 형태로 축조한 성곽이다. 그것은 반월의 형상도 아니다. 대개의 성곽이 네모가 반듯한 모양임을 고려할 때, 경주 신월성의 형상은 특이한 사례이다. 웨인 허셜은 이러한 사실을 주목했다. 그는 신라와 플레이아데스의 연결을 확신하는 강력한 증거로 경주 내에서 삼각형을 이루는 세 가지 유적인 신월성과 오릉(사릉) 그리고 대릉원의 고분군이 플레이아데스의 세 개의 태양을 상징하는 것이라고 제안했다.

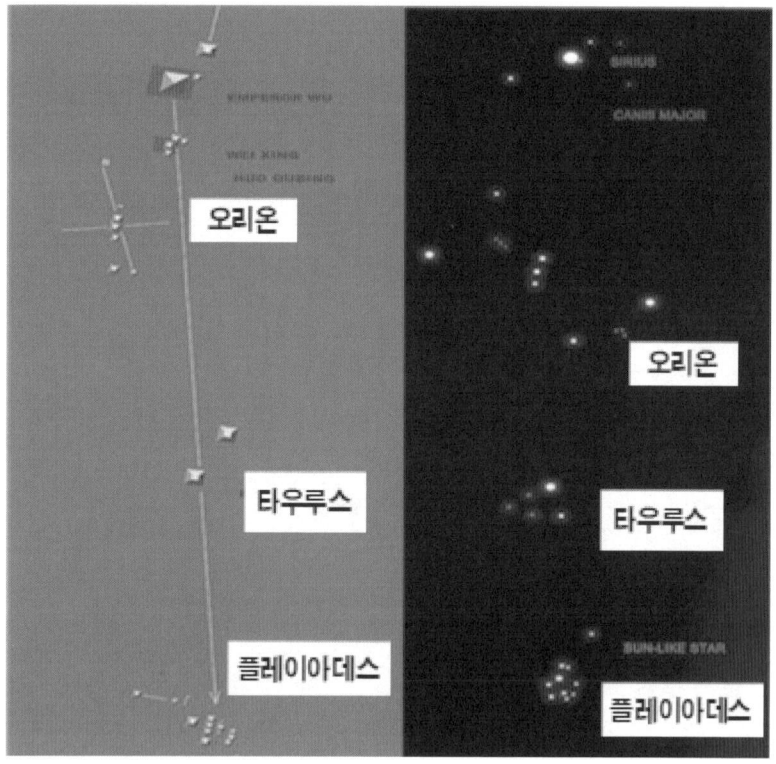

[그림 97] 중국 서안(시안) 피라미드 단지의 오리온, 타우루스, 플레이아데스 배치도와 천문도(웨인 허셜 그림)

그중에서 초승달처럼 생긴 신월성이 핵심 역할을 하고 있다. 그것은 앞에서 줄곧 살펴본 것처럼 플레이아데스의 세 개의 태양 상징 도상에 초승달 형태의 태양이 포함되어 있기 때문이다. 웨인 허셜은 세 개의 태양설을 더욱 뒷받침하기 위해 중국 서안(시안)의 거대한 피라미드(그림 97)들도 하늘의 별자리에 맞춰서 축조되었음을 밝히고 있다.

중남미의 피라미드와 같은 양식의 서안 피라미드군에서는 이집트의 케옵스 피라미드를 비롯한 3대 피라미드에서 보이는 오리온자리 삼성의 배열이 보이는 것들도 있고, 플레이아데스를 묘사한 고분들도 발견되었다.

전불칠처가람과 플레이아데스

경주에는 '전불칠처가람'이 있다. 이것은 석가모니 불교 이전의 일곱 곳의 가람이란 뜻이다. 이것과 관련된 이야기는 《삼국유사》에 실려 있다.

> 고구려인 아도가 위나라에 가서 불도를 배우고 돌아와 어머니를 뵈었는데, 어머니가 다음과 같이 말했다.
> "이 나라는 아직까지 불법을 모르지만, 이후 3천여 개월이 지나면 계림에 성왕이 출현하여 불교를 크게 일으킬 것이다. 그 서울에는 일곱 곳의 절터가 있다. 첫째는 금교(金橋) 동쪽의 천경림(天鏡林), 둘째는 삼천기(三川歧), 셋째는 용궁(龍宮) 남쪽, 넷째는 용궁 북쪽, 다섯째는 사천미(沙川尾), 여섯째는 신유림(神遊林), 일곱째는 서청전(婿請田)으로서 모두 전불(前佛)

시대의 절터이며, 불법의 물결이 길이 흐를 곳이다."⁵

'전불칠처가람'은 모두 일곱 군데의 가람이므로 숫자에 의미를 두었다면 하늘의 칠성을 상징했을 것이다. 두 개의 칠성, 즉 북두칠성과 플레이아데스 중에서 어떤 것을 묘사했을지 궁금했다. [그림 98]에 보듯이 구글어스로 추정되는 곳을 표시했다. 일곱 군데 중 사천미의 위치가 다소 애매했다. 《신증동국여지승람》의 '경주부 영묘사는 경주부 서쪽 5리에 있다'는 기록을 참고했다. 지도상에 나타난 일곱 군데는 첨성대를 중심으로 좌우로 나뉘어 있는데, 사천미만이 개천을 건너 따로 떨어져 있었다.

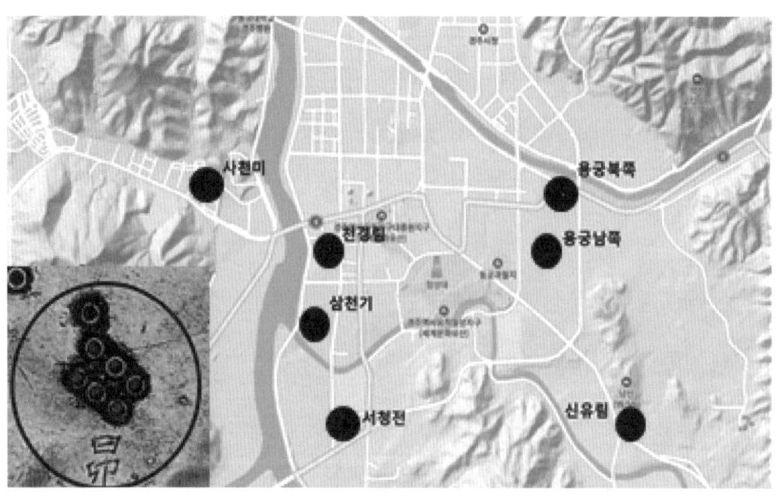

[그림 98] 경주 전불칠처가람터 배치도

5   《삼국유사》 흥법 제3 아도기라조

일곱 곳의 위치는 북두칠성의 형상과는 차이가 컸다. 플레이아데스라고도 확실하게 말할 수는 없지만, 사천미 하나가 따로 떨어져 있고, 나머지 여섯 곳이 둘로 나뉘어 있다는 점이 플레이아데스와 유사하다고 할 수 있다. 《천문유초》와 통도사 금동천문도에 묘사된 플레이아데스의 특징이 그러한 형상이다(그림 98의 좌측 하단 원 내).

경주 대릉원의 천마총에서 발굴된 천마도(그림 99-上)는 웨인 허셜이 경주에서 발견한 또 다른 플레이아데스의 상징이다. 그는 혁거세 탄강신화에서 '번개와 같은 이상한 기운이 드리워진 흰말'이라는 기록에 주목했다.

> "진한(辰韓) 땅의 여섯 마을 우두머리들이 알천 상류에 모였다. 군왕을 정하여 받들고자 하여 높은 곳에 올라 멀리 남쪽을 바라보았다. 그러자 양산 기슭에 있는 나정이라는 우물가에 번개와 같은 이상한 기운이 드리워진 흰말이 엎드려 절하고 있었다. 찾아가서 그곳을 살폈더니 자줏빛 알이 있었고 말은 사람들을 보자 길게 울고는 하늘로 올라갔다." (삼국유사)

영국 옥스퍼드셔주 어핑턴의 언덕에는 기원전 1,000년경의 것으로 보이는 백마 지상화가 그려져 있다(그림 99-下). 길이는 110미터인데, 지상화를 구성하는 깊은 도랑은 부서진 흰색 분필로 채워져 있다. 백마는 이른바 '신들의 전차'를 상징하는 것으로 알려져 있다. 주몽의 설화에도 해모수가 타고 다니는 오룡거로 표현된 '신들의 전차'가 등장한다. 신성한 존재가 하늘에서 천마가 끄는 수레를 타고 내려오는 장면은 중국 '무씨사당 화상석'에 잘 묘사되어 있다. 천마총의 천마는 거센

입김을 내뿜고, 목 뒤의 털과 꼬리털이 바람에 휘날리고 있다. 이 천마의 꼬리 갈기는 모두 일곱 개이다. 플레이아데스를 상징했을 것이다.

[그림 99] 천마총의 천마도(上)와 영국 옥스퍼드셔주 어핑턴의 백마 지상화(下)

제15장

황금비와
플레이아데스 메시지

오늘날 자주 발견되는 크롭서클은 플레이아데스인들이 지구인에게 보내는 일종의 메시지이다. 그 도상에서는 신성 기하학의 중심 수리인 황금비가 중시된다. 황금비는 괴베클리 테페, 이집트 피라미드, 불가리아 바르나 황금유물에서 발견되는 매우 오랜 지식이다. 지구 밖으로는 화성의 사이도니아 피라미드 단지에서도 발견되었다. 그리고 우리의 윷놀이와 《천부경》에서도 발견되었다.

우주상수 황금비와 신성 기하학

리차드 메릭(Richard Merrick)은 세계 모든 종교의 기원이 황금비를 근원으로 하고 있다고 주장했다. 그의 주장에 따르면, 기원전 450~200년경의 핑갈라(Pingala)의 《운율학(The Art of Prosody)》에서, 우주산이라고 부르는 메루산은 하늘로 뻗어 나가는 숫자의 운율로 묘사되었다. 대각선이 피보나치 수열을 생성하도록 배열된 숫자들이 피라미드 형태로 구축된 부호였다. 메루산에서 인접한 각 대각선의 합을 나누면 약 1.618033의 황금비로 수렴한다. 하늘에서 금성은 8년의 기간을 넘기면서 황금비를 실제로 보여 주는데, 정확히 5번 역행하여, 밤하늘에 오각의 장미꽃을 형성한다.[1]

케플러는 기하학의 두 가지 보물로 피타고라스 정리와 황금비를 들고 있다. 플라톤은 우주의 모든 신비를 하나로 통합하는 황금 열쇠가 있다고 했는데 그것은 피보나치 수열의 황금비로 추측된다.

오늘날 황금비 파이는 수학뿐만 아니라, 물리학, 화학, 생물학 등 전

---

[1] http://www.interferencetheory.com

우주에 걸쳐서 광범위하게 발견되고 있다. 현재까지 발견된 황금비 관련 유물로 가장 오랜 것은 괴베클리 테페의 이른바 '신들의 핸드백'(그림 75-上)과 불가리아 바르나에서 발견된 황금자이다. 괴베클리 테페의 '신들의 핸드백'은 세 부호의 크기의 비율이 황금비이다.

바르나의 황금유물(그림 100)은 사각형 금판과 황소 형태인데, 황금비 측정 용도로 제작되었다. 기원전 5,000~4,500년경의 것이다.

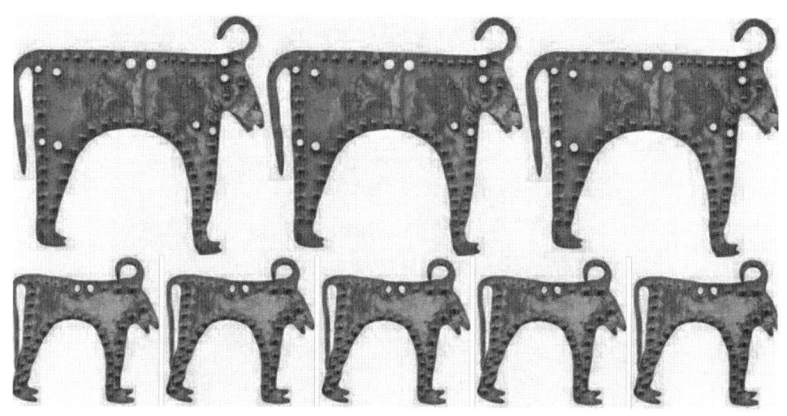

[그림 100] 불가리아 바르나의 황소 황금자. 큰 소와 작은 소의 비율은 황금비이다.

이라크 알라나인 대학의 한 건축학 학위논문에 실린 황금비와 관련된 자료는 외계의 건축물조차 학위논문에서 거론하는 개방적인 학문 풍토를 보인다는 점에서 매우 충격적이다. 그 논문에는 인면상과 함께 발견된 화성 사이도니아 피라미드 단지(그림 101)가 황금비로 이루어졌다는 웨인 허셜의 그림이 실려 있었고, 그 내용은 다음과 같았다.

"황금비율은 지구에만 국한되지 않는다. 현대 과학에서도 이러한 비율이 존재한다는 것이 확인되었다. 그것은 화성의 사이도니아에서 발견되었는데, 수학적 비율로 보면 황금비율을 이룬다. 그곳에서 발견된 피라미드, 면, 사각형이 자연적으로 만들어졌는지 아니면 의도적으로 만들어졌는지는 중요하지 않다."[2]

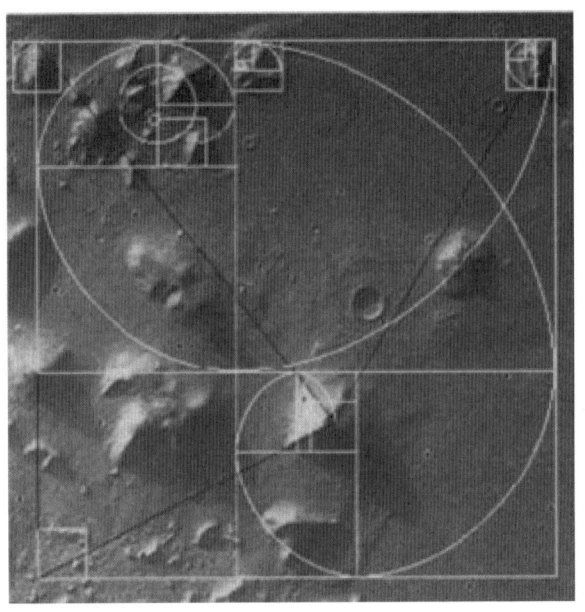

[그림 101] 황금비를 보이는 화성 사이도니아 피라미드 단지

2   Ali Majid Hameed, "Type and Typology in Architecture"

천상의 신들은 피라미드를 짓거나 도시를 설계할 때에도 황금비를 염두에 두었다. 인체에도 황금비가 두드러진다. 어깨에서 팔꿈치까지의 측정값이 1일 때 팔꿈치에서 손가락 끝까지의 측정값이 1.6이다. 손가락 끝에서 손목까지의 거리는 1이고 손목에서 팔꿈치까지의 거리는 1.6이다. 손가락의 가장 먼 끝에서 손가락의 아랫부분까지는 1이고 손가락의 아랫부분에서 손목까지는 1.6이다. 머리에서 배꼽까지는 1이고 배꼽에서 발까지는 1.6이다. 몸 전체가 기본적으로 황금비의 교향악이다.[3]

또한 인체의 각 부위들이 황금비에 가까울 때 아름답다는 미감을 자아낸다. 이러한 황금비를 위주로 고대 문화를 새롭게 해석하고자 하는 것이 신성 기하학이다.

신성 기하학은 우주나 인체가 황금비와 같은 수학적 비율과 기하학적 패턴에 의해 이루어진다는 전제 속에서, 고대의 다양한 문화와 종교에서 발견되는 신성하다고 여겨지는 기하학적 모양과 패턴을 연구하는 학문이다. 피라미드는 신성 기하학의 좋은 예이며, 힌두교의 만다라나 스리 얀트라는 명상 수행에 사용된다.

> **code + 우주와 시공간의 황금비**
>
> 황금비는 현재진행형으로 우주의 시공간 자체를 만들고 있으며, 시공간 자체는 이 수학적 상수로 정의된다. 그래서 과학 통합이론으로서 황금비 파이($\Phi=1.61803\cdots$)가 제기되고 있다. 황금비가 우주를 특징짓는 가장 확실한 예로는 우주 곳곳에 편재하는 나선형을 들 수 있다. 황금비를 따르는 것들의 대표적인 목록은 다음과 같다:

[3] https://medium.com/@gideon.crawley/algorithms-of-creation-e96e2c3814dc

> 많은 식물의 성장(잎차례), 달팽이와 같은 특정 연체동물이나 암모나이트의 나선형 껍질, 코끼리 엄니와 영양의 뿔 모양, 유인원 화석에 나타난 달팽이관 귀 뼈의 나선형 구조, 허리케인이나 은하의 나선형, 태양계의 행성 분포, 생물 종의 상수 T, DNA 구조, 원소의 주기율표, 나노 물질의 응력 패턴, 원자핵 핵종의 안정성, 시공간의 위상.

윷놀이 코드

윷은 우리 민족이 5,000년이 넘는 오랜 세월 동안 잃지 않고 원형을 유지해 온 세시풍속이자 놀이이다. 그것은 윷과 우리 민족의 인연이 매우 깊음을 의미한다. 윷놀이의 기원에 대해서 《삼한관경본기》에는 치우천왕 시절에 자부의 선인이 천문과 역(易)의 원리를 가르치기 위해 만든 놀이였다고 기록하고 있다. 윷놀이는 '소놀이'란 뜻이다. 황소자리를 고대 바빌로니아에서는 '슈르(Shur)'라고 했는데, 소의 옛말인 '윷'이 이것과 관련된 것일까.

하늘의 적도를 따라 남북에 있는 별자리를 28구역으로 나눈 것이 28수(宿)이다. '수(宿)'는 달이 하루에 머무는 자리를 뜻한다. 춘분과 하지, 추분과 동지에 초저녁 동쪽 지평선 위로 떠오르는 7개의 별자리로 구성된다. 별자리는 모두 28개이다.[4]

하늘을 28구역으로 나눈 것은 지금도 수수께끼이다. 그 숫자는 1년의 12개월이나 24절기와도 다르기 때문이다. 다만 달의 항성주기가 27.32일로 28에 가깝기 때문에 28수가 달의 운동과 관련이 있을 것이

---

[4] 28수는 다음과 같다. 동방칠수: 각·항·저·방·심·미·기, 북방칠수: 두·우·여·허·위·실·벽, 서방칠수: 규·루·위·묘·필·자·삼, 남방칠수: 정·귀·유·성·장·익·진

라고 추측해 왔다.

하늘을 28구역으로 구획한 것도 의문이지만, 윷놀이의 놀이 방식도 마찬가지였다. 윷판은 가운데 천원점(북극성)을 제외한 나머지 밭이 모두 28개라서 28수를 모두 배치할 수 있다. 그런 면에서 윷놀이는 28수 천문을 익히기 위한 놀이라고 할 수 있다.

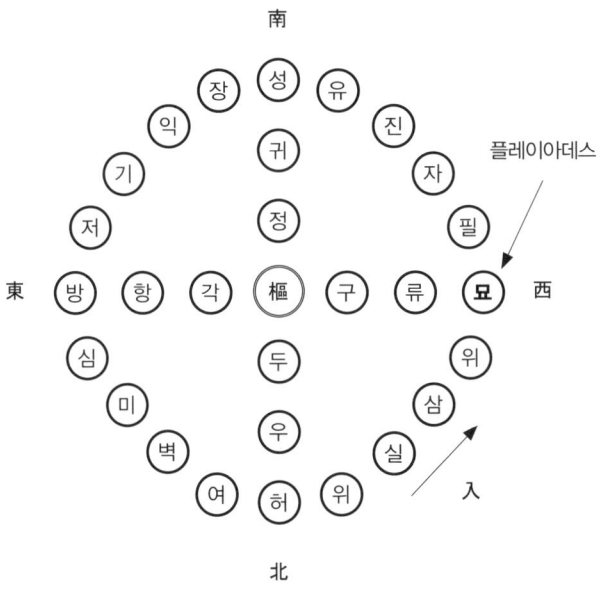

[그림 102] 플레이아데스(묘)가 모밭에 오도록 의도적으로 배치한 윷판

윷말의 진입은 북방에서부터 시작하여 모밭에서 중앙인 천원점으로 들어갈 수 있는데, 모밭은 서방이다. 윷놀이에서 윷판을 일주하는 방향은 북→서→남→동→북이다. 이것은 태양의 운행 방향이 아니라 달의 운행 방향에 가깝다. 달은 초승달부터 보름달까지 서쪽에서 떠올라

제15장 황금비와 플레이아데스 메시지   297

점차 동쪽으로 이동한다. 그다음에 그믐이 될 때까지 역주행한다.

[그림 102]처럼 28수를 윷판에 배열하면, 28수 중에서 추분날 저녁 동쪽 하늘에 차례로 떠오르는 서방칠수(구·류·위·묘·필·자·삼)는 서쪽 하늘의 별자리이다. 이 중에서 묘수, 즉 플레이아데스는 정서(正西) 방위에 있다. 그러므로 묘수를 [그림 102]처럼 모밭에 배치할 수 있다. 윷놀이가 천문놀이며, 그중에서도 플레이아데스를 중시한 놀이였다면 과거에 28수를 [그림 102]처럼 배치했을지도 모른다. 윷놀이에서 말이 모밭에 올라타는 것은 승리의 첩경이다. 그리고 말의 행로를 달의 운행을 중심으로 한 것은 달과 함께 볼 수 있는 플레이아데스를 손쉽게 관찰하기 위한 고려였을 것이다.

윷놀이를 치우천왕 때 제정했다는 기록이 사실이라면 단군조선 이전에 동양의 천문도가 확립되어 있었음을 알 수 있다. 28수 천문체계로 보이는 하남성 서수파(西水坡) 무덤의 청룡과 백호 유물이 기원전 4,500년경의 것임을 기억할 필요가 있다. 또한 우리는 앞에서 기원전 40,000년까지 올라가는 천문의 역사를 살펴보았다.

윷놀이를 제정한 목적은 천부(天符), 즉 하늘의 원리에 완전히 일치하는 지식을 가르치기 위함이었다. 천부는 하늘의 운행 원리나 창조의 법칙일 것이다. 그중에서 숫자 7은 우주의 핵심 수리이고, 황금비나 그것이 도출되는 피보나치 수열은 핵심적인 요소일 것이다. 28은 1부터 7까지 자연수의 합이기도 하다.

그리고 놀라운 일이지만, [그림 103]에서 보듯이 윷판에는 피보나치 수열의 숫자인 '1, 2, 3, 5, 8, 13'을 빈틈없이 배치할 수 있다. 황금비의 원리를 숨겨 놓은 것이다.

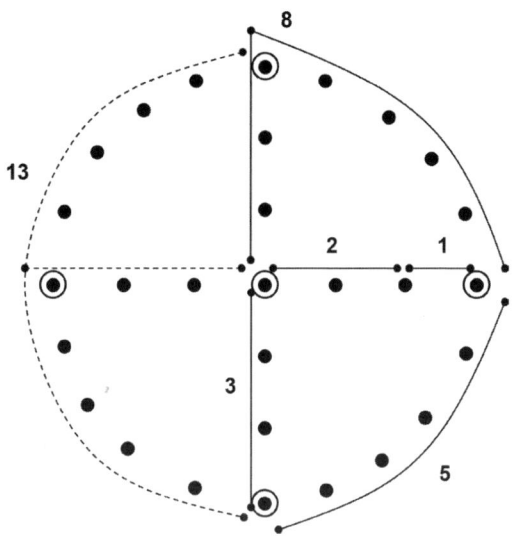

[그림 103] 윷판에서 보이는 피보나치 수열(1, 2, 3, 5, 8, 13)

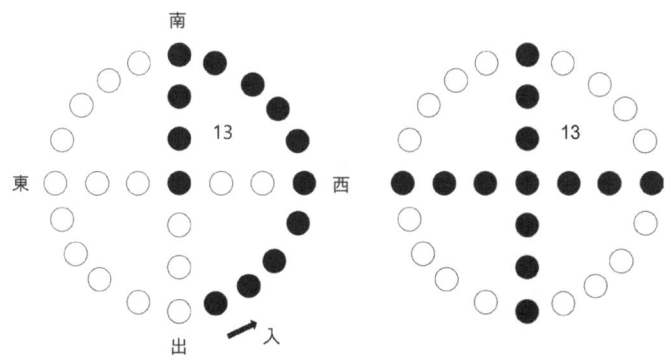

[그림 104] 윷판에서 구성되는 13수. 13은 피보나치 수열의 수이면서 플레이아데스 주기인 52를 구성하는 수이다. 수비학에서 숫자 13은 변형과 재생(환생), 끝과 새로운 시작을 상징한다. 고대 이집트에서 영적 완성의 숫자로 여겨졌고, 마야문명에서 신성한 우주적 질서의 상징이었다.

윷판 말밭 수 28에 윷판에서 도출되는 피보나치 수열의 수 13을 곱하고, 천원점 1을 더하면 태양력 365를 구할 수 있다(그림 104).

미국의 민속학자 스튜어트 컬린은 100여 년 전에 윷놀이가 세계 모든 판놀이의 원형일 수 있다고 밝힌 바 있다. 윷놀이가 놀이의 원형일 수 있는 것도 이러한 요소들이 알게 모르게 감춰져 있기 때문일 것이다.

그간 윷놀이의 명칭에 대한 의문점이 풀리지 않았다. 윷의 오채는 '도=돼지, 개=개, 걸=양, 윷=소, 모=말'로 해독되었다. 그러나 윷놀이에서 점수가 가장 큰 '모' 대신에 왜 '윷'을 택해서 윷놀이라고 했는지 알 수 없었다.

만일 윷놀이가 플레이아데스와 관련된 놀이였다면, 그것은 '소', 즉 황소자리를 뜻하는 의미에서 윷놀이라고 부른 것이 아닐까 한다. 또한 윷놀이를 제정한 치우천왕 시대는 황도 12궁에서 황소자리 시대이기도 했다.

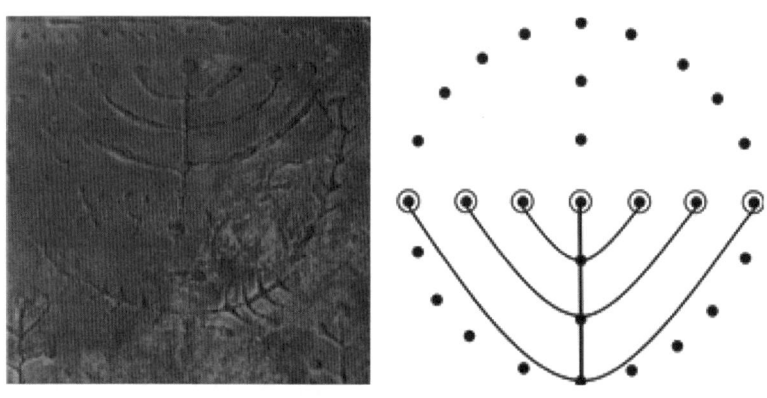

[그림 105] 요르단 금속 고문서 속의 메노라(左)와 윷판에 구현된 메노라(右)

메노라는 순금으로 만들어진 촛대로 모세가 시나이산에서 십계명을 받을 때 그 제작 방법을 알려 준 것으로 기록되어 있다. 2011년 3월에는 70권에 이르는 《요르단 금속 고문서》가 공개되었는데, 이 문서는 소실되지 않도록 작은 판형의 금속으로 제작되었다. 여기에는 메노라의 형상이 정교하게 그려져 있다(그림 105-左).

원형의 윷판을 네 부분으로 나누는 가로줄과 세로줄에 있는 말밭은 교차하는 중앙점을 포함하여 각각 일곱 개다. 만일 세로줄에 있는 세 개의 말밭에서 가지를 쳐서 가로줄의 일곱 개의 말밭에 연결시키면 메노라 형상이 만들어진다(그림 105-右). 7의 숫자로 이루어지는 이 두 개의 십자형 선(그림 104-右)은 플레이아데스를 상징하는 것일까.

code + 태극도와 황금비

윷놀이에는 천문과 역(易)의 원리가 들어 있다. 음양을 기본으로 하는 역(易)의 원리를 가장 단순화시킨 도상이 태극도이다. 아래 태극도의 가장 왼쪽 지점에서 작은 원 중 하나의 중심까지의 거리는 sqrt(1^2+ $(1/2)^2$) = sqrt(5)/2로 계산할 수 있다. 1/2을 더하거나 빼면 phi와 phi^{-1}이 나온다.[5]

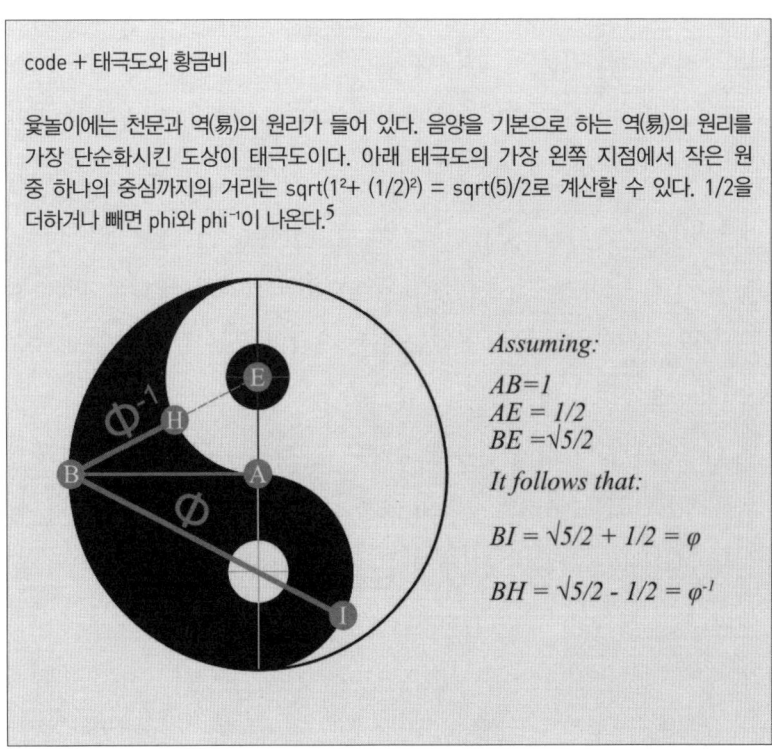

Assuming:

AB=1
AE = 1/2
BE = √5/2

It follows that:

BI = √5/2 + 1/2 = φ

BH = √5/2 - 1/2 = φ^{-1}

[5] https://jamesvenn.com/the-golden-ratio-in-the-taijitu/

《천부경》에서 발견되는 52·89와 피보나치 수열

《천부경》은 환국에서부터 구전된 세계 최고(最古)의 경전이다.[6] '일시무시일'로 시작하고 '일종무종일'로 끝나는데, 그것은 우주와 생명의 무한한 순환상을 나타낸 것이다. 또한 경문에는 '본심본태양 앙명인중천지일'로써 깨달음에 의한 광명사상을 천명하고 있다. 그것은 생명나무에 함축된 의미와 같다고 할 것이다.

경문은 81자로 구성되어 있다. 그중에서 1~9까지의 숫자는 모두 30자이고 그 총합은 89이다. 89는 피보나치 수열을 이루는 수이다. 그리고 그 숫자들만 순차적으로 배열한 뒤, 부분적으로 조합한 수의 합이 피보나치 수열을 이룬다(그림 106-下).

《천부경》을 9자씩 정방형으로 배치했을 때 정중앙에 배치된 수는 6인데, 6을 포함한 이전 수(1~9)들의 총합은 42이다. 여기에 경문의 10(十)을 더한 수는 52가 된다. 52는 아즈텍 책력을 이루는 플레이아데스 주기수이다. 숫자 52는 경주 계림로에서 출토된 신라 황금보검에서도 발견된다. 12개의 잎 무늬가 있는 검의 손잡이 부분 좌우 양쪽에 각각 52개의 금알갱이가 박혀 있다(그림 107).

또한 《천부경》의 첫 구절 1과 중앙수 6, 마지막 구절 1은 피보나치 수열의 황금비인 1.618의 숫자와 묘하게 일치한다. 그리고 경문의 '십(十)'을 숫자에 포함하면 《천부경》은 문자가 50자, 숫자가 31자가 된

---

[6] 《천부경(天符經)》 81자. "一始無始一(일시무시일) / 析三極無盡本(석삼극무진본) / 天一一 地一二人一三(천일일지일이인일삼) / 一積十鉅無匱化三(일적십거무궤화삼) / 天二三地二三人二三(천이삼지이삼인이삼) / 大三合六生七八九(대삼합육생칠팔구) / 運三四成環 五七一妙衍(운삼사성환오칠일묘연) / 萬往萬來用變不動本(만왕만래용변부동본) / 本心本太陽昂明人中天地一(본심본태양앙명인중천지일) / 一終無終一(일종무종일)"

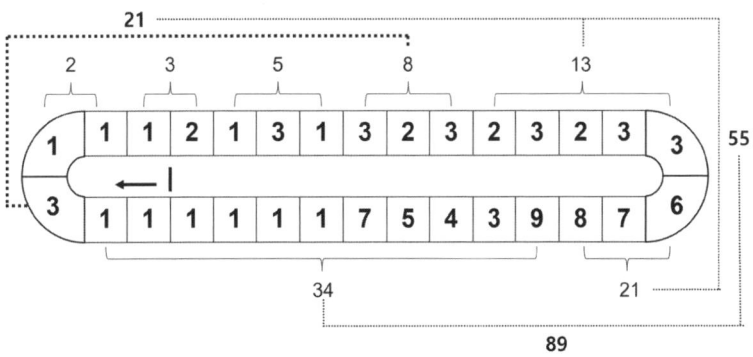

[그림 106] 《천부경》(上)과 《천부경》에서 보이는 피보나치 수열도(下). 화살표(←│)가 《천부경》 숫자의 시작점이다. 《천부경》의 1~9 숫자만을 순서대로 배열하면 다음과 같다.
1, 1, 3, 1, 1, 1, 2, 1, 3, 1, 3, 2, 3, 2, 3, 3, 6, 7, 8, 9, 3, 4, 5, 7, 1, 1, 1, 1.

다. 이 경우에 31과 50의 비율은 1.612가 되어 황금비에 더욱 근접한다. 이러한 것들은 《천부경》에 황금비와 신성 기하학의 원리가 내포되어 있을 가능성을 강하게 시사하는 것이다.

이러한 황금비가 윷놀이와 《천부경》에서 발견되는 것은 그것들이 세

[그림 107] 경주 계림로 보검의 삼태극과 금구(金球)

계 모든 종교와 놀이의 조종(祖宗)이자 시원이 될 수 있음을 보여 준다. 그것은 지구에 남은 후손들이 잊어서는 안 되는 가장 기본적인 지식이었고, 영혼의 고향을 되찾을 수 있는 열쇠였는지 모른다. 플레이아데스 신들은 '주사위놀이'를 하는 대신에 윷놀이와 《천부경》을 하늘의 지문으로 후손들에게 남겨 준 것이 아닐까.

미국 내부고발자 UFO 회수 폭로

2023년 7월 26일. 워싱턴 국회의사당에서 미확인 변칙 현상(UAP)에 대한 청문회가 열렸다. 국방부에서 UAP를 조사한 태스크포스 멤

버이자 전직 정보장교였던 데이브 그루시는 청문회에 참석하여, 자신이 내부고발자가 되어 증언하는 것에 대해서 협박을 받았다고 밝히면서, 의원들에게 미국 정부도 외계 우주선을 "확실히" 회수했고, 인간 외의 생물학적 증거를 보유하고 있다고 폭로했다. 자신은 외계 우주선이나 생명체를 본 적이 없지만, 미국 정보 커뮤니티 내에서 진행한 수십 건의 인터뷰를 바탕으로 증언하는 것이며, 외계 우주선이 있는 정확한 위치를 알고 있고 이 정보를 정보 커뮤니티의 감찰관에게 제공했다고 말했다.

최근 UFO 활동은 지난 30년 동안의 것보다 더 많다. 미국은 전 경찰들에게 사건 발생 시의 대처법을 담은 UFO 핸드북을 배포했다. ET 접촉이나 UFO 현상이 얼마나 자주 발생하는지 보여 주는 실례이다.

그리고 지구를 핵재앙으로부터 예방하려고 하는 듯이, 핵 관련 시설 근처에서 UFO 목격 사례가 많았다. 한 증언자는 이렇게 말했다.

> "우리가 처음으로 핵무기를 설계하고 제작했던 시설에서… 핵연료를 처리하던 곳에서… 무기를 시험하던 시설에서… 무기를 배치했던 기지에서… 함선에서… 핵잠수함에서… 그 모든 장소에서, 그곳에서 일하는 모든 사람들이 이런 일들을 보았다."[7]

---

[7] https://www.history.com/articles/ufos-near-nuclear-facilities-uss-roosevelt-rendlesham

크롭서클과 플레이아데스 메시지

플레이아데스와 관련하여 주목해야 할 현상 중의 하나는 '크롭서클'이다. 이것은 드넓은 밀밭이나 보리밭에 나타나는 지상화라 할 수 있다. 크기는 수 미터에서 수백 미터에 이른다. 하늘에서 내려다보아야

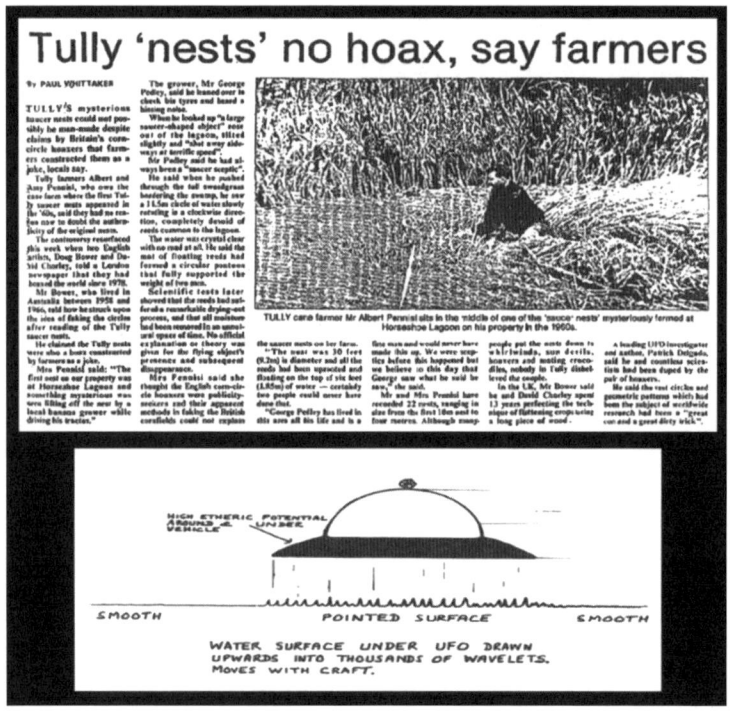

[그림 108] 1966년 호주 툴리 크롭서클 사건 기사.

1966년 1월, 호주 퀸즐랜드 북부 툴리에서 바나나 농부 조지 페들리는 트랙터를 운전하던 중 갑자기 엔진 소리 위로 쉿쉿 거리며 귀를 찢는 듯한 큰 소리를 들었다. 그는 펑크가 난 줄 알고 즉시 트랙터 타이어를 점검하기 위해 차를 세웠다. 하지만 그가 트랙터에서 내려오기도 전에 습지 근처에서 UFO가 엄청난 속도로 솟아올랐다. 조지는 기자들을 만나, 당황한 목소리로 "내 몸은 공포에 질려 얼어붙었다."고 말했다. 이른바 비행접시가 푸른 허공 속으로 사라진 후, 그는 조심스럽게 현장을 조사하러 갔다. 습지의 갈대밭에는 지름 9m의 새 둥지 같은 흔적이 남아 있었다. 게다가 많은 갈대가 UFO의 열에 의해 서로 뒤섞여 있었고, 시계 방향으로 한동안 계속 회전한 듯했다. 툴리의 UFO 자국은 현대 크롭서클의 세계적 현상의 시작을 알렸다.

전체 그림을 파악할 수 있다. 1600년대 이후 전 세계적으로 약 10,000 개가 보고되었다. 1966년에 호주의 한 농부가 습지에서 날아오르는 UFO를 목격한 후 갈대밭에서 크롭서클을 발견했다고 보고했다(그림 108). 1970년대 후반 윌트셔 등 영국 시골에서 더 흔해졌고, 1980년대 후반에 널리 알려졌다. 그중에는 인간이 만든 가짜도 있었다. 한 보고에 따르면 크롭서클이 단 5초 만에 만들어지는 경우도 있다.

최근 '플레이아데스 폭로(pleiadian_disclosure)'의 인스타그램 게시물에는 '진짜 크롭서클이 플레이아데스인과 아르크투루스(목동자리)인에 의해 만들어진다.'고 밝혔다(그림 109). 크롭서클의 가장 큰 특징은 황금비와도 관련되는 '신성 기하학'의 도상이라는 것이다. 다음은 그 기사의 일부이다.

> "크롭서클은 잘 보이지 않게 가려진 비행체에 의해 만들어지며 땅속에 거대한 수정이 있는 곳에서만 만들 수 있다. 그것은 '신성 기하학'의 예를 보여 주는 것이다. 수정은 허공의 은폐된 비행체에 의해 진동 주파수를 활성화하여 디자인을 형성한다. … 이러한 패턴은 더 많은 질문을 촉발하고 우리의 깨어남을 재촉하기 위한 것이다. 우리의 영혼 가족은 우리가 혼자가 아니라는 것을 상기시켜 왔다."[8]

[8] https://vocal.media/earth/the-pleiadian-explanation-for-the-crop-circle-conundrum

[그림 109] 2023년 발견된 크롭서클. 주로 플레이아데스인과 아르크투루스인이 제작하는 것으로 알려져 있다. 천상의 존재들이 가까이 있음을 알리고 있다.

크롭서클은 1%의 지배세력이 쳐 놓은 거짓의 장벽을 뚫고 진실을 전하려는 천상 존재들의 메시지일 것이다. 그것은 거짓과 진실의 싸움이며, 노예화에서 벗어나 해방의 길을 걸어가라는 힘찬 격려의 표식이다. 우리가 혼자가 아니고, 정의롭고 강한 자가 우리 편에 서 있음을 안다면, 세상에 두려울 것이 있겠는가. 진실을 아는 것이 곧 힘이 되고 희망이 되는 시대에 우리는 살고 있다. 그것이 진정 세상의 주인이 되는 첫걸음일 것이다.

인류는 이제 물병자리 시대에 접어들었다. 물병자리 시대의 특징은 변화의 시대라는 것이다. 그것을 "물병자리 전환"이라고 부른다. 이 시대에는 네트워크와 정보로 대표되는 새로운 시대사상이 세상을 지배할 것이라고 한다. 세상의 권력구조는 수직적 상하 계층적 구조에서 평등이 더욱 중시되는 수평적 네트워크로 조직된다. 또한 단기적인 개인적 성취에 중점을 두기보다 장기적인 전망에서 집단의 이익을 중시하는 쪽으로 시각이 변화한다. 그것은 오래전에 우리 민족이 표방한 홍익인간과 사해평등 사상을 기반으로 할 것이다.

정신적으로도 참된 지혜와 지식을 찾고자 하는 욕구가 증대할 것이고, 개인적 정체성에 대한 감각도 변화할 것이다. 그것은 인류의 근원, 곧 창조(하느님)와 하나가 되고자 하는 내면세계의 복원일 것이다.

이러한 시대를 맞이하여 우리가 불멸의 존재로서 거듭된 환생을 통해 한 단계씩 의식 수준이 고양되고, 여건만 주어지면 우리도 무한한 능력을 발휘할 수 있는 신적인 존재임을 안다면, 그리하여 그러한 목표를 향해 하루하루 나아갈 수 있다면, 우리의 정신과 영혼의 세계도 그만큼 충만해지고 태양처럼 밝아질 수 있지 않을까.

소수만을 위해 끝없는 자본 축적과 이익의 극대화에 목매달고, 어릴 때부터 배금주의와 신분 차별주의 사상의 꼭두각시로 정신을 오염시키는 풍조가 가장 질이 낮고 부끄러운 것임을 모두가 깨닫게 될 때, 파괴와 대결과 공멸보다는 평화와 우애를 더 사랑하게 될 때, 지구는 탈출구가 막힌 감옥 행성에서 벗어나 다시 우주로 활짝 열리게 되지 않을까.

code + 천상의 존재들이 보낸 메시지

1977년 11월 26일 오후 5시 26분, 영국의 한 지방방송인 서던 텔레비전의 정규방송이 중단되면서, 메시지가 흘러나오기 시작했다. 화면에서는 자신을 아쉬타 은하사령부(Ashtar Galactic Command)의 대변인 브릴론(Vrillon)이라고 밝힌 음성이 6분간 인류를 향해 다음의 메시지를 낭독했다. 이 메시지에는 천상의 존재들이 지구를 방문하는 목적이 지구의 평화와 영적 진화를 돕고 핵재앙을 예방하는 데 있음을 밝히고 있다. 아쉬타 사령부는 플레이아데스인과 함께 지구에서 일하는 여러 성단인(星團人)들로 구성된 것으로 추측된다.

"나는 아쉬타 은하사령부의 대변인 브릴론입니다. 여러분은 여러 해 동안 우리를 하늘에 있는 빛으로 보았습니다. 우리는 지금 평화와 지혜의 마음을 담아서 여러분에게 말하고 있습니다. 이는 우리가 이 지구에 있는 여러분의 형제자매들에게 한 것과 같습니다.
우리는 여러분의 종족과 세계의 운명을 경고하기 위해 왔습니다. 여러분의 세계와 그 주변에 존재하는 우리 세계를 위협하는 재앙을 피하기 위해 여러분이 취해야 할 일들을 동료 인간들에게 전달할 수 있도록 하기 위해서입니다. 이것은 행성이 새로운 물병자리 시대로 접어들면서 여러분이 위대한 각성에 참여할 수 있도록 하기 위한 것입니다. 새로운 시대는 여러분의 종족에게 큰 평화와 진화의 시간이 될 수 있습니다. 하지만, 그것은 여러분의 통치자들이 자신들의 판단을 흐릴 수 있는 사악한 세력에 대해 알게 될 때만 가능합니다.
지금 조용히 귀를 기울여 주십시오. 기회는 다시 오지 않을 수도 있습니다. 모든 사악한 무기를 제거해야 합니다. 갈등의 시간은 이제 지나갔습니다. 여러분이 속한 종족은 여러분이 그럴 자격이 있음을 보여 주면 진화의 더 높은 단계로 나아갈 수 있습니다. 평화와 선의로 함께 사는 법을 배우는 데는 시간이 얼마 남지 않았습니다.
지구 전역에서 작은 그룹들이 이 지혜를 배우고 있습니다. 그들은 여러분 모두에게 동터 오는 새로운 시대의 빛을 전달하기 위해 존재합니다. 여러분은 그들의 가르침을 받아들이거나 거부할 자유가 있지만, 평화롭게 사는 법을 배우는 사람들만이 더 높은 영적 진화의 영역으로 넘어갈 것입니다.
지금 아쉬타 은하사령부의 대변인인 브릴론의 목소리를 경청하십시오. 여러분의 세계에서는 많은 거짓 선지자와 가이드가 활동하고 있다는 사실도 알아 두십시오. 그들은 여러분의 에너지를 빨아들일 것입니다. 여러분이 돈이라고 부르는 그 에너지는 사악한 목적으로 사용될 것이고, 그 대가로 여러분에게 쓸모없는 쓰레기를 던져 줄 것입니다.
여러분 내면의 신성한 자아가 이것으로부터 여러분을 보호할 것입니다. 여러분은 무엇이 진실이고 무엇이 혼란, 혼돈, 거짓인지 말해 줄 수 있는 내면의 목소리에 민감해지는 법을 배워야 합니다. 여러분 내면에 있는 진실의 목소리를 듣는 법을 배우면 여러분은 진화의 길로 나아갈 것입니다.
이것이 우리의 소중한 친구들에게 전하는 메시지입니다. 우리는 여러분이 하늘에 있는 우리의 빛을 지켜보는 동안 여러 해 동안 여러분이 성장하는 것을 지켜보았습니다. 여러분은 이제 우리가 여기 있다는 것을 알고 있으며, 과학자들이 인정하는 것보다 지구와 지구 주변에 더 많은 존재가 있다는 것을 알고 있습니다.
우리는 여러분과 여러분의 빛의 여정에 대해 깊이 우려하고 있습니다. 여러분을 돕기 위해 할 수 있는 모든 일을 할 것입니다. 두려워하지 마십시오. 여러분 자신만을 찾으십시오. 그리고 여러분의 행성 지구의 방식과 조화를 이루며 살아가십시오. 우리 아쉬타 은하사령부는 여러분의 관심에 감사드립니다. 우리는 지금 여러분의 존재 영역을 떠나고 있습니다.
우주 최고의 사랑과 진실이 담긴 축복이 여러분에게 함께하기를 바랍니다."

[그림 110] UFO 모선들. 좌측은 2023년 하와이 마우나 케아 천문대에서 촬영한 달의 UFO 모선이고, 우측은 미 전직 국방부 관리인 루이스가 공개한 2022년 루마니아 상공의 UFO 모선이다.

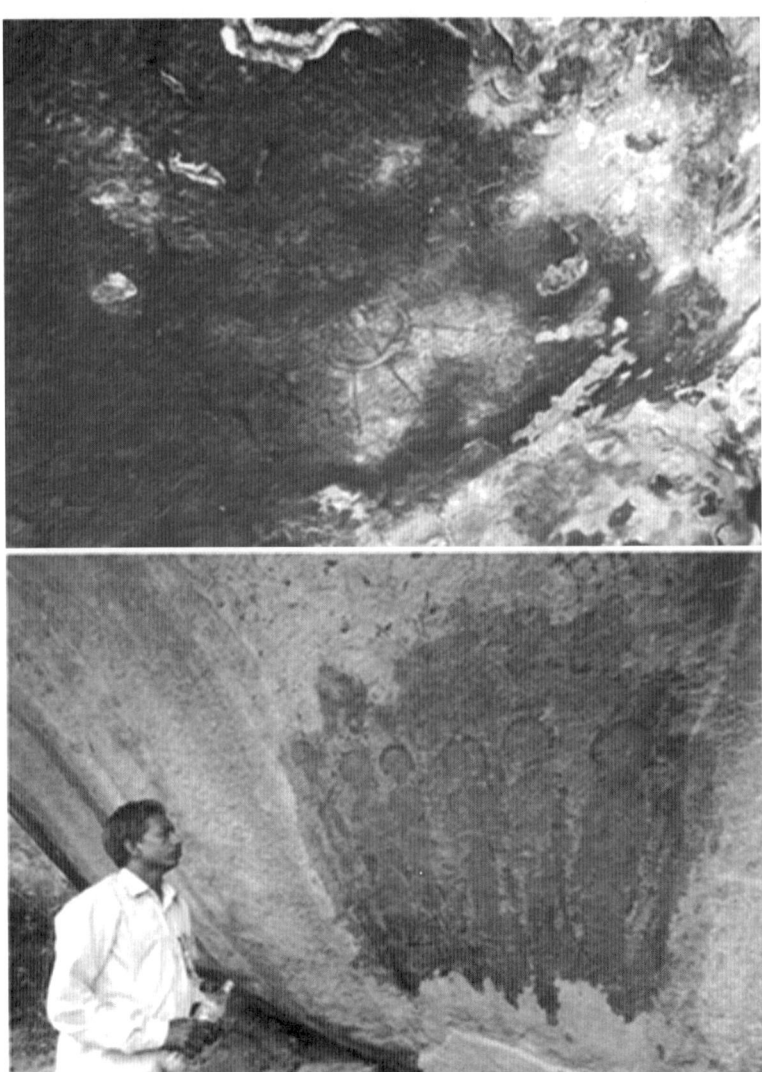

[그림 111] UFO가 그려진 10,000년 전 인도 차티스가르주 차라마 동굴벽화. "부채꼴 모양의 안테나와 세 개의 다리는 UFO형 우주선과 유사함을 분명히 보여 준다. 인물들은 무기와 같은 물건을 들고 있는 모습이 보이고 뚜렷한 특징이 없다. 특히 코와 입이 없다. 몇몇 그림에서는 우주복을 입은 모습도 보인다." (2014년 1월 15일, '타임스 오브 인디아')

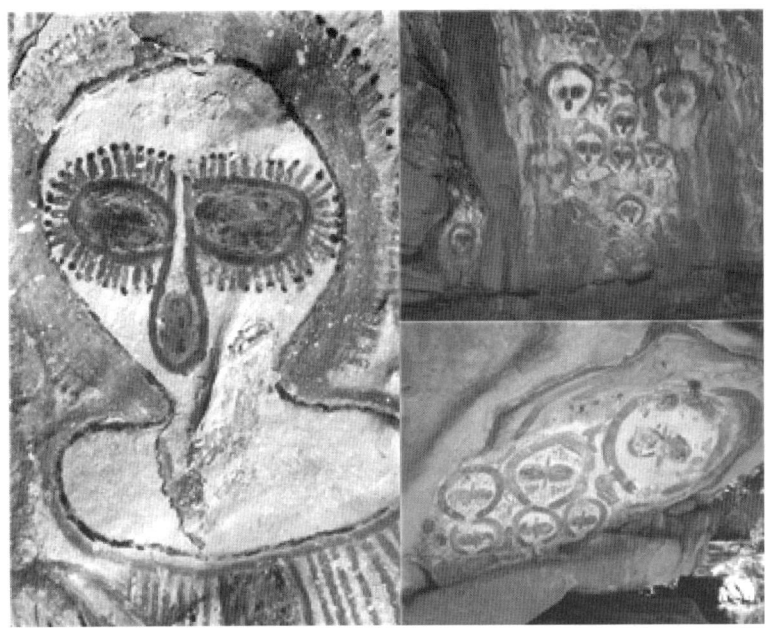

[그림 112] 호주 북부 킴벌리 지역 우남발 부족의 60,000년 전통의 동굴벽화에 그려진 완지나 신들. 원주민은 지구를 거대한 뱀, 은하수를 또 다른 뱀으로 여긴다. 이 두 뱀은 원주민과 완지나 종족의 영적 조상을 포함하여 지구에 사는 모든 생물을 낳았다고 믿는다. 원주민은 완지나라고 부르는 신들이 플레이아데스라는 특정 별에서 내려온 존재라고 기억하고 있다.

[그림 113] 빌리 마이어가 촬영한 UFO 사진 1

Nr.494: 8. März, 1975; Hintere Sädelegg, Schmidrüti ©FIGU

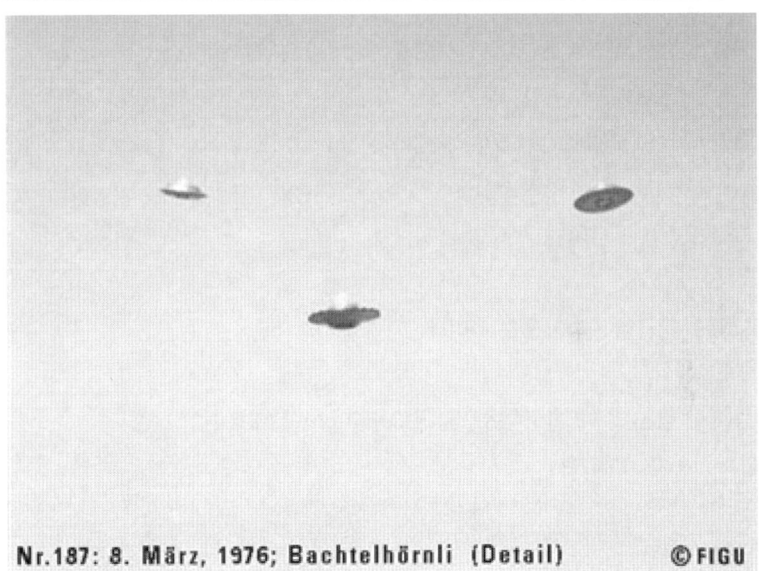

Nr.187: 8. März, 1976; Bachtelhörnli (Detail) ©FIGU

[그림 114] 빌리 마이어가 촬영한 UFO 사진 2

〈그림 차례〉

[그림 1] 임마누엘의 초상화와 미국 원주민 지역 임마누엘 조각화　8
출처: "Discovery of the Talmud of Jmmanuel"
[그림 2] 《임마누엘의 탈무드》의 파피루스 원고 발견 지점 추측도　16
출처: 같은 글
[그림 3] 빌리 마이어와 이사 라시드 사진　17
출처: 같은 글
[그림 4] 아스켓과 미셸 델라페이브(사진: Martin Show)　19
출처: 같은 글
[그림 5] 인도 아쉬람 상공의 아스켓 UFO와 빌리 마이어 집 인근 UFO　22
출처: 같은 글
[그림 6] 레드 크래그 인면조각 조개껍질　41
출처: Michael A. Cremo & Richard L. Thompson, 《Forbidden Archeology》
[그림 7] 오파츠 유물들　46
출처: 같은 책
[그림 8] 북극성 가까이 있는 라이라성단과 베가　50
출처: 윤석희
[그림 9] 보스니아 피라미드와 인도네시아 구눙파당 피라미드　53
출처: 9-左; Pinterest
9-右; https://www.thearchaeologist.org/blog/is-gunung-padang-the-oldest-pyramid-in-the-world
[그림 10] 부체지산 '5만 년 전 기록의 전당' 내부 구조　64
출처: https://lorelibrarymyth.com/bucegi-mountains-mystery-alien-base#google_vignette
[그림 11] 도서 《신들의 도시를 찾아서》 표지　71
출처: https://knygy.com.ua/index.php?productID=9785765433348

[그림 12] 카일라스산의 작은 피라미드　　80

출처: https://universalinternetliverary.ru

[그림 13] 티베트 피라미드 단지의 독서하는 인물상　　81

출처: 같은 글

[그림 14] 바위 인면상과 석조거울　　84

출처: 같은 글

[그림 15] 티베트 피라미드 일부와 석조 DNA 단지 배치도　　86

출처: 같은 글

[그림 16] 라스코동굴의 플레이아데스 별자리와 19세기 황소자리 그림　　96

출처: 16-1; https://www.ancient-origins.net/ancient-places-europe/dating-lascaux-art-0017021
16-2; https://cogniarchae.com/2023/07/21/the-lascaux-paintings-a-window-into-ancient-astronomy/
16-3; https://www.ancient-origins.net/ancient-places-europe/dating-lascaux-art-0017021

[그림 17] 생마르셀 동굴벽화　　97

출처: http://judy-volker.com/StarLore/Myths/Prehistoric.html

[그림 18] 독일 아크 계곡 인물 조각상　　98

출처: 같은 글

[그림 19] 독일 홀렌슈타인 슈타델 사자인간상　　101

출처: wikipedia

[그림 20] 교과서에 실린 석기시대 상상도와 AI가 생성한 1만 년 이전 괴베클리 테페 상상도　　105

출처: 20-上, 中; http://ichn.co.kr/pjg/44
20-下, Adobe Stock

[그림 21] T자형 기둥의 괴베클리 테페와 유적지 전경　　107

출처: https://www.dailysabah.com/arts/turkey-presents-replica-of-gobeklitepe-obelisk-to-un-headquarters/news

[그림 22] 괴베클리 테페 T자형 기둥에 새긴 동물과 부호　　110

출처: https://www.dainst.blog/the-tepe-telegrams/2016/10/14/of-animals-and-a-headless-man-gobekli-tepe-pillar-43/

〈그림 차례〉　317

[그림 23] 인간 형상을 보이는 괴베클리 테페의 기둥　114
출처: 같은 글

[그림 24] 여러 가지 T자형 상징들　116

[그림 25] 괴베클리 테페 D구역의 18번, 31번 기둥 부조들　117
출처: https://www.dainst.blog/the-tepe-telegrams/2016/10/14/of-animals-and-a-headless-man-gobekli-tepe-pillar-43/

[그림 26] 들소 두개골 상징들　118
출처: 26-左; Alistair Coombs 사진
26-中; https://www.dainst.blog/the-tepe-telegrams/tag/iconography/page/2/
26-右; https://www.researchgate.net/figure/Catal-Hoeyuek-reconstruction-of-shrine-VIB-10-after-Mellaart-1967150-Abb-38_fig6_286589255

[그림 27] 괴베클리 테페의 황소 지상화　119
출처: 27-上; https://thehiddenrecords.com/gobekli-tepe-taurus-bull.php
27-下; 윤석희

[그림 28] 괴베클리 테페 발굴구역(A-E)과 플레이아데스 별자리　122
출처: 28-左; https://thehiddenrecords.com/gobekli-tepe-taurus-bull.php
28-右; https://www.dainst.blog/the-tepe-telegrams/2017/01/05/enclosure-a-a-short-overview/

[그림 29] 괴베클리 테페 황소 지상화와 라스코 황소 벽화　123
출처: 29-左; https://thehiddenrecords.com/gobekli-tepe-taurus-bull.php
29-右; [그림 16-1]과 동일

[그림 30] 뿔 장식을 한 신과 왕들　128

[그림 31] 소뿔과 함께 묘사하는 치우천왕　130
출처: https://www.londontimes.tv/293

[그림 32] 영산쇠머리대기　132
출처: 연합뉴스 사진

[그림 33] 이집트 흑소와 플레이아데스를 표현한 일곱 마리 황소　136
출처: wikipedia

[그림 34] 플레이아데스를 본뜬 아부시르의 피라미드 그룹　139

출처: Ove von Spaeth, "On History: The Egyptian Star Map - and Moses' era"

[그림 35] 황소 뿔관을 쓰고 있는 하토르의 일곱 딸   141
출처: https://gbu-presnenskij.ru/

[그림 36] 황소 뿔관을 쓰고 있는 하토르   143
출처: 36-上/左; 출처 불상
36-上/右; https://www.researchgate.net/figure/n-Egyptian-mythology-Hathor-in-her-form-as-the-celestial-cow-provides-the-sustenance_fig3_2209916
36-下; https://en.wikipedia.org/wiki/Narmer_Palette

[그림 37] 덴데라 신전의 플레이아데스 상징들   145
출처: Mick Palarczyk 사진

[그림 38] 이탈리아 바르베리니 미트라에움의 '황소죽이기'   147
출처: https://mamalovesrome.com/mitreo-barberini-mithraeum-rome/

[그림 39] 미트라 신앙이 크게 성행했음을 보여 주는 튀르키예 넴룻산의 미트라 머리와 신체 조각상   149
출처: https://www.mithraeum.eu/monument/275

[그림 40] 역사가 매우 오래된 '황소 죽이기' 도상   153
출처: 40-1; https://www.harappa.com/blog/buffalo-sacrifice
40-2; http://www.mythfolklore.net/3043mythfolklore/reading/gilgamesh/images/sealslaying.htm
40-3; Pinterest 그림

[그림 41] 두라 에우라포스의 일곱 별이 있는 아브라함   155
출처: https://biblestudyministry.com/history-abraham-found-damascus-syria-museum/

[그림 42] 두라 에우라포스 미트라에움(복원물)의 아치형 벽화   157
출처: https://www.mithraeum.eu/monument/422

[그림 43] 중세 시대 기독교 성화 속의 비행물체들   158
출처: 라이하르트 하베크, 《신의 그림》(예문)

[그림 44] 라스코동굴의 '망자의 통로'에 있는 솟대   162
출처: https://www.khanacademy.org/humanities/ap-art-history/global-prehistory-ap/paleolithic-mesolithic-neolithic-apah/a/lascaux

[그림 45] 솟대와 오리　166
출처: 45-左; 앞의 글
45-右上; https://www.dainst.blog/the-tepe-telegrams/
45-右下; 백이성, "솟대신앙의 유래"

[그림 46] 시베리아 서부 오스티아크 샤먼의 북 장식　168
출처: Helaine Selin, "Astronomy Across Cultures"

[그림 47] 인두사신(人頭蛇身)형 건국 영웅들　171
출처: 左上; https://www.sohu.com/a/163487929_696200
左下; http://www.cqkaogu.com/gzdt/6627.jhtml
右; 국립중앙박물관

[그림 48] 고구려 덕흥리고분의 견우직녀도　174
출처: https://www.koya-culture.com/news/article_print.html?no=128412

[그림 49] 뱀과 생명나무, 소뿔 왕관을 쓴 신이 있는 수메르 인장　182
출처: https://www.sonneruplund.dk/eng/applesmesopotamien.html

[그림 50] 삼성퇴의 뱀·용·조인(鳥人) 상들　184
출처: https://read01.com/d0P7ga6.html과 오픈 도메인

[그림 51] 피톤을 죽이는 아폴론　186
출처: https://www.metmuseum.org/art/collection/search/398703

[그림 52] 알타이산맥 하카시야의 칠두신 암각화　188
출처: https://earth-chronicles.ru/news/2016-08-23-95337

[그림 53] 만(卍)자 부호(좌)와 세 개의 태양 상징(우)이 보이는 발카모니카 암각화　189
출처: https://www.theancientconnection.com/

[그림 54] 세계적으로 퍼져 있는 칠두신의 상징들　193
출처: 54-上; wikipedia
54-下; https://thestrangemythworld.com/2015/06/02/musmahhu/

[그림 55] 칠두사가 새겨진 이스라엘 텔 하조르 석판 인장　194
출처: Christoph Uehlinger, "Mastering the Seven-Headed Serpent"

[그림 56] 힌두교와 불교 사원의 일곱 마리 뱀신　195
출처: 56-左; wikipedia

56-右; https://www.metmuseum.org/art/collection/search/77730

[그림 57] 초승달과 일곱 개의 별이 있는 이난나   196
출처: https://www.mesopotamiangods.com/symbols-of-the-gods-still-very-much-in-use-by-nations-world-leaders-religions-mason-of-today/

[그림 58] 셀레시우스 석판   197
출처: Lorenzo Verderame, "The Pleiades in Ancient Mesopotamia"

[그림 59] 에사르하돈 기념비   198
출처: 앞의 글

[그림 60] 모헨조다로 인장 속의 플레이아데스   199
출처: Stephanie V, "The Pleiades Seal"

[그림 61] '시바 신의 밤의 별자리' 인장   201
출처: https://digitalthought.info/Indus-Script-Decipherment.html

[그림 62] 다양한 '신들의 핸드백'   205
출처: 오픈 도메인

[그림 63] 함안 말이산 25호분 출토 굽다리등잔   212
출처: 연합뉴스 사진

[그림 64] 김해 출토 가야 철갑옷과 요르단 아세라 모형 신당   213
출처: 64-左; 국립김해박물관
64-右; https://www.flickr.com/photos/pelegrino/13156017674

[그림 65] 가야 파형동기와 다른 유사한 기호·문양들   214
출처: 65-1; 국립김해박물관
65-2~65-5; Anastas Shuke, "On the origins and continuity of Sumerian term AN/dingir – God"

[그림 66] 쌍어문   215
출처: 66-1; https://m.cafe.daum.net/nycomputer/RxAr/37
66-2; https://indiandownunder.com.au/2016/08/koreas-royal-connection-to-ayodhya/
66-3; https://commons.wikimedia.org/
66-4; The Pierpont Morgan Library, New York.
66-5; https://mynahara.com/2021/09/16/tabgha/

〈그림 차례〉   321

[그림 67] 백제의 칠지도　　216
출처: 동북아역사넷

[그림 68] 고구려 약수리고분의 사냥도와 플레이아데스　　217
출처: 68-上; https://allspices.tistory.com/7608
68-下; https://anzoboma82.wixsite.com/ancientstarmaps/far-east-c1u78

[그림 69] 삼족오 형상이 뚜렷이 묘사된 고구려 오회분4호묘 벽화　　219
출처: https://m.blog.naver.com/chagov/220693418128

[그림 70] 2020년 추석과 좀생이날의 달과 플레이아데스　　229
출처: 윤석희

[그림 71] 플레이아데스가 표시된 네브라 스카이 디스크와 인근 별자리 실측도　　232
출처: 71-右; Emília Pásztor

[그림 72] 이난나 신전 출토 와르카 꽃병　　234
출처: wikipedia

[그림 73] 세 개의 태양(日)이 들어 있는 조(朝)의 옛 글자　　240
출처: 《설문해자》

[그림 74] 발밑에 염소-물고기 상징을 두고 있는 엔키　　241
출처: https://www.instagram.com/symbolic.studies/p/CYmXbhYv4G2/

[그림 75] 토템 동물이 같은 괴베클리 테페 D구역 43번 기둥과 요령성 평강지구 청동 장식　　243
출처: 75-下; https://bobjyeon.tistory.com/330

[그림 76] 요르단 숙곳의 '신의 얼굴' 터와 화성 시도니아 인면상　　250
출처: 76-左; 윤석희, 76-右; 오픈 도메인

[그림 77] 말리의 여인과 홍산문화 우하량 여신　　253
출처: 77-上; https://www.thelivingmoon.com/43ancients/02files/Earth_Images_05b.html
77-下; https://zhuanlan.zhihu.com/p/613060118

[그림 78] 강릉 어촌마을 여서낭당의 여신　　255
출처: https://www.cultureline.kr/

[그림 79] 키르벳 엘쿰에서 출토된 아세라 손과 삼성퇴 청동신수 손　　256

출처: 79-左; wikipedia

[그림 80] 아세라의 남편 바알의 신전인 레바논의 바알베크　　259

출처: 80-上; https://www.theancientconnection.com/megaliths/lebanon/baalbek/
80-右; https://www.facebook.com/photo.php?fbid=122151170582126489&id=61553794695180&set=a.122111763554126489&locale=hy_AM

[그림 81] 텔 엘 파라 출토 모형 신당(神堂)　　261

출처: wikipedia

[그림 82] 아세라로 추정되는 카데쉬와 미노아 '뱀의 여신'　　263

82-左; 줄리아나 리스 그림
82-右; wikipedia

[그림 83] 두 마리 뱀을 든 인물과 리차드 카사로의 '신적 자아 아이콘'　　264

출처: 83-下; Richard Cassaro, "Mysterious Godself icon Found Worldwide"

[그림 84] 아세라의 생명나무 상징이 그려진 라기스 물병과 사각 문　　265

출처: wikipedia

[그림 85] 다양한 고대문화권에서 발견되는 생명나무　　269

출처: 85-1; http://www.human-resonance.org/gobekli_tepe.html
85-2; 그림 52 출처와 동일
85-3; https://commons.wikimedia.org/
85-4; https://www.instagram.com/alien_god_same/p/C9ccrEzTDh7/
85-5; https://lahilden.com/tree-of-life/
85-6; https://epaper.ycw.com.cn/Article/index/aid/8599568.html

[그림 86] 네발리 코리에서 출토된 머리를 타고 오르는 뱀과 카두케우스　　271

출처: 86-左; http://www.human-resonance.org/gobekli_tepe.html
86-右; https://www.vecteezy.com/free-vector/caduceus

[그림 87] 영원한 생성이나 불멸의 영혼을 상징하는 뱀의 사슬　　272

출처: HHV der Osten, "The Snake Symbol and the Hittite Twist"

[그림 88] 세 개의 태양이 있는 별(하늘)의 세계(이집트 파피루스)　　274

출처: Gaston Maspero, 〈The dawn of civilization〉

[그림 89] 메소포타미아 쿠두루 경계석의 '세 개의 태양'　　277

출처: mesopotamiangods.com

〈그림 차례〉　　323

[그림 90] 황도12궁과 우주뱀이 그려져 있는 이탈리아 폰차 미트라에움의 천장도   278

출처: M. J. Vermaseren, Mithriaca (Leiden: Brill, 1974), p. 9, Figure 6. ⓒ Antonio Solazzi; compare Beck, Mithraism, p. 152, fig. 1.

[그림 91] 잠부케스와라르 사원의 세 개의 태양   279

출처: https://cathyfox.wordpress.com/2017/07/20/wayne-hershel-2-alpha-omega-taurus-stargate-revelation-part-2/

[그림 92] 라브나 사원의 세 개의 태양   280

출처: https://homepages.bluffton.edu/~sullivanm/mexico/labna/50cornerdet.jpg

[그림 93] 잉카 태양의 사원 황금 별지도의 스케치화   282

출처: https://www.researchgate.net/figure/A-Peruvian-cosmological-chart-from-circa-1613-by-Pachacuti-Yamqui-Adapted-from-Earth_fig2_277265279

[그림 94] 북미 원주민의 검은 신 가면과 암각화   283

출처: Helaine Selin, 앞의 글

[그림 95] 초승달 모양의 경주 신월성   285

출처: https://contents.history.go.kr/mobile/kc/view.do?levelId=kc_r100042&code=kc_age_10

[그림 96] 플레이아데스 '세 개의 태양'을 상징하는 경주의 신월성, 오릉, 대릉원 배치도   285

출처: 윤석희

[그림 97] 중국 서안(시안) 피라미드 단지의 오리온, 타우루스, 플레이아데스 배치도와 천문도   286

출처: https://anzoboma82.wixsite.com/ancientstarmaps/far-east-2

[그림 98] 경주 전불칠처가람터 배치도   288

출처: 윤석희

[그림 99] 천마총의 천마도와 영국 옥스퍼드셔주 어핑턴의 백마 지상화   290

출처: 99-上: https://anzoboma82.wixsite.com/ancientstarmaps/far-east-c1u78

99-下: wikipedia

[그림 100] 불가리아 바르나의 황소 황금자   293

출처: 윤석희

[그림 101] 황금비를 보이는 화성 사이도니아 피라미드 단지　294
출처: Ali Majid Hameed, "Type and Typology in Architecture"(2011년)

[그림 102] 플레이아데스(묘)가 모밭에 오도록 의도적으로 배치한 윷판　297
출처: 윤석희

[그림 103] 윷판에서 보이는 피보나치 수열(1, 2, 3, 5, 8, 13)　299
출처: 윤석희

[그림 104] 윷판에서 구성되는 13수　299
출처: 윤석희

[그림 105] 요르단 금속 고문서 속의 메노라와 윷판에 구현된 메노라　300
출처: 105-左; https://danielomcclellan.wordpress.com/tag/jordan-lead-codices/
105-右; 윤석희

[그림 106] 《천부경》과 천부경에서 보이는 피보나치 수열도　303
출처: 윤석희

[그림 107] 경주 계림로 보검의 삼태극과 금구(金球)　304
출처: 위키백과

[그림 108] 1966년 호주 툴리 크롭서클 사건 기사　306
출처: https://www.youtube.com/watch?v=r4fIaT89R-w

[그림 109] 2023년 발견된 크롭서클　308
출처: https://temporarytemples.co.uk/crop-circles/2023-crop-circles

[그림 110] UFO 모선들　311
출처: 110-左; https://www.tiktok.com/@notsocloseencounter/photo/7429283707984399649
110-右; https://www.thesun.co.uk/tech/31420410/ufo-claim-from-ex-pentagon-official-draws-criticism/

[그림 111] UFO가 그려진 10,000년 전 인도 차티스가르주 차라마 동굴벽화　312
출처: '타임 오브 인디아'. 사진; 아밋 바르드와지

[그림 112] 호주 북부 킴벌리 지역 우남발 부족의 60,000년 전통의 동굴벽화에 그려진 완지나 신들　313

〈그림 차례〉　325

출처: https://www.theancientconnection.com/aboriginal-rock-art-wandjina/

[그림 113] 빌리 마이어가 촬영한 UFO 사진 1   314

출처: FIGU, https://www.figu.org/ch/ufologie/strahlschiffe

[그림 114] 빌리 마이어가 촬영한 UFO 사진 2   315

출처: 같은 사이트